究真求道

中国走进现代社会的哲学省察

胡 军 / 著

A Philosophical
Perspective on China's Entry
into Modern Society

图书在版编目(CIP)数据

究真求道：中国走进现代社会的哲学省察/胡军著. —北京：北京大学出版社，2022.9

ISBN 978-7-301-33226-9

Ⅰ.①究⋯　Ⅱ.①胡⋯　Ⅲ.①现代化建设—哲学—研究—中国　Ⅳ.①D61

中国版本图书馆 CIP 数据核字(2022)第 149242 号

书　　　名	究真求道：中国走进现代社会的哲学省察 JIUZHEN QIUDAO: ZHONGGUO ZOUJIN XIANDAI SHEHUI DE ZHEXUE XINGCHA
著作责任者	胡　军　著
责任编辑	闵艳芸
标准书号	ISBN 978-7-301-33226-9
出版发行	北京大学出版社
地　　　址	北京市海淀区成府路 205 号　100871
网　　　址	http://www.pup.cn　新浪微博：@北京大学出版社
电子信箱	minyanyun@163.com
电　　　话	邮购部 010-62752015　发行部 010-62750672 编辑部 010-62750673
印　刷　者	北京中科印刷有限公司
经　销　者	新华书店 965 毫米×1300 毫米　16 开本　18.75 印张　261 千字 2022 年 9 月第 1 版　2022 年 9 月第 1 次印刷
定　　　价	75.00 元

未经许可，不得以任何方式复制或抄袭本书之部分或全部内容。
版权所有，侵权必究
举报电话：010-62752024　电子信箱：fd@pup.pku.edu.cn
图书如有印装质量问题，请与出版部联系，电话：010-62756370

目　录

导　论　从中国近现代的百年历程看"中国到自由之路"
　　　　的可能性开展 // 001

第一章　对"自由之路"与"学术独立"的批判与问题源点回归
　　　　// 017
　　　第一节　冯友兰"中国到自由之路"何以不可能？// 019
　　　第二节　胡适"学术独立十年计划"何以失败？// 039
　　　第三节　回到"孔子之道与现代生活"的困境原点 // 048

第二章　对儒学传统的批判性继承与"新人生论"之提出 // 057
　　　第一节　"孔子之道与现代生活"之张力何在？// 059
　　　第二节　新人生论之提出及其反省 // 075
　　　第三节　从思维方式上审视儒学传统与现代生活
　　　　　　　张力之化解可能 // 110

第三章　批判性继承与方法论自觉 // 123
　　　第一节　逻辑分析方法的中国式解读 // 125
　　　第二节　归纳法与科学 // 154
　　　第三节　怀疑论方法 // 168
　　　第四节　直觉论 // 179

第四章 知识主义社会视角下"自由之路"的重建可能 // 197
  第一节 "知识"的现代角色以及知识主义社会
      的到来 // 199
  第二节 知识主义社会中人的行动结构 // 207
  第三节 知识主义社会生活中的逻辑分析与
      直觉思维 // 218
  第四节 知识创新——知识主义社会的"自由之路" // 231

结　语 知识主义宣言与自由之路 // 237

附录一 胡军教授的学思历程及其反省 // 251

附录二 胡军教授论著、译作编年目录索引 // 283

导 论

从中国近现代的百年历程看"中国到自由之路"的可能性开展

一、中国现代化的历程

自明末清初以来,尤其自鸦片战争之后,中西关系的问题是中国知识界急欲解决而又长期不得解决的一个重大社会问题。陈独秀曾经说过,自清末以来,中国社会的问题十有八九是由西方文化的入侵造成的。后来英国历史学家汤因比在其《历史研究》一书中曾经这样概括西方文化对于东方文化的影响,这就是所谓的"挑战与回应"的模式。于是中西文化的关系问题一百多年来始终是中国人要着力解决的问题,但似乎至今没有找到好的理论来处理这一问题。

我们要清醒地认识到,现代化的要求本身不是从我们自身文化系统内滋生的,而是由外面输入的,是由于西方文化的逼迫而不得不走这条道路。所以严格说起来,我们正在进行的现代化建设其源头在西方文化。

虽然中西文化的关系问题是中国社会百年来的大问题,但并不是每一个中国人都在思考如何解决这一问题。注重实际生活的人未见得看重这一问题,但是中国的知识分子却对之梦牵魂萦,时时刻刻在思索如何解决此一问题。一百年前的北京大学是新文化运动的策源地和重镇,应该说新学或西学已经成为北京大学的显学。当时在北京大学极力提倡新学或西学的干将有陈独秀、胡适、钱玄同、李大钊、周作人等。即便是蔡元培本人也是倾向于新学,而对旧有的学问并不是很重视。他们的文化立场主要得自于西学东渐后对中国传统社会的强大冲击。

(一) 中西文化交流的各阶段

陈独秀将中西文化交流分为七期:第一期在明朝中叶,西教西著初入中国,知之者乃极少数之人,信之者唯徐光启一人而已。(陈的这一说法是有问题的,有宣传的作用,而无学术的意义。事实是,除徐光启外,尚有李之藻、杨廷筠两位成为天主教的信徒。此外还有一品大员 14 人、进士 10 人、举人 7 人、秀才 300 人、皇室成员 140 人、内侍 40 人也皈依了天主教)。

第二期在清初,火器历法,见纳于清帝,朝野旧儒,群起非之,是为中国新旧相争之始。

第三期在清朝中叶,鸦片战争以后,西洋武力震惊中土,于是有"同治中兴"提倡西洋机械练兵之术,于是"夷务"或"洋务"、"西学"为当时人所热衷的新名词。此一阶段持续约三十多年,大致从咸丰十年(1861)总理各国事务衙门成立之日起至光绪二十一年(1895)《马关条约》签订时。洋务运动涉及的范围较广,但不出实用范围,如造船、练军、设立各类学校以培养实用性的人才。

第四期在清末,甲午之战,军破国削,康梁乘势变法,变法虽不成功,但是新思想拓宽了领地,于是由行政问题折入政治根本问题。

第五期在民国初年,当时新旧之所争,康梁提倡,只在行政制度优良,尚未涉及政治根本问题。但在民国初年,一部分有识之士有了政治为根本问题的觉悟,于是进而有了民主共和和君主立宪的讨论,辛亥革命后,共和告成。

第六期即辛亥之后的四五年,共和却转变为专制。由于备受专制政治的痛苦,于是人们渐渐厌恶专制,而倾向共和民主。

第七期便是新文化运动提倡的新人生论①。

在这七期中西冲突中,中国人最初的觉悟是西洋的器物,其次是政治制度,其后便是人生态度,或用陈独秀的话讲就是所谓的"伦理觉悟"。

可以说,这七期的中西文化交流历史大体可以说是中国文化的现代化运动的历史,或者说中国传统文化的现代转化的历史。而中国传统文化向现代转化是在西方文化逼迫之下进行的,其动力不在自己的

---

① 参见陈独秀:《吾人最后之觉悟》,《陈独秀著作选》第一卷,上海人民出版社,1993年,第 175—177 页。

文化系统之内,而是来自于西方文化。

但是西方文化这种"挑战",在各民族文化中所引起的"反应"却各有不同。例如西方的宗教如天主教、基督教新教等现在对中东、西亚、非洲等地区的国家或民族的文化仍具有极大的挑战性。这一点亨廷顿在其《文明的冲突与世界秩序的重建》一书中有过极为明确的描绘。西方的宗教对我国虽有一定的冲击,但并未构成巨大的压力。相反,我们看重现实生活的精神传统成为我们应对西方文化挑战的最好资源。要言之,由于各民族文化本质之不同,它对现代化运动的反应之内容与特性亦各异其趣。

(二) 现代化与现代性

我们在讨论中国现代化的内容与特征之前,首先来看看现代化与现代性之间的关系。显然,现代化(modernization)与现代性(modernity)之间有着差异,但不可否认的是,它们之间也有着极其密切的关系。

我们首先来看看究竟什么是现代化。对此学术界有着比较一致的看法。比如艾森斯塔德就从历史的角度解读了现代化的核心要素。他是这样说的:"就历史的观点而言,现代化是社会、经济、政治体制向现代类型变迁的过程。它从17世纪至19世纪形成于西欧和北美,而后扩及其他欧洲国家,并在19世纪和20世纪传入南美、亚洲和非洲大陆。"①其实,这样解读明显地是从时间的维度着眼,指出在什么历史阶段,社会从前现代逐渐地转向现代。我们再来看看学界对现代性的概括。吉登斯是这样来解释现代性的:"现代性指社会或组织模式,大约在17世纪出现在欧洲,并且在后来的岁月里,程度不同地在世界范围内产生着影响。""在其最简单的形式中,现代性是现代社会或工业文明的缩略语。比较详细的描述,它涉及:(1)对世界的一系列态度、关于实现世界向人类干预所造成的转变开放的想法;(2)复杂的经济制度,特别是工业生产和市场经济;(3)一系列的政治制度,包括民族

---

① 〔以〕S. N. 艾森斯塔德:《现代化:抗拒与变迁》,中国人民大学出版社,1988年,第1页。

国家和民主。"①

细看上述对现代化和现代性的解读,二者之间并无实质性的差异。

我的看法是,现代化是现代性的历史落实与制度表现。现代性是贯穿于观念、制度层面的现代化的精神实质,或者说,现代化的过程明显地表现为理性化的过程。所谓的现代性就是理性。

西方现代化进程开始于17世纪至19世纪的启蒙运动,而启蒙运动的口号就是理性高于信仰。正如康德总结的那样,一切思想、一切知识都必须站在理性的法庭面前,接受理性的裁决。知识何以可能、如何可能必须要得到理性的认可。此处所说的理性裁决实质上是指知识或思想必须要提供充分明确的论证以表明自身的合理性得到了可靠的证实或论证。康德思想的社会意义在于,人类的行动或社会的运行的规则的合理性也必须得到理性的认可、理性的审查。未经理性认可和审查的知识、思想、行动都是任性随意的,绝不可能取得实际的成功。

康德的理性的内涵还包含着更为复杂的内容。他指出,人不是工具,人本身就是目的。将人视为目的就为人类征服、利用自然提供了理论根据,或者说,人类征服自然、利用自然是康德所谓的人是目的的思想发展的必然逻辑。但是,西方改造自然的历程却告诉我们,人类是凭借科学、技术的力量来征服自然、利用自然的。科学、技术本身无疑就是人的理性在工具层面的落实,这样的理性,学界称之为工具理性。于是,久而久之,工具理性与价值理性处于一种紧张的状态之中。但是,不管怎样,现代化的过程就是理性的过程,这是没有问题的。

(三)现代化的内容

现代性贯穿于其间的中国现代化运动应该包括哪些内容与特性呢?

---

① 〔英〕安东尼·吉登斯、〔英〕克里斯多弗·皮尔森:《现代性——吉登斯访谈录》,尹宏毅译,新华出版社,2001年,第69页。

不同的学者对于这一问题的看法似乎并没有太大的本质性差异，其内容可以大致概括为器物、社会制度、文化等几项。具体可有以下几项：

1. 独立的"民族国家"(nation-state)的国家形式。此种国家形式显然和我国固有的"民无二王"国家形式(universal state)迥然有别。我国传统的国家只具有形式的大一统，而没有形成一个真正具有统一的国家意志和共同利益的共同体(任何党派或社团的利益必须置于这个共同体的利益之下。党派的纷争必须服从于共同体的意志)。14亿中国人，如果是理性的，那么他们必须组成一个真正统一的祖国，并为此而共同努力。

2. 完成产业革命，即实现工业化为主或为基础的社会化的国民经济。我国传统的经济模式是农业的经济，或称小农经济，此种经济是以家庭或家族为单位进行的；与此种经济相匹配的则是极其不合理的不公平的财富分配制度。合乎理性的工业化动力必然来自于民间，当然政府的引导或规划也是必需的。此外，我们还得着重研究中国工业化进程与西方发达国家工业化进程的差异。

我认为中国工业化进程与西方发达国家工业化进程之间主要存在以下几点差异：(1) 18世纪、19世纪，西方国家的产业革命是在相对独立的国际环境下一条龙式地完成的，也就是说，这些国家的产业革命各个环节是相互匹配的，是独立完成的。而我们的产业革命是后发的，所以也就失去了这样的国际环境。现在全球化是大势所趋，不管愿意还是不愿意，你都得进入，这就给我们的产业革命带来极大的弊端——我们只能做产业革命链条环节上的一端，即终端或末端，即组装。这样的定位是不得已的，是给定的，是被迫的。这样的严重态势极其不利于中国产业革命的完成。(2) 西方产业革命是文艺复兴和宗教改革的结果(西方文艺复兴开始于13世纪末期，完成于17世纪；而开始于英国的产业革命则是17世纪之后的事情了)。中国现在试图实现的产业革命的过程恰好相反，是与西方相反的路向，看看洋务运动、戊戌变法、新文化运动的时间线就能够明白此点。问题在于，这种从外在实用性的基点着手的产业革命进程既有合理的一面,也有不合理的一面。我们必须对之有精细的深入的研究分析,并据此制订相应的对策。它的合理的方面在于,我们可以参照西方的历程,避免西方产业革命过程中出现的问题,以免自己重走西方的弯路,如此等等。不合理的方面在于,我们是径直从经济入手,这就会造成财富分配方面的更大的不公平、造成城市与乡村之间巨大的差异、刺激起人们漫无节制的物质欲望、形成东部地区与西部地区的地域经济发展差异。这样的产业革命历程有可能阻碍法治、民主、自由的进程,如此等等,并给中国社会今后的发展带来极为严重的后遗症或沉重的代价。(3) 西方的产业革命主要是民间完成的,而中国的洋务运动以至现在的经济建设是在官方的推动之下进行的。此种模式用李鸿章的话说就是"官督商办"。这种模式的利弊皆值得留意。

3. 合理地设计和逐步建立维护人类尊严的、有学理根据的、能够适应工业化基础的社会道德标准和社会制度。与此相应,凡不能够满足上述条件的传统的旧道德和旧的社会制度,例如"三纲"、落后的婚姻制度、三从四德、守节、宗族制度等均应在现代化运动过程中逐渐被抛弃。

4. 专深精细的学理系统研究(包括自然科学、社会科学及人文学科在内)要代替教条式或格言式的阐述。所有的学理性的系统最为重要的一点即是论证或证实或证成或圆说或辩护,简单说,你要我相信某一道理,你就必须提供充分的理由使我真诚地认为你所说的是对的。

5. 建立现代教育体系以代替传统的书院制,现代教育体系即以分科治学为基础而建立起来的院系设置,其目的是为培养具有现代知识系统且具有完美人格的才俊。

6. 民主政治体制的设计及建立,使更广泛的、更安全的、更具备制约效力的政治协商成为可能,保障基本人权的落实,采用多数决定的原则,以选举方式建立政府。

7. 健全的法制建设,尤其是要确立宪法的权威,牢固树立依法行政的理念。

上述7点之间是什么样的关系？我们能否孤立地取其中的一点、两点或更多，而抛开其他？从中西文化交流的过程来看，我们先学的是西方的实用技术，后学的是西方的制度，再企图引进民主、科学、自由、法治等，但似乎都没有成功。为什么没有成功？我想道理很简单，因为上述的7点是紧密相连的。比如实用科学后面有着西方几千年来的学理的漫长的传统，而学理的深入讨论要求有思想的自由、言论的自由，要求参与讨论的各方都是平等的。如此等等。总结上述的讨论，我的看法是，我们中国人必须总体上研究西方的现代化过程，而在具体的实施中可以"有所偏颇"，突出重点。

不能说上述7点在我们传统学术思想中一点都没有，某些要素在我们传统的思想中亦能找到根据；不过这些也只是极少数学者的理想，而远远没有普及成为广大群众的理念而变为立国的思想基础。但不得不承认的是，上述的第4、第5和第7点确实在我们的传统思想中难以寻觅踪迹。

当然我们也不得不说，所谓"西方文明"也是不明确的概念，也不是说上述的7项在西方都已完成。我们是说在他们的文明中，这7项已成为主题，其整个文化的趋势是向这一方向发展的，而我国自同治中兴之后，在西方文化挑战之下，也是亦步亦趋向这一方向发展的。

尽管是往这一方向发展，但是我们必须注意的是，上述7项内容不可能在一个时期内完成。从近百年中国现代历史来看，第一阶段，即从同治元年（1862年京师同文馆开启近代译书新纪元伊始，所译之书的数量、种类及发行渠道的增加逐步改变了传统的知识传承形式）直至光绪二十一年（1895），民众感觉极大兴趣的是"夷务"或"洋务"，亦即是西洋的实用科学，声光电化、坚船利炮等，而对"变法改制""民主自由"等话题不感兴趣。但是中日战争失败后，人们的兴趣突然就转变到了西方式的"变法改制"这一边来了。当然，政府的洋务的重要性仍旧，但社会的兴趣已经转到了"变法改制"这边，以后遂有"戊戌变法"。变法虽然失败，但民众关注的焦点仍然在此。这一主题自1895

年一直延续至1912年前后,约十六七年。这一阶段争论的焦点是政治体制上是采用康有为的"君主立宪",还是孙中山的"建立共和"。中山先生受西方政治体制影响颇深,主张责任内阁,也就不同意康有为的"君主立宪",但当时帝制的影响还是颇深,所以,短短的共和之后就出现了几次复辟闹剧。

在第二阶段,由于主题是变法改制,所以民主自由、平均地权等仍不是社会关注的焦点。如严复翻译密尔的《自由论》就颇费斟酌,他不敢把 freedom 直译成"自由",害怕如果人人都讲自由,争自由,那社会就不成其为社会,国家也就不成其为国家了。于是,他将书名译成了《群己权界论》。平均地权在当时是孙中山提出来的,但激烈反对的恰恰就是他的同志们。为什么呢?因为当时根本不具备实现"平均地权"的社会条件。

在第三阶段,"民主自由法治"的理念被提出。这就是"新文化运动"时期的课题。新文化运动开始于1915年9月15日,其标志就是陈独秀在其创刊的《青年杂志》第一卷第一期发表的《敬告青年》一文,文中提出了一种新的人生论,后来他本人将其概括为"科学与民主"。1923年爆发了"科学与人生观"的论战,由于领袖人物陈独秀与胡适的分道扬镳,新文化运动就此结束,前后也就八年左右的时间。应该说,除了白话文运动外,新文化运动所期许的目标并没有实现,民主与科学仍遥遥无期,当然,八年左右的时间是不可能使一个没有民主、自由、科学理念的社会匆忙走上这样的发展道路的。

新文化运动虽然没有取得预期的目标,但是有两件事情却必须引起我们的注意。第一,新文化运动结束前不久兴起了一股"国学热",1922年至1930年前后,从北京大学研究所国学门开始,几年之间大江南北匆匆建立了十几所国学院,如清华大学、齐鲁大学、中南大学、厦门大学以及上海、无锡等地纷纷成立了国学院。奇怪的是,到1930年后,这些国学院突然退出历史舞台。究其原因,首先可能是国学院的设置与西学以分科治学为基础的院系设置有冲突,彼此之间不相容。第二,由于新文化运动强调的是一种新人生论,遂使人们意识到,不但我们的"用"（器物、制度）不如人，而且我们的"体"，即人生论也都是有问题的，或者说我们传统的主义也是有问题的。更为严重的是当时的新文化运动领袖人物虽然积极努力地倡导科学、民主、自由、法治，但他们对这些舶来之物也没有深入系统的研究。于是，在新文化运动发起之后的短短几年内，突然出现了思想上的无政府状态（当然此种思想上的无政府状态不仅仅是由新文化运动引起的，诸如清朝小皇帝的逊位、军阀混战、科举的取消等都是导致这种混乱局面的重要因素）。几千年来在中国占统治地位的儒家思想意识形态遭到了前所未有的破坏，于是各种主义平地而起。相信孙中山的人当然就拿"三民主义"做标准，不相信三民主义的人自然就另搬出其他"主义"来了。因此在"五四"之后短短数年之内各有其主义的"共产党""国家主义派""社会党""法西斯主义"集团，"无政府主义"集团，乃至于"实验主义"者都应运而生各立门户。这些新兴党派社团，乃至改组后的"中国国民党"都是继"五四运动"而产生的，其性质与民国初年的"国民党""共和党""进步党"等是绝对不同的：民国初年的党是纯英美式的政党；"五四"以后的党是着重社会运动和文化改革的党。

从 1840 年至 1923 年，几乎是每十年左右就会有一场运动。这些运动，可以说，都没有达到预期的目标，也就是说，中国文化的现代转化截至 1923 年前后并未完成。这样说，理由很简单，就是上述的 7 项内容还没有落实，尤其是民主自由法治的实现还有许多工作要做。现在来看，尽管当时没有实现现代化的目标，但是社会仍然是在往这一方向走着。然而，在传统和现代之间的进退失据却引起了普遍的失望情绪，有不少人因对传统文化失望而感到无路可走，自杀者不在少数。记得当时的《新青年》辟专栏讨论自杀问题。王国维自杀了，陈天华自杀了，易白沙自杀了，梁漱溟的父亲也在六十岁生日的前三天留下《敬告世人书》后投湖自尽。梁漱溟的父亲自杀前曾问过他这样的问题："这个世界会好吗？"显然在他的内心世界里，中国传统文化从此陨落，不再有希望了。父亲的自杀无疑对梁漱溟是个极大的刺激，他当时虽没有能够解决父亲的问题，但却乐观地认为这个世界是会向着好的方向转化的。

应该说,梁漱溟的看法有他自己的道理,他的"文化三路向说"就提供了相应的道理。

现在的问题是,中国的现代化运动究竟需要多长时间才能够完成?这个问题在历史上有过讨论,比如康有为、孙中山就有激进主义的倾向。中国共产党内部也有"一次革命论"和"二次革命论"的争论。陈独秀就是因为"二次革命论"而遭批判,最后被开除出党。

西方的文艺复兴开始于13世纪末,至17世纪结束,持续约四百年。秦始皇的专制政体据历史学家研究开始于公元前4世纪中期的商鞅变法,完成于公元前86年的汉武帝汉昭帝之间,也有着约三百多年的时间。之所以社会的改革需要那么漫长的时间,主要是由于任何改革都有除旧布新的内容,新的东西的发展必须要以除去旧的东西为前提。对于有着漫长历史、众多人口的中国来讲更是如此。有人就曾经预言,中国文化的现代化进程完成需要两百年,也就是说,开始于1840年,完成于2040年前后。当然也有在较短时间内完成现代化进程的国家。例如,日本的明治维新开始于1868年,比中国的洋务运动晚了七八年,但是在甲午战争中日本却占了上风。"二战"后美国间接占领了日本,对其宪法进行了修正,从此日本有了较快的发展。但日本是个特例,国土小、人口少、民族单一,与中国没有可比性。

二、研究中国现代化进程的不同态度

关于如何处理中西文化关系这一问题,从清末以来大致有如下几种观点:

(一)全盘西化论

持此论者有胡适、鲁迅、陈独秀,也包括早期的李大钊,而最彻底、最系统的全盘西化论者便是岭南大学的陈序经。鲁迅在小说《狂人日记》中猛烈地攻击传统的礼教,认为传统的礼教是吃人的礼教,在当时的社会上产生了巨大的影响。四川的吴虞看过此篇小说后马上写下一篇名为《礼教与吃人》的文章从学理上攻击传统的礼教。于是,礼教与吃人在社会上也就等同起来了。鲁迅也曾拒绝某杂志的邀请给青年人开列必须阅读的国学书目,认为读中国古书容易使人消沉下去,而多读西方的书却会使人振作奋斗拼搏向上。胡适在名为《介绍我自己的思想》的文章中说道:"我们必须承认我们自己百事不如人。"他甚至认为,中国人的身体也不如西方人。1929 年他曾用英文在《中国基督教年鉴》发表一篇文章《中国今日的文化冲突》,其中用了"wholesale westernization"(全盘西化)和"wholesale modernization"(全盘现代化)两个短语。陈独秀也是全盘西化思想的积极鼓吹者,在 1918 年 7 月的《新青年》第五卷第一号上发表的《今日中国之政治问题》中,他这样说道:"若是决计革新,一切都应该采用西洋的新法子,不必拿什么国粹、什么国情的鬼话来捣乱。"陈序经则在他的《中国文化出路》《东西文化观》等著述中系统地论述了他的全盘西化论。其他如吴稚辉、钱玄同等人也有类似的思想。

(二)文化保守主义或国粹论或复古论

代表人物有辜鸿铭、刘师培、梁漱溟等人。辜鸿铭曾是北京大学教授,留洋多年,懂得英文、法文、德文、俄文、意大利文、拉丁文、希腊义等文字;他从小在南洋华侨区域长大,高中、大学是在英国读的,也在英国拿了文学硕士学位,后在北京大学教授英国文学,英译中国文化典籍如《论语》等,在国外汉学界有一定的影响;此人眷恋帝制,热爱中国传统文化,为中国传统辩护。刘师培也是复古派,赞赏并支持袁世凯复辟帝制;刘氏家族以治《春秋》名重当时。梁漱溟也被有些学者目为复古主义者。

(三)中西文化折中调和论

持此论者企图将西方文化的部分内容与中国文化的部分内容调和折中在一起,形成或融合成一种中西合璧的文化。最初的折中论产生于 19 世纪 60 年代的洋务运动时期。折中论内部如加细分又可分为如下几种:

道的文化与器的文化。此种论调盛行于 1865 年至 1894 年,代人物为曾国藩、李鸿章、薛福成等人。此种论调认为,道的文化是形而上的,所谓器的文化是形而下的。在他们看来中国文化是形而上的,西方文化是形而下的。孔子之道是中国文化的核心,是道。西方的器械精巧,工艺精湛,是中国应该学习搬运过来的。薛福成这样说道:"今诚取西人器数之学,以卫吾尧舜禹汤文武周孔之道,俾西人不敢蔑视中华……此其道,亦必渐被乎八荒,是乃所谓用夏变夷者也。"(《筹洋刍议·变法》)

中学为体西学为用是折中调和论的另一种,流行于甲午海战至第一次世界大战之间的二十年间,主张最力者要数张之洞的《劝学篇》,《劝学篇》分为内外两篇,内外两篇正好暗合中学为体西学为用,他所谓的中学是指四书、五经、史事、政书、地图;所谓西学指的是西政、西艺、西史。张之洞主张"新旧兼治,不使偏废""知外不知中,谓之失心;知中不知外,谓之聋瞽"。张之洞的折中调和论的基础仍是中国的孔孟之道,只能选那些无害此道的西方文化元素来补救中国文化,凡有背于此道的一概不取。

精神文化与物质文化。这种调和论盛行于1915年至1930年代,代表人物有梁启超、杜威、罗素、泰戈尔等。这一派认为,文化有两种:一种是精神文化;另一种则是物质文化。西方文化是物质文化,中国文化是精神文化。我们应该向西方学习其高超精湛的物质文化,但中国精神文化是优于西方文化的,所以应该发扬光大中国的精神文化,并进而救济西洋过于注重物质文化而带来的精神苦痛。所以梁启超在其《欧游心影录》中说道:"我们可爱的青年啊!——立正!——开步走!——大海对岸那边有好几万万人,愁着物质文明破产,哀哀欲绝的喊救命,等着你来超拔他哩。"泰戈尔、杜威和罗素也有类似的论调。比如罗素来华就极力赞美中国文化,并告诫中国人不要受西方机械人生观的影响,他十分推崇中国的古诗,认为中国的古诗是世界上最优美的诗。

动的文化与静的文化。这种论调流行于1916年至1918年,代表人物是沧父与李大钊。这种观点认为,西方文化是征服自然的动的文化,东方文化是顺乎自然的静的文化,并相信动的文化与静的文化结合之后,能够形成第三者的新的文化。这两人的思想也未尽相同。沧夫的态度是偏重于中国固有的静的文化,以静为调和的基础。而李大钊则偏重西方的动的文化,呼吁要竭力接受西洋的文明,以补助我们自己的静的文明。他还认为,动的文明与静的文明能够结合在一起,但这样的结合必须有个媒介,俄罗斯文明就是这样的媒介。

其他还有植物文化与动物文化、人的文化与物的文化的说法。我们不在此一一细说。上述种种关于中西文化关系的看法都有这样或那样的问题。本书尝试提供另外一种思路:回到儒家思想与现代社会的张力源点,接续前辈学人的自觉探索和批判,重新审视中国走进现代社会的自由之路。

第一章

对"自由之路"与
"学术独立"的批判
与问题源点回归

第一节　冯友兰"中国到自由之路"何以不可能？

晚清以降，由于西方强势文化的大规模入侵，中国出现了两千年来从未有过的大变局，从最上层的统治者直至民间的知识分子对于此变局，缺乏应对的招数，进退失据，手足无措。可以说，中国社会从此所遭遇的问题，十之八九都是由此而起的，因此东西文化或中西文化的关系问题遂成为中国知识分子关心的热点。抗日战争期间，日军的铁蹄踏遍了大半个中国，处于战火之中的知识分子讨论最多的却仍是东西文化的关系问题。中国的出路究竟何在？

众所周知，东西文化关系问题成为国人关心的大问题之后，学者们曾提出种种不同的处理原则，大而言之，有如下几种：中学为体，西学为用；全盘西化；本位文化。当然上述三种只是主要的观点，此外尚有其他种种不同的观点，但这些其他的看法也只不过是游弋于上述三种看法之间。但冯友兰的文化观似乎有所不同，他对东西文化关系的看法似乎不能简单地归结为上述三种中的任何一类。之所以有这样的不同，是因为冯友兰讨论文化问题的立场与别人不同。这种不同约有如下几个原因：第一，冯友兰站在哲学的立场，且有自己系统的哲学看法，这使冯友兰能够比其他讨论文化问题的学者站得高看得远研究得深；第二，他讨论文化问题时所取的哲学立场是新实在论，这使他能够自觉地从共相和殊相的关系或一般和个别的关系的角度来探索文化关系问题；第三，他能够运用马克思主义的历史唯物主义观点来处理东西文化的关系问题；第四，他善于运用分析的方法分析文化关系问题，所以他对文化问题的讨论显得更为深入细致系统；第五，由于身处抗日战争的炮火之中，而战争本身就其表现形式看就是实力的较量，残酷的现实迫使冯友兰站在比较现实的立场来考量中西文化的关系问题。

冯友兰在《新事论》一书中系统地表述了自己关于东西文化关系的理论,此书写于1938年,但是他对此一问题早就感觉到很大的兴趣。他于1915年考入北京大学哲学系,1918年毕业,前后学习了三年,在这三年中,自觉收获颇多。他说道:"我觉得在北大的三年收获很大。这三年可以分为两个阶段。在第一阶段,我开始知道,在八股文、试帖诗之外,还有真正的学问,这就像是进入了一个新的天地。在第二阶段,我开始知道,于那个新天地之外,还有一个更新的天地。'欲穷千里目,更上一层楼。'我当时觉得是上了一层楼。"他所说的两个新天地,实质上就是中国文化与西方文化,而且他已经感觉到这两种文化之间是有矛盾的。"这两个天地是有矛盾的,这是两种文化的矛盾。这个矛盾贯穿于中国历史的近代和现代。"①当然,在那个时候,冯友兰尚未能够解决东西文化的关系问题,但他已经自觉地意识到这一问题的重要。1919年他考上公费留学,同年入美国哥伦比亚大学研究院哲学系当研究生。他是带着上述的问题去美国的。他说:"我是带着这个问题去的,也可以说是带着中国实际去的。当时我想,现在有了一个继续学习哲学的机会,要着重从哲学上解答这个问题。这就是我的哲学活动的开始。"此后一直到20世纪60年代近四十年的曲折漫长的学术生涯中,冯友兰着力想解决的也是同样的问题,"想对于那个问题作一种广泛的解答,特别是对中国传统文化作一种广泛的解释和评论,虽然随着时期的变化,解释和评论也有差异"。②

一、新实在论视角下的东西文化差异

反观20世纪二三十年代关于东西文化关系的讨论,可以清楚地看到,有相当一部分学者把这两种文化的差异看做是东西、中西的差异。冯友兰不同意这样的看法,他明确地指出,两种文化之间的种种

---

① 冯友兰:《三松堂自序》,东方出版中心,2016年,第207页。
② 同上书,第208页。

差异并不是东西或中西之间的不同,而是古今、新旧的差异。或者更形象地说是乡村与城市之间的差异。

冯友兰所以能够对东西或中西文化之间的差异做出这种解释,是因为他是从其新实在论的哲学立场出发来解读两种文化之间的不同。他的新实在论哲学思想在其《新理学》一书中得到了系统的表述。《新理学》一书代表着冯友兰前期的共相理论。此书把整个宇宙划分为二:一是形而上的理世界;一是形而下的器世界。冯友兰称前者为"真际",称后者为"实际"。他认为,"真际"就是共相世界,"真际"包含实际,即"真际"的范围要大于"实际",更具体地说,就是有"实际"必然有"真际",而有"真际"未见得有"实际"。"实际"又包含具体的实际事物。《新理学》认为,有实际,但不必就有具体的实际存在的事物。"实际"中某一类的东西之所以成为某一类的东西,是因为它依照某一类东西之理。实际中的某一类东西就是真际中某一理或共相的例证。因为实际中某一类东西之所以成为某一类东西,就是因为它依照某一类东西之理。可能真际中某些理在实际中还没有例证,但不可能实际中有了例证而真际中还没有那个理。这就是说,真际比实际更根本。因为必须先有理,然后才能有例证。如果没有某一理,这个例证就无来处。冯友兰说:"就真际之本然说,有理始可有性,始可有圆底物,所以圆之理是体,实现圆之理之实际底物是用。理,就其本身说,真而不实,故为微,为未发。实际底事物是实现理者,故为显,为已发。某理即是某种事物之所以为某种事物者,某种事物即是所以实现某理者。"①理为体,实际的事物为用。以体用关系来说明共相和殊相之间的关系。显然,体是第一性的东西,用是第二性的东西。冯友兰以具体例证来说明这一思想。他认为,必须先有飞机之理,然后才有一架一架的飞机。没有飞机之理,不可能有一架一架的飞机。

冯友兰认为,他上述关于理事、体用关系的理论与宋儒有相同之处。实际上,他也运用了宋儒的"体用一源,显微无间"的说法来论述

---

① 冯友兰:《新理学》,《三松堂全集》第四卷,河南人民出版社,1985年,第34页。

理事之间的关系,所以,他的上述理论应该说是受了宋儒的影响。但他认为,宋儒于此一问题的看法有可进一步商榷的地方,因为"宋儒对于理之为非实际底亦有看不清楚或说不清楚者。例如宋儒常说:'理之在物者为性','心具众理而应万物'。此等话是可解释为以理为'如有物焉'。此错误有时即朱子亦不能免。若不能免此错误,则讲理自有种种不通之处。后来反朱子者对于朱子的攻击,有些是攻击者的错误,有些是朱子自己未看清或未说清所致"①。

《新理学》关于理事的看法与宋儒的实质性差异在于"宋明道学,没有直接受过名家洗礼,所以他们所讲底,不免着于形象","尚有'拖泥带水'的毛病。因此,由他们的哲学所得底人生,尚不能完全底'经虚涉旷'"②。而《新理学》一书则充分地利用了西方近代以来逻辑学发展的新成果。冯友兰自己就曾经说过,《新理学》是"利用现代新逻辑学对于形上学底批判,以成立一个完全'不着实际'底形上学"。宋儒不免着于形象,而《新理学》则完全"不着实际"。这就是二者之间实质性的差异。因此,冯友兰认为,哲学只对经验事实做"形式底"分析。在冯友兰看来,真正形上学的命题,必须是"一片空灵"。"形上学底命题,是空且灵底。形上学底命题,对于实际,无所肯定,至少是甚少肯定,所以是空底。其命题对于一切事实,无不适用,所以是灵底。"③根据这种看法,真正的形上学体系中的理世界应该是与经验事实毫无瓜葛的"洁净空阔的世界"。理虽然决定事,但理不是事,事不是理。

冯友兰关于理事或共相和殊相关系的理论可以以"理在事先"这一命题来概括。然而,在《新理学》一书中,冯友兰不同意所谓的"理在事先""理在事中"等说法。因为他认为"所谓在是存在之义,则理无所谓在底。理既不能'在'事上,亦不能'在'事中。理对于实际底事,不能有'在上'、'在中'等关系。真际中有'在上'之理,但'在上'之理,并不在上,有"在中"之理,但"在中"之理,并不在中。所以理不能在事

---

① 冯友兰:《新理学》,《三松堂全集》第四卷,第35页。
② 冯友兰:《新原道》,《三松堂全集》第五卷,第125—126页。
③ 同上书,第154页。

'上',亦不能在事'中'。此等误解,皆由于以理为一'物事,光辉辉地在那里'"①。冯友兰的这种说法实质上是站在了新实在论者的立场上。新实在论者认为,具体事物的存在是一种在特殊时间和特殊空间中的存在。所以所谓的"在中""在上"是对于具体事物而言的。而共相或理并不在任何的时间和任何的空间之中,它们是超时空的。由于不在时空之中,所以它们当然也没有"理在事上"还是"理在事中"诸如此类问题的产生。理虽然不在时空中,然而理却是实实在在的。所以,冯友兰说,理是"真而无实"的。

由于理不在时空之中,当然也就更不在特殊的时空之中。所以《新理学》一书中所说的理或共相,从时间和空间上说,也就当然不会有在具体事物之上或之中的问题发生。然而,从逻辑上讲,共相或理却在具体事物之先。因为根据冯友兰的说法,"某种事物是某种事物,必有某种事物之所以为某种事物者",如他说:"假使实际上无红底物,还可有红之所以为红者。"此红之所以为红者就是"红之理"。"红之理"落实于某个具体的物,这个具体的物就是"红之理"的例证。这个具体的物就是"红的性"。"凡依照所以然之理而成为某种物之某,即实现某理,即有某性,理之实现于物者为性。"②理或共相还是逻辑地先于事或殊相的。理是先于事并决定事的。这就是说,我们在研究理事关系时重点在把握理而不是事。

从这样的新理学的视角来研究东西文化关系问题所得出的结论显然是与众不同的。这种不同表现在,冯友兰重视的不是文化的特殊性而是文化的一般性或普遍性。具体说就是,冯友兰认为,讨论文化必须以类的观点作为出发点,而不同意从特殊的观点来研究文化。他指出:"某一类的事物,必有其所以为某类的事物者。此所以为某类的事物者,为属于此某类的事物所同有,即此类之理。一类事物之理,即一类事物之类型。凡属于某一类之事物,必皆依照某一理,或亦可说,

---

① 冯友兰:《新理学》,《三松堂全集》第四卷,第35页。
② 同上书,第34页。

凡依照某一理之事物,皆属于某类……凡属于某一类之事物,必皆依照某理,有某性。"①根据他的这种说法,个体事物的性质是完全取决于其所属的类。所以我们想要了解事物的性质,必须从其所属的类着眼。结论也就是,讨论和研究文化问题时,我们也要"知类",否则就是不知类。他批评民初人亦即是新文化运动时期的文化人只从特殊的观点来看西洋文化,认为中国文化不如西洋文化是因为我们的文化是中国文化。冯友兰指出,如果只从特殊观点来看东西文化,那么我们就根本谈不上文化系统之间彼此学习的问题,因为特殊的事物是无法学习或借鉴的,而且我们也不可能对之进行研究,原因在于只从特殊性的观点来看文化,我们也就分不清楚什么是主要的性质,什么又是次要的性质。所谓的中体西用说、全盘西化论、本位文化论,在他看来,实际上都是行不通的。

在冯友兰的眼里,中国文化所以不如西洋文化,不是因为我们的文化是中国的,西洋文化优越也不是因为其文化是西洋的。他说道:"若从类的观点,以看西洋文化,则我们可知所谓西洋文化所以是优越底,并不是因为它是西洋底,而是因为它是某种文化底……若从类的观点,以看中国文化,则我们亦可以知道我们近百年来所以到处吃亏,并不是因为我们的文化是中国底,而是因为它是某种文化底。"②此处所说的"某种文化底",具体说就是,中国文化属于古代文化,而西洋文化则属于近现代文化,或更进一步说,中国文化是属于以家为本位的文化,而西洋文化则属于以社会为本位的文化。中国文化是乡村文化,而西洋文化则是城市文化。冯友兰承认,在他眼里本就只有这两种文化,即"生产家庭化底文化"和"生产社会化底文化"。中国所以不如西方就是因为中国当时仍处在以家庭为本位的文化之中,而西洋社会则早已进入以社会为本位的文化中了。所以改造中国社会的问题从理论上说是很简单的,即努力使中国社会逐步地摆脱"生产家庭化

---

① 冯友兰:《新事论》,《三松堂全集》第四卷,第198页。
② 同上书,第206页。

底文化"而渐渐地走上"生产社会化底文化"。

显然新实在论的哲学思想引导冯友兰将理或类看得比特殊的事物更为重要。从新实在论的立场来看,得出这样的观点是毫不为怪的。从类的观点来看文化或事物注重的是同,不是异。比如说我们还在坐人力洋车的时候,西洋人则早已开上了汽车。于是有相当的中国人就说道:中国文化是洋车文化,西洋文化是汽车文化。冯友兰不同意这样的看法。他认为这样看事物的缺点在于只见特殊性,而未曾看见存在于特殊性中的普遍性。于是,他如斯说道:"有人说西洋文化是汽车文化,中国文化是洋车文化。但汽车亦并不是西洋本有底。有汽车与无汽车,乃古今之异,非中西之异也。"①我们应该承认汽车尽管是西洋人发明的,但古时候的西洋人也并未能够制造汽车,只是到了近现代的西洋人才能够制造汽车这玩意儿。所以冯友兰的结论是,有汽车和没有汽车并不是中西之异,而是古今之异。

但是,我们要格外注意的是,冯友兰此处所说的车不是具体的或特殊的车,而是作为类的车或在理学层面上所讲的车。更直接的说法是车的理。因为车的理是普遍的,是无分于中西的。车是现代的西洋人发明的,但车之理却无分于中西。这种看法无疑是新实在论的。

新实在论的特点在于:注重普遍或理,也承认经验事实的实在性。这是新实在论不同于旧实在论的地方。比如柏拉图只承认共相世界或理世界,因为共相世界是美好的永恒的,而现象世界则是短暂的转瞬即逝的,所以旧实在论者不愿意承认具体特殊事物的实在性。尽管新实在论者承认经验事物的实在性,但在共相世界和经验世界两者之间,他们也如同柏拉图那样更倾向于共相的世界或理世界。我们看看著名的哲学家罗素,在他还是以新实在论者身份写作《哲学问题》一书时,他这样说道:"我们将会发现,只有事物在时间之内的时候,也就是说,只有在我们能够指出它们存在到时间的时候(这并不排除事物永久存在的可能),我们容易断言它们是存在着。因此,思想和感情,心

---

① 冯友兰:《新事论》,《三松堂全集》第四卷,第205页。

灵和物体,都是存在的。但是共相并不是在这种意义上存在着;我们要说,它们是永存的,或者说,它们具有实在,在这里,'实在'是超时间的,和存在是相对立。因此,共相的世界也可以说就是实在的世界。实在的世界是永远不变的、严正的、确切的,对于数学家、逻辑学者、形而上学体系建立者和所有爱好完美胜于爱好生命的人们,它是可喜可悦的。存在的世界转瞬即逝,没有明确界限,没有任何明显的计划或安排;但是它却包罗着所有的思想和感情,所有的感觉材料和所有的物质客体:林林总总,有益而又有害、可以影响人生现世价值的事物。根据我们的气质,我们现在情愿对于这两个世界先沉思一下。我们所不情愿选择的那个世界大概就是我们所情愿选择的那个世界的淡淡的影子,不论就哪种意义来说,它几乎是不值得视为真实的。"[1]从罗素的这一段话,我们可以清楚地看到,在新实在论者的眼里,存在着两个世界,一个是共相世界或理世界,另一个则是事物的世界;但这两个世界是不平等的,共相世界是真实的、永恒的,而经验世界是共相世界的淡淡的影子;形而上学家偏爱共相世界或理世界,而视经验世界几乎是不真实的。这三点对于我们理解冯友兰的实在论思想很重要。因为在他的思想中也存在着如上的两个世界,且认为经验世界是决定于共相世界的,所以对于他来讲,经验事物并不是很重要。既然经验事物是被理或共相决定的,所以只要我们掌握了理或共相,我们就能够把握事物的本质特征。

正是从这里我们可以清楚地看见同样是新实在论者的罗素与冯友兰的区别。我们在上面看到了罗素对两个世界的理解,但紧接着上面的引文,他说道:"但是事实上,这两个世界都要求我们的同等注意,两者都是实在的,对于形而上学者都同样重要。不错,我们一把这两个世界加以区别,就必须考虑它们的关系了。"[2]罗素的这一补充似乎与上述的引语有冲突,但是如果你细读《哲学问题》一书就会发现这两

---

[1] 〔英〕罗素:《哲学问题》,何明译,商务印书馆,1959年,第69—70页。
[2] 同上书,第70页。

者之间并无冲突。在这本书中,罗素主要想处理的并不是形而上学的问题,而是着力提出一个新实在论的知识论的体系。在知识论领域内,罗素深受英国经验论的影响,所以研究知识论他走的是经验论的路数,必须从感觉经验出发,即从感觉材料出发。感觉材料是私人的,是特殊的。由于有这样的考虑,所以他也就不得不考虑两个世界之间究竟有什么样的关系。

与罗素不同,冯友兰的哲学思想体系中知识论似乎并不占有任何的位置。他的"新理学"体系虽也涉及了形而上学之外的其他问题,但这些问题都与形而上学密切相关,或者换句话说,冯友兰是企图运用他自己的形而上学来解决人生、社会等问题。由于他从不考虑知识论的问题,所以他的整个"新理学"体系也就没有必要考虑如何解决共相世界和经验世界之间的关系问题。在这一意义上,我们可以说,冯友兰是一个纯粹的新实在论意义上的形而上学家。也正是在这个意义上,我们可以进一步得出结论,他眼中的两个世界是绝对不平等的。他本人真正重视的是理世界或共相世界,而经验世界中的特殊的个体事物并不具有重要的意义。

新实在论者坚定地相信,这样的理世界是实在的。理世界虽然不存在于时空之中,但它们却比存在于时空之中的经验事物更真实、更完美。问题在于,共相不存在于时间之内,那么我们在什么地方才能够发现共相呢?新实在论者有一个新奇的说法,他们说共相虽不在时空之中,但它们却是实在的,是实而不有的。然而"实而不有"的确切含义着实令人难以把握。新实在论者坚信共相是实在的。但反实在论的哲学家们都指出,所谓的共相或理或类只不过是我们在哲学上的先验的设定。

其实,在这里讨论共相的存在方式对于我们理解冯友兰的文化理论具有重要的意义。因为冯友兰正是以共相或理或类来研究文化问题。如果共相的存在方式令人疑惑,那么类的存在方式也使人头痛。在《新理学》构建的体系中,类是较共相低一层次的概念。《新事论》一书的第一章"别共殊"开始便说道:"某一类的事物,必有其所以为某类的事物者,此所以为某类的事物者,为属于此某类的事物所同有,即此类之理。一类事物之理,即一类事物之类型。凡属于某一类之事物,必皆依照某一理。或亦可说,凡依照某一理之事物,皆属于某类。"①现在的问题是,究竟什么是类呢?

依照冯友兰的理解,这里所说的类当然是实在的,更具体地说类是客观实在的。其实这样的说法明显地带有实在论的色彩。如果共相是先验的设定,那么类也是一种先验的设定,是人类为了将思想世界安排得井然有序而设定的。如果是这样的话,类存在于何处也就是一个非常清楚的问题。记得以前看冯友兰的书,在某处冯友兰提到柏拉图让其仆人上街买面包的故事。故事大概是这样的。仆人听从柏拉图的话上街去了。不一会儿回来了,但两手空空如也。柏拉图问他怎么没有买回面包呢?仆人答道:街上没有面包,只有圆的或方的面包。柏拉图告诉他去买圆的面包。于是仆人又上街去了,却又空手而归。为什么呢?因为实际上他所能看到的面包,不仅仅是圆的或方的,又必须具有黄的或白的等不同颜色,还是有不同味道的,如此等等。冯友兰运用此一故事是批评那位仆人只有具体特殊的意识而没有一般普遍的概念。其实那位仆人既有具体特殊的意识又有普遍一般的概念,只是没有将两者很好地结合起来,所以在生活中碰到了不少的困难。街上卖的面包确实都是具体的特殊的,面包店不卖一般的普遍的面包。实际生活中只有具体的面包。所以所谓的"面包"这个类是不存在于外在世界之中的。类的面包也不是如新实在论者冯友兰所理解的那样是客观实在的。早期冯友兰是主张理在事先的。晚期他认为理在事中。这一说法若不去细究的话似乎没什么毛病,但仔细分析就会问题不少。如我现在将一个苹果吃掉了,这个被吃掉的苹果是永远没有了,但类的"苹果"还是有的,而且还会永远有,所以如果具体的苹果和苹果的类都是外在的实在的,就会是一件很费解的事。比较合理的说法是,我吃掉的那个苹果是外在于我的,而所谓的类的

---

① 冯友兰:《新事论》,《三松堂全集》第四卷,第198页。

"苹果"不是外在的,而是内在的,是我们从无数的苹果中归纳出共同的性质后形成的概念,用来指称所有那些叫苹果的东西。这就是所谓类的性质。

如果我们这样来理解"类"的话,就能够清楚地看出,用类或所谓"知类"来研究文化是有问题的。因为这里也有层次的问题。这就是,民族文化是具体的,是特殊的。如中国文化不同于日本文化,也显然不同于世界上其他民族的文化。这应该是没有问题的。这是第一个层次。第二个层次是,我们要研究世界上各个民族文化,就将不同民族文化共同具有的特征抽取出来形成所谓的文化的类。问题是这样的类只存在于我们的概念里,显然世界上任何地方是没有这样的一般的或普遍的文化系统,因为实际存在的都是具体的各有特色的民族文化。但应该承认有了这样的文化的类的概念对于我们的研究工作是极其有用的。问题在于我们坚决不能将文化研究中的两个不同层次混淆起来。

上述解释如果是对的话,那么在研究东西或中西文化关系的时候,我们就应该自觉地将文化的这两层含义区分清楚。在经验世界里只存在具体的文化系统,只存在中西文化的差异。如果不谈中西文化差异,只谈古今之异,实质上是不谈实际存在的个体的文化系统,而只是在思想世界中做关于文化的概念游戏,而无补于实际的文化系统间关系的处理。汽车之理是普遍的,但在街上跑的车无疑是具体的特殊的。古代西洋诚然没有汽车,现代才有汽车的出现。但不能因此就笼统地说,汽车就是现代的。准确地说,汽车是现代西洋人发明的,汽车文化是类的文化,不是具体的文化。但实际存在的只是具体的文化。如中国传统文化其实不只是以家庭为本位的文化,她有着丰富的内容。从语言方面说,只要一提起中国文化,任何人首先会想起的就是汉语。从价值系统着眼,在中国传统社会中,儒家、道家、佛家的思想在社会上有着巨大的影响。从文学传统着眼,屈骚、汉赋、唐诗、宋词、元曲、明清小说等更是中国传统文化中的瑰宝。其他诸如服饰、园林建筑、音乐、礼仪风俗等无一不是中国传统文化的重要方面。然而在

"生产社会化的文化"和"生产家庭化的文化"的二分法中上述这些中国传统文化的要素居然不见踪影了。

二、冯友兰文化观的唯物论基础

冯友兰的古今、新旧的差异既有其新实在论的根据,也有唯物史观理论的支撑。这种古今、新旧的差异,冯友兰又称之为乡村与城市的区别。中国由于仍然是以家庭本位的生产方式为主,所以中国的文化是乡村的文化。而西洋先行了一步,由以家庭为本位的文化走向了以社会为本位的文化,因此也由乡村走向了城市。此处所谓的乡村和城市的说法实际上采自马克思和恩格斯的《共产党宣言》。《共产党宣言》称:"资产阶级使乡村屈服于城市的统治。它创立了巨大的城市,使城市人口比农村人口大大增加起来,因而使很大一部分居民脱离了乡村生活的愚昧状态。正像它使乡村从属于城市一样,它使未开化和半开化的国家从属于文明的国家,使农民的民族从属于资产阶级的民族,使东方从属于西方。"[①]

与《共产党宣言》一样,冯友兰的《新事论》解释中西文化或乡村文化与城市文化的差异所运用的理论也是生产力决定生产关系、经济基础决定上层建筑的理论。他之所以采取这样的理论,首先当然是因为他早年曾在英国系统读过马克思主义的唯物史观方面的著作,认为历史唯物主义在解读历史方面有其不可否认的科学性。其次,他写作《新事论》一书时,抗日烽火燃遍了中国大地。战争就是实力的较量,是军事力量、经济力量、管理力量等的较量。他深切地感受到当时修建的区区几公里铁路在运送军事物资方面所起到的巨大作用,由此在文化理论上坚决地主张,中国必须走经济建设的道路,只有实现产业革命或工业革命,才是中国走向自由的唯一出路。因此《新事论》一书的副标题即是"中国到自由之路"。他本人反复宣称"中国到自由之

[①] 〔德〕马克思、〔德〕恩格斯:《共产党宣言》,《马克思恩格斯选集》第一卷,人民出版社,1972年,第255页。

路"只有通过工业革命。他说:"乡下人如果想不吃亏,惟一底办法,即是把自己亦变成为城里人……英美及西欧等国,所以取得现在世界中城里人的地位,是因为在经济上他们先有了一个大改革。这个大改革即所谓产业革命。因为有了这个改革,所以才使'乡下靠城里,东方靠西方'。东方底乡下,如果想不靠西方底城里,如果想不受西方底城里的盘剥,如果想得到解放,惟一底办法,即是亦有这种底产业革命。这种产业革命的要素,即是以机器生产,代替人工生产。"①

他进一步指出,生产方式对于人伦道德具有决定性的作用。有什么样的生产工具便有什么样的生产方式,有什么样的生产方式也就会有什么样的社会组织形式,也就会有什么样的人伦道德。这样的立场无疑就是经济决定论。《新事论》在关于中国文化出路的问题上采取的就是这种经济决定论。他在书中反复强调如下观点:"在某种底生产方法之下,社会必须有某种组织,人必须有某种行为。对于人此种行为之规定,即是道德。换句话说,人如何如何地生产,则其团体必须如何如何地组织。其团体如何如何地组织,其团体中之人必如何如何地行为。对于此如何如何地行为之规定,即是道德。生产方法不是人所能随意采用者。因为用某种生产方法,必须用某种生产工具。如某种生产工具尚未发明,则既不能用某种生产方法,人亦不能知有某种生产方法。所以生产方法随着生产工具而定,社会组织随着生产方法而定,道德随着社会组织而定。生产方法不是人所能随意采用者,所以社会组织及道德亦不是人所能随意采用者。"②显然他的这种看法基本上就是以历史唯物主义的经济基础决定上层建筑的理论为基础的。

在他看来,当时中国的唯一出路只有走产业革命之路。其实不但中国是这样,西方所以能够富强壮大的根本原因,也在于它们很早就完成了产业革命。"英美及西欧等国所以取得现在世界上城里人的地位,是因为在经济上它们先有了一个大改革。这个大改革即所谓产业

---

① 冯友兰:《新事论》,《三松堂全集》第四卷,第225页。
② 同上书,第236页。

革命。这个革命使它们舍弃了以家为本位底生产方法,脱离了以家为本位底经济制度。经过这个革命以后,它们用了以社会为本位底生产方法,行了以社会为本位底经济制度。这个革命引起了政治革命及社会革命。"①因此在他眼里,产业革命在社会发展和演变中起着关键的作用,它决定着社会的方方面面。

  冯友兰的上述文化立场明显地不同于新文化运动以来的主流看法。他的这一立场实质上就是经济决定论,产业革命较之于思想革命、政治革命等具有优先地位。众所周知,新文化运动的基本主张是思想革命优先。陈独秀就是这样主张的。他曾经总结了中国人对西方文化的认识的历史过程。第一期在明朝中叶,西教西著初入中国,知之者乃极少数之人,信之者为徐光启一人而已。第二期为清初,火器历法,见纳于清帝,朝野旧儒,群起非之,是为中国新旧相争之始。第三期在清朝中叶,鸦片战争以后,西洋武力震惊中土,于是提倡西洋机械练兵之术,于是"洋务""西学"为当时人所热衷的新名词。第四期在清末,甲午之战,军破国削,康梁乘势变法,变法虽不成功,但是新思想拓宽了领地,于是由行政问题折入政治根本问题。第五期在民国初年,当时新旧之所争,康梁提倡,只在行政制度优良,尚未涉及政治根本问题。但在民国初年,一部分有识之士有了政治为根本问题的觉悟,于是进而有了民主共和和君主立宪的讨论,辛亥革命后,共和告成。第六期即辛亥之后的四五年,由于备受专制政治的痛苦,于是人们渐渐厌恶专制,而倾向共和民主。

  陈独秀认为中西冲突这六期中,中国人最初的觉悟是西洋的器物,其次是政治。

  他认为,在这六期中,中国人对于西方文化的认识越来越深刻,中国人的觉悟越来越提高,但是中国的问题并未在这六期中得到解决。于是陈说:"此等政治根本解决问题,犹待吾人最后之觉悟。"他所谓的"吾人最后之觉悟"分为两个方面,即"政治的觉悟"和"伦理的觉悟",

---

① 冯友兰:《新事论》,《三松堂全集》第四卷,222页。

而他尤重后者。他说:"伦理的觉悟,为吾人最后觉悟之最后觉悟。""政治的觉悟"又进一步分为三个步骤:

第一步是要知国家为人民公产,人类为政治动物,而中国人尚没有这样的觉悟。

第二步是抉择优良政体,当时的潮流是,由专制政治趋于自由政治,由个人政治趋于国民政治,由官僚政治趋于自治政治。他说:"吾国欲图世界的生存,必弃数千年相传之官僚的专制的个人政治,而易以自由的、自治的国民政治也。"

第三步是国民的自觉,"所谓国民政治,果能实现与否,纯然以多数国民能否对于政治自觉其居于主人的主动的地位为唯一根本之条件"。"共和立宪而不出于多数国民之自觉与自动,皆伪共和也,伪立宪也,政治之装饰品也,与欧美各国之共和立宪绝非一物。"

陈独秀所说的伦理觉悟就是要确立自由平等的思想与原则,他认为共和立宪,要以独立平等自由为原则,只有多数国民确立起了独立平等自由的原则,共和立宪才能实现。因此,可以说:"伦理的觉悟,为吾人最后觉悟之最后觉悟。"又说:"盖伦理问题不解决,则政治学术,皆枝叶问题。纵一时舍旧谋新,而根本思想,未尝变更,不旋踵而仍复旧观者,此自然必然之事也。"①可见,陈把伦理看得比政治、经济更为根本,这就是思想革命优先的立场。可以说陈独秀的上述看法是新文化运动的指导思想,在当时的中国曾产生过巨大的影响。其实有这样看法的不仅仅是思想激进的陈独秀,胡适、李大钊等人亦具有相同的看法。即便是在文化问题上采保守主义立场的梁漱溟也认为文化的核心不在经济,而在于人的思想趋向。

在《新事论》中,冯友兰对上述看法进行了批评。他指出:"民初人自以为是了不得底聪明,但他们的自以为了不得底聪明,实在是他们的了不得底愚昧。他们不知,人若只有某种生产工具,人只能用某种生产方法;用某种生产方法,只能有某种社会制度;有某种社会制度,

---

① 陈独秀:《吾人最后之觉悟》,《陈独秀著作选》第一卷,第175—179页。

只能有某种道德。"①"民初人之注重玄谈,使清末人的实业计划,晚行了二十年。此即是说,使中国的工业化,延迟了二十年。但中国之必须工业化的趋势,是客观底情势所已决定,人在此方向的努力或不努力,可以使此趋势加速或放慢,但不能使之改变。"②冯友兰此处所说的"民初人"指的就是陈独秀、胡适等人。他批评这些人"玄谈"误国,延迟了中国工业化的历史进程。

而对于清末的洋务运动,冯友兰却很赞同。清末人走的是实业救国的路子,造机器、兴实业,"照着他们的办法,一直办下去,他们的错误底见解,自然会改变。因为如果有了机器,有了当时所谓实业,整个社会,在许多方面,自然会有根本底变化,到那时候,'水到渠成',人的见解,自然会改变"③。照冯友兰的看法,清末人虽没有自觉地意识到这样做的道理,但他们的做法是不错的。从社会改革的观点看,清末人的做法是正确的。为什么呢?冯友兰指出:"从学术底观点说,纯粹科学等是体,实用科学,技艺等是用。但自社会改革之观点说,则用机器,兴实业等是体,社会之别方面底改革是用。"④通过上面的引述,我们知道冯友兰是从经济决定论的角度来研究和评判东西文化的关系的,并且他认为,西方社会近代以来的巨大变化是由于产业革命引起的。这样的看法是正确的。产业革命是西方现代社会所以发生翻天覆地变化的根本原因。

三、 对冯友兰文化观的批判与反思

但我们也知道,西方的产业革命并非空穴来风。读西方的历史,我们知道,其产业革命的发生不是单轨演进的,而是与人的自我意识的觉醒、社会政治制度的巨大变革、科学的长足发展等密切联系在一起。经济在社会发展中起着巨大的作用,这是没有人能够否认的。但

---

① 冯友兰:《新事论》,《三松堂全集》第四卷,第250页。
② 同上书,第249页。
③ 同上书,第226页。
④ 同上。

是希望仅仅通过实现产业革命这一途径来根本改变中国传统的社会结构,并且使中国最终走向自由之路,似乎还是不现实的。关于经济在社会发展中所起的作用,马克思主义经典作家有过深入细致的思考。比如恩格斯在1890年的一封信中就批评了这样来理解经济在社会发展中的简单看法。他说:"根据唯物史观,历史过程中的决定性因素归根到底是现实生活的生产和再生产,无论马克思和我都从来没有肯定过比这更多的东西。如果有人在这里加以歪曲,说经济因素是唯一决定性的因素,那么他就是把这个命题变成毫无内容的、抽象的、荒诞无稽的空话。经济状况是基础,但是对历史斗争的进程发生影响并且在许多情况下主要是决定着这一斗争形式的,还有上层建筑的各种因素:阶级斗争的政治形式及其成果——由胜利了的阶级在获胜后确立的宪法等等,各种法的形式以及所有这些实际斗争在参加者头脑中的反映,政治的、法律的和哲学的理论,宗教的观点以及它们向教义体系的进一步发展。这里表现出这一切因素间的相互作用,而在这种相互作用中归根到底是经济运动作为必然的东西通过无穷无尽的偶然事件(即这样一些事物和事变,它们的内部联系是如此疏远或者是如此难以确定,以至我们可以认为这种联系并不存在,忘掉这种联系)向前发展。否则把理论应用于任何历史时期,都会比解一个最简单的一次方程式更容易了。"①恩格斯当然是坚定地站在唯物史观的立场来看问题的,但即便是他也清楚地意识到,如果将经济因素看做唯一决定因素,那么这一命题就转换成荒诞无稽的空话了。

经济固然对社会的发展起着至关重要的作用,但显然不是唯一的作用。从历史上看,政治、法律等也有着巨大的作用,尤其是宗教的作用更为巨大。对此,学界早有人研究。比如贺麟在1947年发表的《认识西洋文化的新努力》一文中就曾论述了基督教对于西洋工业化起过的重要作用。他回忆自己在美国的经历,说道:"我以前在美国,一次在一小城内登一座小山,发现两个特别触目的东西,一个是工厂的烟

---

① 〔德〕马克思、〔德〕恩格斯:《马克思恩格斯选集》第四卷,第477页。

囱,一个就是教堂的塔尖,两者都高耸入云,挺立不移。这就给了我一个印象,觉得这两者之间,总必然有一种关系。而一个城市中如只有烟囱而没有教堂,总觉得是像缺了一面,是变态。烟囱是工业化的象征,教堂的塔尖是精神文明的象征。两者都高耸入云,代表着同一种向上的希天的精神的两方面。"①在他看来,基督教是精神方面的,工业化是物质方面的。这两方面对于西洋文化来说都是不可或缺的。他进而认为:"十七世纪以来的清教徒,指出只有工作的人才能有面包;又凡由勤劳得来的钱,是上帝所嘉许的这种看法,则对于资本主义社会的发生,对于工业化,就又有很大的帮助。德哲韦巴(即韦伯——作者注)谓宗教改革后基督教中的道德观念,实最宜于资本主义工业化的社会,如勤劳、忠实、信用等等,都有助于工商业的发展,亦可谓基督教的道德观念,实与工商业社会的生活有联系。又如基督教会,往往喜欢办职业学校,这亦可为基督教有助于工业化的事实证明。因此,基督教不是反工业化,而是最宜于工商业社会,并有助于工业化。"②贺麟在学生时代有反基督教的倾向,但赴西洋以后,深深感觉并认识到西洋社会绝不只是个以社会化生产为本位的社会,西洋近代文明的一切特点,基督教中均应有尽有。

贺麟关于工业化与基督教的关系的看法无疑是他本人观察研究西洋社会后得出的结论,但也与他当时所受德国思想家马克斯·韦伯的影响有关。韦伯指出,新教伦理乃是西方资本主义兴起的精神动因。韦伯和贺麟的上述看法自有其合理的因素。其实任何生产,无论是家庭本位的生产还是社会为本位的生产,从来就不仅仅是物质的生产。从类的观点观察文化的不足在于它抽象掉了具体生动丰富的内容,比如具体存在的个体的人就看不见了。可以说,任何生产都是以人为主体才能够进行的。而人既有物质的生理的一面,也有精神性的一面。任何人都是这两个方面的统一体。而且我们也可以看到,西方

---

① 贺麟:《认识西洋文化的新努力》,《文化与人生》,商务印书馆,1988年,第309页。
② 同上书,第310页。

的社会化自有社会生产的影响在内,其实早在工业化之前,西方的社会就已呈现出社会化的趋势。因为西方社会文化中宗教占据着重要的地位,由于基督教在历史上支配着人们的精神生活,影响着人们的社会生活,所以其社会结构自然呈现出社会化的趋势,后来的工业化只不过加强了这一趋势而已。所以要使中国走向社会化仅仅要靠生产的社会化似乎很难奏效。

很难说,韦伯与贺麟的看法就根本而言与唯物史观的立场相冲突。但有一点却是很清楚的,这就是将经济看做是社会发展的唯一因素的说法是难以自圆其说的。如果这样的讨论有意义的话,那么说产业革命是"中国到自由之路"的途径是不确切的,不是具体可行的方法;而且事实上中国1949年前走的路主要的仍然不是实业救国的路,而是政治上反帝反封建的革命之路。只有主权在握,才有可能谈工业化或产业革命强国的可能性。问题还在于,只有主权真正掌握在人民的手里,实行民主政治,产业革命才能实际地推动中国走向自由之路。如果主权或政权仅仅把持在少数人的手里,那么很有可能推行产业革命的结果只是少数人享受实利。如果是这样的话,那么政治资本与产业资本的结合形成的只能是官僚资本。1949年前形成的官僚资本主义就是一个不争的历史事实。

而且西方工业化革命以来的几个世纪的发展史也已经清楚地表明,产业革命或工业化革命是一头野马,所到之处,环境严重破坏、空气极度污染、资源逐渐枯竭,贫富差距不但没有缩小反而在逐渐地加大。中国改革开放以来近三十年的状况也表明,单纯以经济建设为中心而不注重社会整体和谐发展所带来的危害是十分可怕的。所以我们必须给产业革命或工业革命这匹野马套上笼头,将之纳入良性的理性的整体发展轨道,或许才能使产业革命有益于人类社会的繁荣。

问题还在于,冯友兰仅仅停留在思想的层面讨论中国文化的走向,所以没有能够具体指出中国走向自由的路向。在《新事论》写作时,西方早已实现了工业化,而中国仍然是乡村经济占主导。现在的问题是,中国要工业化,那么应该怎么个工业化法?依靠自己的力量实现工业化？还是依靠西方？按照冯友兰的说法，中西差异不是中国与西方的差异，而是农村与城市的不同或是传统与现代的不同。从情感上讲，我们认同这样的说法。但从理论上讲，任何现代化都是具体的，而没有所谓的类的现代化。这样的现代化只存在于人的思维世界之内。我们也知道，现代化首先是在西方实现的。我们讲西方的现代化是很容易理解的，但如果笼统地讲现代化是不好理解的。所以我们要现代化必须首先向西方学习，由西方引进现代化。根据冯友兰的看法，在政治上实现什么主义，人生应该怎么走等问题虽然重要，但不是当务之急，当务之急是经济上搞工业化。根据他的看法，有了某种生产工具，才有某种生产方式，才有整个社会的进一步发展的可能。但我们知道，要发明某种新的生产工具并不是一厢情愿的事情。如果要等到自己有了某种新的生产工具才谋求社会的变革，那么什么时候才能走上真正自由之路呢？工业化源于西方。如果我们不得不从西方引进某种生产工具，那么照这个路子走下去，中国是不可能走向自由之路的。因为工业化的源头不在中国，而在西方。所以当务之急不是笼统地大谈特谈现代化，而是要向西方的现代化学习，当然学习的结果未必是西化。西化也只不过是现代化的一种模式。现代化的模式可以是多种多样的。但其他的现代化模式还未出现之前，我们可借鉴的就是西方的现代化模式。且向西方的现代化学习并不一定意味着我们必须完全走彻底的西化的道路。

那么如何能够使中国真正走向自由呢？

此处所说的自由不是个人的自由，而是作为国家的中国的自由。中国要走向真正的自由，经济上的独立无疑是根本的。但经济绝不可能是单轨发展的。经济上的独立要依赖于思想的创新和科学的发明，要依赖于教育的普及和提高。要在上述领域取得成就，中国首先必须取得学术的独立，使基础学科获得长足的进步，而所有这些又都依赖于政治上完善的民主制度的确立。

还有一个需要讨论的问题是关于文化的定义问题。此一问题比较复杂，并且众说纷纭，莫衷一是，然篇幅有限，不能在此展开详尽的分析讨论。尽管如此,细看其他各家关于文化的解说,虽分歧迭出,但也有共同之处,即都没有像冯友兰那样将生产或经济看做是文化的核心,认为文化就是两类:以家庭为本位的生产方式和以社会为本位的生产方式。经济固然在文化中占有极其重要的地位和发挥着基础性的作用,但它显然不应该是文化的核心,不管是中国文化也好,西方文化也好,都是这样的。任何文化都是人的文化。经济或生产运作也不例外,都是以人为主体。离开了人,经济或生产活动都将得不到说明。此外,具体的生产也都是在具体的文化系统内进行的。所以文化的核心应该是人,是人具有的价值系统。在此一点上,讨论文化问题的其他各家也都有相同的看法。所以将生产或经济看做是文化的核心并以之来解读社会其他领域发展的理论是很值得商榷的。

第二节 胡适"学术独立十年计划"何以失败?

一、胡适"学术独立十年计划"之基本主张

1946年10月10日胡适就职北京大学,成为第二十一任校长。在当天的就职演说中,他"说了几句家常话"。在简短地回顾了北京大学的历史之后,他接着说道:自己"只作一点小小的梦想",想把北大办成一个"像样的学校",使北大成为"全国最高学术的研究机构",使北大"能在学术上、研究上、思想上有贡献"。他积极鼓励学生要成为"独立研究、独立思想"①的学者。

看其就任北大校长的讲话,胡适显然还没有形成关于如何系统筹建北京大学的理念,只是笼而统之地讲了一些场面上该说的话,尚未具体地提出如何管理与建设北京大学的长期规划。这可能与他长期居留美国,脱离了高等院校的教学与研究工作密切相关。他刚从美国回来马上就任北京大学校长,还未及形成关于北京大学和中国大学建

---

① 白吉庵:《胡适传》,人民出版社,1996年,第422页。

设之类问题的系统的思想或理念。

1947年8月,在出席中央研究院院士选举筹委会时,胡适提出了自己关于中国"十年教育计划"的主张,并将自己的这一教育改革计划提交给了国民党中央高层,但后者却对之毫无兴趣。这可能与当时的国民政府正打内战相关。不得已,会后他将自己的中国教育发展计划写成了题为《争取学术独立的十年计划》的文章。此文后来发表在1947年9月28日的《中央日报》上。

胡适历来就擅长以简明浅显的语言来表述自己的思想与主张。他关于教育独立计划的文章也同样具有如斯之风格,全文不到四千字,但主题却格外明确,即积极主张尽快实现中国学术的独立。此处所谓的"独立"不是说教育要独立于行政或意识形态,而是努力争取使中国的学术独立于世界的尤其是欧美的学术;并且他进一步乐观地指出,要真正实现学术的独立,中国必须有一个大学教育的十年计划。在这十年中,"集中国家的最大力量,培植五个到十个成绩最好的大学,使他们尽力发展他们的研究工作,使他们成为第一流的学术中心,使他们成为国家学术独立的根据地"①。

要培植这样五个到十个学术研究中心,就必须要求中央政府及地方政府积极给予财政上的支持,政府应该马上制定一个高等教育的十年计划。

应该承认,胡适提出的中国大学教育改革的方向是正确的。更重要的是,他准确地认识到了中国大学建设与发展的方向,即积极努力地争取中国学术的独立。他的这一看法明显要比当下教育界提倡的所谓建设一流大学的计划要更为合理。但我们不能不说,胡适本人对于实现这样的目标过于乐观,有时不免陷于主观武断之中。因为要在十年内完全依靠政府的财政投入来实现中国学术独立这一目标完全是不可能的。从胡适提出这一目标至今已过去七十年了,我们现在还远不能说中国的学术已经独立了,仍然有着漫长曲折的道路要走。胡

---

① 胡适:《胡适文集》第11卷,北京大学出版社,1998年,第805页。

适本人所以陷入这样的主观武断之中似乎与他本人不能准确理解"学术"这一概念的内涵有关。我们将在下文讨论这一问题。

应该承认,胡适文章中最为重要的是其所谓的"学术独立"的概念。在阐述"学术独立"概念的具体内涵时,他强调说:中国学术独立包括如下四点内容:"(一)世界现代学术的基本训练,中国自己应该有大学可以充分担负,不必向国外去寻求。(二)受了基本训练的人才,在国内应该有设备够用与师资良好的地方,可以继续做专门的科学研究。(三)本国需要解决的科学问题、工业问题、医药与公共卫生问题、国防工业问题等等,在国内都应该有适宜的专门人才与研究机构可以帮助社会国家寻求得解决。(四)对于现代世界的学术,本国的学人与研究机构应该和世界各国的学人与研究机构分工合作,共同担负人类学术进展的责任。"[①]显然胡适关于中国"学术独立"的思想具有十分重大的历史意义。自明朝晚期与西方文化接触之后,中国传统文化就陷于被动落后的历史境遇之中。要跳出这样的历史境遇,中国必须学习西方文化,于是1872年向西方派遣了第一批留学生。1901年清政府实施的"新政"中关于教育方面的内容之一就是大力提倡兴办新式学堂以代替传统的书院制度。1905年则彻底废除了"科举"制度。不能不说,清政府关于教育方面的上述改革措施给中国传统教育带来了毁灭性的打击。同时带来的困难就是,当时的中国学者对于西方教育制度性质的了解还相当肤浅,于是国内的教育也就不得不依赖于西方的。从此着眼,我们不得不说,胡适提出的"学术独立"计划具有重大的历史意义。

严格说来,胡适上述的学术独立的四个内容并不具有同等的地位。第一点是学术独立的真正之基础,其余三点只不过是第一点的实施或运用。

通读胡适的这篇文章,我们会明确地意识到"学术"或"学术独立"或"学术基本训练"这些概念的含义是最为核心的,他的文章通篇都是

---

① 胡适:《胡适文集》第11卷,第805页。

以这些概念为基础的。但遗憾的是，胡适本人没有在其大作中对之做过基本的描述，更谈不上对其所应该包含的要素作精确地阐述了。笔者在十几年前就读过胡适先生的这篇大作，当时有很深的感触，认为胡先生对于中国大学的建设有深刻的认识；但最近却认识到，如果我们不能清楚明确地对"学术"或"学术的基本训练"这些概念所包含的基本要素有基本的把握的话，那么我们也就很难在大学制度及管理的层面上落实胡适所努力提倡的"学术独立"的大学精神，更谈不上实现中国学术的真正独立了。

二、作为"分科治学"的"学术"

胡适执掌的北京大学当时除了文学院、理学院和法学院之外，还有医学院、农学院和工学院。各个学院之内还分设不同系所。如文学院之内有中国文学系、史学系、哲学系、教育系等。理学院内设有数学系、物理学系、化学系、生物系、地质系等。这种模式与中国传统书院制度截然不同，是从西方引进的分科治学模式。引进此种治学模式始于1902年清政府实施的"新政"。

西方分科治学的模式总体上始于柏拉图的对话集。对话集中的每一篇都有明确的讨论主题。如《泰阿泰德篇》讨论的主题是"什么是知识？"《美诺篇》讨论的主题是"美德是否可以传授？"后来的亚里士多德则更明确地倡导这种分科治学的模式，翻看其全集的汉译本，我们能清楚地看到《逻辑学》《物理学》《伦理学》《政治学》《诗学》等著作。显然，这些著作都有明确而相互之间又有所区别的研究对象，只有对上述的研究对象进行系统的思考后才能够形成亚里士多德意义上的思想体系或知识理论体系。后来西方大学采取的也是这样的分科治学的教学与研究模式。学术发展的历史也清楚地表明，只有这样的分科治学模式才能对明确的研究对象逐渐地形成相关的知识理论体系。没有这样的研究模式绝对不可能形成相关的知识理论体系，而只能提出一些模糊笼统的口号或标语一类的东西。叙述至此，我们可以清楚地看到，所谓学术的第一个含义即是，对于明确对象形成的知识理论体系。

　　有了明确的研究对象才有可能对之做系统、深入、精细的论证。这里所说的论证可以大体分为两类。其一是思想本身的论证，以使其成为结构性的体系。其二是检验这样的思想体系是否真实地反映了对象的本质属性。这两类论证涉及极其复杂深奥的理论问题，讨论这样的问题不是本书的主旨。

　　历史地看，中国传统文化缺乏清晰的思维方式，所以也就从不重视寻求明确清晰的研究对象，如至今被学者津津乐道的所谓"天人合一""知行合一"等说法，根本就不可能对之进行哪怕是极其初步的论证。没有经过论证的思想是不可能形成知识理论体系的。而要论证就必须有系统的论证的方法、理论或工具，亚里士多德就将他自己的逻辑学称之为"工具论"。由此可见，由于中国传统的思想没有类似的论证或证明的工具理论，缺乏逐步明确的研究对象，因此中国传统思想中也就没有形成过任何一门知识理论体系。通过这样的粗略叙述和分析，我们也就进一步明白了所谓"学术"的第二个含义即是，我们就明确对象形成的思想或理论必须得到系统周密的论证。显然这样的论证也就不得不依赖于论证的思想工具也就是逻辑学。当然，我们在这里所说的论证与胡适反复申述强调的"有一份证据，说一份话；有七份证据，不说八份话"中的"证据"是不一样的。因为胡适所说的"证据"实质上是文献整理中所涉及的考据学方面的内容，而不是奠基于逻辑学形成的周密系统的推导论证过程。

　　历史地看，正是上述经过严密系统论证过的知识理论体系才有可能进入实验室。进入实验室的知识理论体系，有的可能被证伪，有的可能被进一步证实。被实验证实了的知识理论在一定条件下可以转化为技术产品。由此我们可以进一步说，技术产品是相关的知识理论与实验技术结合的产物。18世纪中叶英国人瓦特发明的蒸汽机就是在力学理论、真空理论等相关知识理论指导之下经过长期反复的实验才形成的。后来发生的多次技术革命走的基本也是同样的道路。从中可以得出这样的结论，知识理论体系的创新极大地改变了现代世界的进程。

叙述至此,我想起了著名科学家爱因斯坦曾经说过的话:"西方科学的发展是以两个伟大的成就为基础的,那就是:希腊哲学家发明形式逻辑体系(在欧几里得几何学中),以及通过系统的实验发现有可能找出因果关系(在文艺复兴时期)。"[①]可能有人会反问,爱因斯坦这里所说的科学与学术之间还是应该有所区别的。其实,严格地说起来,科学与学术之间不应该有区别。汉语中的"科学"源自英文。而英文中的"science"则来自拉丁语"scientia",指的就是知识或学术。尤其需要注意的是,"scientia"不只是指自然科学,也包含社会科学和人文科学在内。凡是关于自然、社会和人文等研究对象而形成的知识理论体系都可以称之为"科学"或"学术"。

于是,我们可以清楚地看到,现代意义上的学术或科学至少应该包括这样两个要素:(1)分门别类的知识理论体系;(2)实验技术。如果这样的理解正确的话,那么胡适所说的学术的基本训练也就必须至少包括上述的两个要素。而《争取学术独立的十年计划》却竟然没有对"学术"这一概念作深入的挖掘,就贸然提出"世界现代学术的基本训练,中国自己应该有大学可以充分担负,不必向国外去寻求",这确实令人十分尴尬与遗憾。之所以出现这样的尴尬与遗憾,不能不说与胡适的学术实践相关。他自美国留学归国后的学术生涯基本上是运用杜威的实验主义方法来整理国故,而对于哲学学科最为核心的认识理论或知识理论基本没有下过功夫。一个不重视知识理论的学者当然也就很难真正懂得西方文化领域内所谓的"学术"概念的确切含义。

三、 缺乏知识理论基础的"学术独立"计划难以实现

如果认同了上述我们对于"学术"概念含义的分析,那么接下来要讨论的问题就是,胡适提出的中国要在十年内完成学术独立的计划是

[①] 〔美〕爱因斯坦:《爱因斯坦文集》第一卷,许良英、范岱年编译,商务印书馆,1976年,第574页。

否能够如期而合理地落实与完成。

　　让我们再次回到上面所引用的爱因斯坦的观点。他所说的"希腊哲学家发明形式逻辑体系（在欧几里得几何学中）",虽然涉及的只是形式逻辑和欧几里得几何学,但我们可以从更广义的角度来理解他的话。之所以只提及形式逻辑学或几何学,他的真正含义是,任何知识理论体系能够成立的基础就是形式逻辑学或几何学。形式逻辑学和几何学的共同之点是,它们都是论证或证明的科学方法体系。如果以亚里士多德为例的话,我们就能看到,在亚里士多德手里完成的知识理论体系都是以形式逻辑学的思维方法为基础的。而爱因斯坦在"以及通过系统的实验发现有可能找出因果关系（在文艺复兴时期）"这句话中提及的文艺复兴是14世纪至16世纪欧洲的"新文化运动"。这一新文化运动开始于意大利。意大利的思想家已经不满足于停留在纯思辨的领域之内,而开始注重对经验世界的观察与实验,并因此而引导近代科学发生了巨大变化。伽利略就是著名的实验科学创始者之一。爱因斯坦曾经这样评价伽利略:"纯粹的逻辑思维不能使我们得到有关经验世界的任何知识;所以真实的知识都是从经验开始的,又归结于经验……正是由于伽利略看清了这一点,特别是因为他将此引入了科学界,他成了近代物理学之父——实际上,也是整个近代科学之父。"①可见,纯粹的逻辑思辨与经验知识之间是有区别的。但是,我们要注意,形成关于经验世界的知识理论体系又是离不开逻辑思辨的。这两者之间的结合花费了将近十五六个世纪的时间。

　　我们还可以以计算机的发明为例来进一步说明学术独立的艰巨与漫长。20世纪50年代初美籍匈牙利人冯·诺依曼经过反复的实验最终发明了电子计算机。而电子计算机计算的原理即所谓的二进位制则始于英国科学家布尔于1854年发表的《逻辑规律研究》一书,布尔在书中成功地将形式逻辑归结为一种代数演算,也即今天所谓的布

---

① 转引自〔美〕雷·斯潘根贝格:《科学的旅程》,郭奕玲、陈蓉霞、沈慧君译,北京大学出版社,2014年,第47页。

尔代数。在这种代数系统中,变量只取0和1两个值。这就特别适用于只具有断开与接通两种状态的电路系统。如果电子计算机采用二进位制,用逻辑线路处理逻辑代数运算就非常方便。可见,布尔代数为把电子元件及其线路应用到计算机系统中提供了重要的理论基础。① 我们可以看到,电子计算机的出现与其赖以存在的二进位制这样的理论基础却相隔了约一百年的时间。我们还需进一步注意的则是如下的历史事实,即二进位制的发明者并不是布尔,而是更早的德国哲学家、数学家莱布尼茨,他于1679年首先提出了二进位制的运算法则。可见,从莱布尼茨提出二进位制到布尔的《逻辑规律研究》一书出版,中间间隔了175年,再到电子计算机的出现,中间又间隔了将近270年。如果更进一步往前探索的话,我们就能清楚地看到,莱布尼茨与布尔的二进位制都与古希腊亚里士多德的逻辑学研究成果密切相关。如果这样的看法有道理的话,那么电子计算机所需要的知识理论得往前推导至公元前200年的亚里士多德的《逻辑学》。

之所以如此烦琐地赘述这些历史事实,目的只是想得出如下结论:即现代社会的任何一项科技新成果的出现似乎都要经历漫长的知识理论体系与科技实验之间的磨合与切磋,而不是短时期内即一蹴而就。如果这样的看法能够成立,那么要在短短十年的时间完成胡适所说的"世界现代学术的基本训练,中国自己应该有大学可以充分担负,不必向国外去寻求"根本是不可能的。

上面的叙述又告诉我们这样一个事实,即任何一项科学技术的发明或进步都要花费人类精英漫长和艰巨的时间和努力,而要实现胡适所谓的"世界现代学术的基本训练"却又完全不依靠国外就是纯粹的空想了,至少在近百年的时间内我们无法看到这样的前景。这毕竟不是一个情感取舍的问题。

胡适为了支持自己的计划,在其文章中列举了两所美国大学。一是芝加哥大学,"开学之日,芝加哥大学就被公认为第一流大学"。再

---

① 参见潘永祥:《自然科学发展简史》,北京大学出版社,1984年,第543页。

一个即是霍普金斯大学,创办之初就被公认为第一流的大学。所以他得出了这样的结论:"一个私人基金会能做到的事,一个堂堂的国家当然更容易做得到。"①对于胡适上述的看法,我们应该深表同情,但在此不得不指出的是,他本人的这一看法似乎完全出于主观、耽于空想。

为什么呢?因为胡适无视当时的国内形势和中美两国文化之间的本质性的差异。胡适出任北京大学校长时,国共两党正处在激烈的内战之中,双方关注的绝对不可能是如何实现中国学术独立这样的问题,而是如何在短时间内将对手彻底打败之类生死存亡的问题。战争的结果也清楚地表明胡适的学术独立计划完全是一场空想,他本人也因此在出任北大校长后不到三年就不得不匆匆离任出国。胡适本人不可能不了解当时国内那种复杂而又残酷的政治形势,但既已就任北京大学校长,在其位也就必须谋其政,所以也就一厢情愿地提出了学术独立的十年计划。

此外,中国文化与美国文化之间有着本质性的差异。胡适对此应该是很清楚的,因为他本人毕竟在美国生活和学习了多年。但他本人在提出学术独立计划的时候却完全没有考虑到这样重要的问题。之所以如此,是因为既已就任北京大学校长,他也就不得不提出自己关于中国大学,尤其是北京大学发展与进步的方向或目标。

欧洲的文化及大学的模式对于美国大学的发展与进步有着巨大的影响。至少我们上面所论及的知识理论体系的研究成果及其科技实验这两大要素在美国一般大学内都能够找到。比如哈佛大学就是继承了英国剑桥大学的传统,因此,1636年建立的时候起名为"剑桥学院",后改为"哈佛大学"。耶鲁大学是从哈佛大学分离出去的。如此等等。而且我们更要注意的是,美国大学建立虽然要晚于欧洲的大学,但似乎更为开放,凡是对于学术研究有益的都会尽力吸收和改进。

而我们的文化传统历来就缺乏对科学的知识理论体系的研究及科技实验这样两个极其重要的元素,而且至今依然如此。之所以缺乏

---

① 胡适:《胡适文集》第11卷,第808页。

这样重要的元素的基本原因则在于我们的先人历来不重视逻辑学理论的研究，不重视认识理论的研究。至今我们仍然很难说，我们已经有了比其他地区或国家更好的逻辑理论体系和知识理论体系，而这两者恰恰是国家文化独立和进步的基础。如果不重视关于逻辑方法理论和知识理论体系的研究和相关能力的提升，却一厢情愿地努力鼓吹中国学术独立，也就不免流于虚幻的空想。

胡适关于学术独立计划的实施完全仰仗政府的支持与投入，这恰恰与芝加哥大学和霍普金斯大学等西方大学的创立及管理模式有很大的不同。考察西方大学的起源，我们就能发现，大学本来只是民间的机构，或者称之为"师生共同体"，其运作完全是遵循学术发展自身的规则，而坚决反对外来因素如经济的、宗教的、政治的因素等干扰。当然，在西方也有不少的大学要靠政府的投入来维持其正常的运行。但西方国家政府的运行规则与我们国家有着巨大的差异。由于讨论这类问题涉及很多领域，因此本文不拟详细讨论。

第三节 回到"孔子之道与现代生活"的困境原点

一、现代化的实质是理性化

自明末清初以来，尤其自鸦片战争之后，中西关系的问题是中国知识界急欲解决而又长期不得解决的一个重大问题。陈独秀曾经说过，自清末以来，中国社会的问题十有八九是由西方文化的入侵造成的。后来英国历史学家汤因比在其《历史研究》一书中曾经这样概括西方文化对于东方文化的影响，这就是所谓的"挑战与回应"的模式。于是中西文化的关系问题一百多年来始终是中国人要着力解决的问题，但至今似乎仍没有找到好的方法来解决这一问题。

传统儒学所遭遇到的现代困境，究其实质，就是如何从经验型的文化过渡到知识性的社会的问题。我们要清醒地认识到，现代化的要求不是从我们自身文化系统内滋生的，而是由外面输入的，是由于西方文化的逼迫和挤压而不得不走的道路。所以严格说起来,我们正在进行的现代化建设其源头在西方文化。虽然中西文化的关系问题是中国社会百年来的大问题,但并不是每一个中国人都会思索考虑如何解决这一问题。注重实际生活的人未见得看重这一问题,但是中国的知识分子,尤其是对儒学传统有着深厚情感的学者,却对之梦牵魂萦,时时刻刻在思索如何解决此一问题,热切地期盼着儒学传统的复兴。

儒学传统能否复兴完全取决于儒学如何应对或解决现代化给中国社会带来的种种深重的危机或困境。我们首先必须真正了解,现代化究竟给儒学传统带来了哪些危机或困境?其次,更重要的是,必须知道所以产生这些危机或困境的历史原因,明了以上两点,或许我们才有可能找到儒学复兴的道路。

我们在讨论中国现代化的内容与特征之前,首先来看看,现代化与现代性之间的关系。显然现代化(modernization)与现代性(modernity)之间有着差异。但不可否认的是,它们之间也有着极其密切的关系。

我们首先来看看究竟什么是现代化。对此学术界有着比较一致的看法。比如艾森斯塔德就从历史的角度解读了现代化的核心要素。他是这样说的:"就历史的观点而言,现代化是社会、经济、政治体制向现代类型变迁的过程。它从17世纪至19世纪形成于西欧和北美,而后扩及其他欧洲国家,并在19世纪和20世纪传入南美、亚洲和非洲大陆。"[①]这样的解读明显地是从时间的维度着眼,指出在什么历史阶段,社会从前现代逐渐地转向现代。我们再来看看学界对现代性的概括。吉登斯是这样解释现代性的:"现代性指社会或组织模式,大约在17世纪出现在欧洲,并且在后来的岁月里,程度不同地在世界范围内产生着影响。""在其最简单的形式中,现代性是现代社会或工业文明的缩略语。比较详细的描述,它涉及:(1)对世界的一系列态度、关于实现世界向人类干预所造成的转变开放的想法;(2)复杂的经济制

---

① 〔以〕S. N. 艾森斯塔德:《现代化:抗拒与变迁》,第1页。

度,特别是工业生产和市场经济;(3)一系列的政治制度,包括民族国家和民主。"①

可以说,现代化是现代性的历史落实与制度表现。现代性是贯穿于观念、制度层面的现代化的精神实质。或者说,现代化的过程明显地表现为理性化的过程。所谓的现代性就是理性。西方现代化进程开始于17世纪至19世纪的启蒙运动。而启蒙运动的口号就是理性高于信仰。正如康德总结的那样,一切思想、一切知识都必须站在理性的法庭面前,接受理性的裁决。知识何以可能、如何可能必须要得到理性的认可。此处所说的理性裁决或检验实质上是指知识或思想必须要提供充分明确的论证以表明自身的合理性得到了可靠的证实或论证。康德思想的社会意义在于,它指出了人类的行动或社会运行的规则的合理性也必须得到理性的认可、理性的审查。未经理性认可和审查的知识、思想、行动都是任性随意的,绝不可能取得实际的成功。康德的理性的内涵还包含着更为复杂的内容。他指出,人不是工具,人本身就是目的。将人视为目的就为人类征服、利用自然提供了理论根据。或者说,人类征服自然、利用自然是康德所谓的人是目的的思想发展的必然逻辑。西方改造自然的历程告诉我们,人类是凭借科学、技术的力量来征服自然、利用自然的,科学、技术本身无疑就是人的理性在工具层面的落实。这样的理性,学界称之为工具理性。于是,久而久之,工具理性与价值理性处于一种紧张的状态之中。但是,不管怎样,就其主要特征而言,现代化的过程就是理性的过程,这是没有问题的。

二、 现代化的内容与中国工业化进程之特点

现代性贯穿于其间的现代化运动包含着丰富的内容,我们可以从世界大多数国家现代化运动的轨迹中清楚地看到这一点。但我国的

---

① 〔英〕安东尼·吉登斯、〔英〕克里斯多弗·皮尔森:《现代性——吉登斯访谈录》,第69页。

现代化运动却有自己的独特性,将重点完全地放在了经济建设上。1861年开始的洋务运动便是这样,其重点只在器物层面。近30多年来的改革开放,中心就是经济建设。应该承认,在经济建设方面我们取得了举世瞩目的成就,但也要看到,高速的经济增长也积累了不少严重的社会矛盾。

我们尤需注意的是,现在正在进行的经济建设不同于西方的产业革命。西方的产业革命是在自己的文化母体内孕育出来的。而我们的经济建设并不源自自己的文化母体,而是近代以来西方强势的逼迫下不得不走的路子。产业革命就是为了建立工业化为主或为基础的社会化的国民经济模式。我国传统的经济模式是农业经济,或称小农经济,此种经济是以家庭或家族为单位进行的;与此种经济相匹配的则是极其不合理不公平的财富分配制度。合乎理性的工业化动力必然来自于民间,当然政府的引导或规划也是必需的。此外,我们还得格外研究中国工业化进程与西方发达国家工业化进程的差异。我认为这些差异主要有以下几点:

第一,我们要格外注意的是,18世纪、19世纪西方国家的产业革命是在相对独立的国际环境下一条龙式地完成的,也就是说,这些国家的产业革命各个环节是相互匹配的,是独立完成的。由于我们的产业革命刚刚开始,所以也就失去了这样的国际环境。现在全球化是大势所趋,不管愿意还是不愿意,你都得进入,这就给我们的产业革命带来极大的弊端,这就是我们只能做产业革命链条上的一端,即终端或末端,即组装。这样的定位是不得已的,是给定的,是被迫的。这样的严重态势极其不利于中国产业革命的完成。之所以出现这样的局面,是因为我们的文化体系内部历来缺乏现代化经济所需要的其他重要的文化要素。

第二,西方产业革命是西方文艺复兴和宗教改革的结果(西方文艺复兴开始于13世纪末期,完成于17世纪,内容涉及哲学、文学、艺术、法律等人文社科领域;而开始于英国的产业革命则是17世纪之后的事情了)。中国的产业革命的过程恰好是与西方相反的路向。从洋务运动、戊戌变法到新文化运动的轨迹昭示了这一点。这种从外在实用性入手的产业革命进程既有有利的一面,也有不利的另一面。我们必须对之有精细的深入的研究分析,并据此制定相应的对策。有利的方面在于,我们可以参照西方的历程,避免西方产业革命过程中出现的问题,以免重走西方的弯路,如此等等。不利的方面在于,我们是径直从经济入手,这就会造成财富分配方面的更大的不公平、城市与乡村之间的巨大的差异、东部地区与西部地区的差异,刺激起人们漫无节制的物欲。这样的产业革命历程有可能阻碍法治、民主、自由的进程,如此等等,并为中国社会今后的发展带来极为严重的后遗症或沉重的代价。由此,回到本节开始的话题,儒学传统能否为解决此类社会问题提供哪怕是导向性的思想资源。如果儒学不能够提供这样的思想资源,也就必然与中国现代化进程毫不相干。

第三,西方的产业革命主要是民间完成的,而中国的洋务以至现在的经济建设是在官方的推动之下进行的。此种模式用李鸿章的话说就是"官督商办"。这种模式不能说一无是处,比如在短时间内集中力量可以办成大事,但从长远来看,却会给社会带来巨大的困境,比如腐败、资源配置极为不合理等社会现象。

第四,我们尤需注意的是,产业革命也指国民经济各部门广泛采用新技术以及由此引起的经济发展和产业结构的根本变革。西方有经济学家认为,人类迄今已发生多次产业革命:第一次发生在18世纪末到19世纪中叶,以新的纺织机械等技术为特征;第二次发生在19世纪中叶到19世纪末,以蒸汽机、转炉炼钢和铁路为特征;第三次始于19世纪末,以电力、化学工业和内燃机为特征。20世纪50年代以后,微电子技术、生物工程、宇航工程、海洋工业及新材料、新能源的迅速发展被称为是又一次新的产业革命。20世纪五六十年代后,电脑、通信技术、芯片技术等的飞速发展又引发了一场产业革命。

我们可以清楚地看到,上述历次工业革命或产业革命的技术基础完全不可能从我们的文化传统内部孕育出来,所以与我们的儒学传统毫无关系。我们所能做的,似乎只能是完全彻底地引进、照搬、模仿。

之所以出现这样难堪的局面,主要是因为我们不了解西方发生产业革命或工业革命的社会、历史和科学方面的原因。

三、 知识是现代社会的基础

我本人最感兴趣的是科学方面的原因。当然必须声明的是,此处所谓科学不只是指自然科学,也包括社会科学和人文科学。汉语中的"科学"一词翻译自英语,而英语的"Science"则源自拉丁语词 Scientia。拉丁词 Scientia(Scire,学或知)就其最广泛的意义来说,是学问或知识的意思,但英语词"Science"却是 Natural Science(自然科学)的简称,虽然其德语对应词 Wissenschaft 仍然包括一切有系统的学问,不但包括我们所谓的 Science(科学),而且包括历史、语言学及哲学。这是就科学的外延说的。如果就科学的内涵着眼,所谓的科学就是对自然、社会和人文现象的有条理的系统的学理性的研究而形成的知识理论体系。在西方,此种知识理论体系的研究传统可以上溯至柏拉图的对话集。也就是说,在西方知识论研究至少有着两千多年的历史。但是首先对知识加以理性考察的、探索其各部分之间的因果关系的,也就是首先创立科学的,应该说是希腊艾奥尼亚(Ionia)的自然哲学家。他们最早也是最成功的活动,是把丈量土地的经验规则(大部分是从埃及传来的)变成一门演绎科学——几何学,其创始者相传是米利都的泰勒斯和萨默斯的毕达哥拉斯。三百年后,亚历山大里亚的欧几里得才对古代几何学加以最后的系统化。[①] 这段历史告诉我们,是古希腊的学者将传自古埃及的丈量土地的经验规则上升至知识理论体系的。与之同一时期的其他民族也有着丰富的关于自然、社会等方面的经验,却没有将之发展成知识理论体系。我们同样注意到,知识理论体系在古希腊之后也没有产生任何实用的价值。但是,到了文艺复兴之后,尤其是第一次产业革命之后,知识的社会价值逐渐地为人们所

---

① 参见〔英〕W.C.丹皮尔:《科学史:及其与哲学和宗教的关系》,李珩译,张今校,商务印书馆,1975年。

认识。时至今日,大量事实表明,发达国家已经或正在进入知识社会。人类近五百年来的历史清楚地告诉我们,没有知识理论体系,或者没有能力形成知识理论体系的国家或民族是没有希望的,也是不可能有前途的。

是古希腊人首先形成了学科知识理论体系。而与孟子同时的亚里士多德则进一步开创了分科治学的传统。在历史上,分科治学极大地推进了各个学科的繁荣与发展。仅亚里士多德本人就开创了不少学科,其研究范围涉及十几种学科。亚里士多德创设并研究的领域涉及伦理学、政治学、诗学、物理学、形而上学、动物学、植物学、逻辑学、天文学、音乐学等。《亚里士多德全集》中文版共十卷,前九卷各卷篇目如下:第一卷"工具论",第二卷"物理学""论天""论生成和消灭""天象学""论宇宙",第三卷"论灵魂""论感觉及其对象""论记忆""论睡眠""论梦""论睡眠中的征兆""论生命的长短""论青年和老年""论生和死""论呼吸""论气息",第四卷"动物志",第五卷"论动物部分""论动物运动""论动物行进""论动物生成",第六卷"论颜色""论声音""体相学""论植物""奇闻集""机械学""论不可分割的线""论风的方位和名称",第七卷"形而上学",第八卷"尼各马可伦理学""大伦理学""优台谟伦理学""论善与恶",第九卷"政治学""家政学""修辞术""亚历山大修辞学""论诗""雅典政制""残篇"。

孟子与亚里士多德两人不仅研究领域相差甚大,研究方法更是完全不同:孟子从性善推出仁政;亚里士多德却将伦理的善与国家的善区分开来。个人的善是伦理学研究的对象,国家的善是政治学研究的对象。后来的马基雅维利、韦伯在这一问题上也与亚里士多德持基本相同的思想立场,认为政治从来都不是以道德为依据的。亚里士多德与孟子之间最大的不同在于,亚里士多德尤其关注思维学科及其方法论本身的研究,西方逻辑学科就诞生于他的手上。在亚里士多德看来,要著书立说、要论辩,首先要注意的是如何使我们的思维遵循一定的推导规则。亚里士多德自觉地将思维的形式与思维的内容严格地区别开来,并制定了严谨的三段论推导规则。而孟子则从来不关心此类问题。孟子以好辩而闻名于历史,但他的辩论却没有自觉地遵循一定的思维规则,更无思维科学的指导,而是以情感和气势取胜。由于缺乏严格的思维规则的指导,孟子的论辩过程经常是自相矛盾的。不得不说,我们的文化在感悟与经验方面有过不少辉煌的成就,但对知识理论却没有给予应有的关注。

当然,知识催生出技术、产品这个现象,即便在西方也是在文艺复兴之后才成气候,尤其是产业革命之后。一般人只看到西方产业革命的世界性影响,却没有自觉地意识到,工业革命或产业革命背后的科学知识的决定性作用。第一次产业革命之后的所有的新产品可以毫不夸张地说都有系统的新知识作为基础。科学知识是整个工业化运动的基石。没有自牛顿之后的现代自然科学的繁荣与发展,我们根本不可能想象近五百年来的世界历史所发生的一系列巨大变化。

其实,现代知识的革命性变化不只发生在自然科学领域,在社会科学和人文科学领域也不断有着类似的变化与发展。近代以来,社会学、心理学、文化学、美学及艺术领域皆有着重大的知识理论体系的突破。

由于我们的文化传统不重视对知识的研究,所以在以分科为基础的学科研究上几无所获,在知识理论体系的研究上能做的也只能是人云亦云,难以创新。我们正处在一个以知识为基础不断前进的时代,因此,如何将传统儒学思想与现代知识社会结合起来是儒学必须要解决的问题。这一问题解决得好,儒学就有未来,否则就步履维艰。

儒学思想的研究绝对不能局限于文本的解读、字句的训诂、典故的考察,而要在儒学思想传统的基础上"接着讲",要将传统儒学思想与现代知识理论体系结合起来。应该说,这两者之间不会有根本性的冲突。我们要站在儒学思想的基础上,建构出自己关于现代性和现代化的理论体系。而建构上述知识理论体系的首要条件就是大力培养国民系统深入的逻辑思维能力。我们现行的教育体制不但不能在这方面有所作为,而且似乎是反其道而行之,不注重思考能力的培养,而只注重记忆、背诵、模仿等能力的培养。

产业革命的基础就是科学知识理论体系。目前,我们要在科学知识理论体系方面有全面突破是几乎不可能的,但我们在某些领域要努力地有所作为。有了属于自己的核心理论体系,我们才有可能拥有专属于自己的核心人才、核心技术、核心设备。否则,我们只能人云亦云、拾人牙慧。

要在某些学科理论上有所突破,必须加强以分科治学为基础的现代性大学的建设,传统的书院制实质上不符合现代知识理论发展和创新的基本要求。当然,分科治学有其长处,短处也不在少数,然而克服其缺点的办法只能是在分科治学基础上的学科综合,舍此无他路可走。此外,我们还必须在法治建设、社会建构等方面积极努力构筑自己的有传统儒学思想特色的理论体系。

第二章

对儒学传统的批判性继承与"新人生论"之提出

第一节 "孔子之道与现代生活"之张力何在?

一、陈独秀对儒家及孔教之批判及其现实针对性

陈独秀(1879—1942),安徽怀安县人(现属安庆),生于知识分子家庭,自小受过传统文化教育,读过《四书》《五经》,17岁考中秀才;1902年去日本,在中国留日学生中组织爱国团体"中国青年会",不久被遣送回国;后又两度赴日。1915年夏再从日本回国,在上海创办《青年杂志》,从第二卷起改名《新青年》;1917年初,受北京大学校长蔡元培之聘,任北大文科学长,《新青年》也改在北京发行,成为新文化运动的指导刊物;1921年,中国共产党成立,他被选为中央局书记。

陈独秀一生中做了两件有重大历史意义、改变了中国历史进程的事情:一是创办了《新青年》,发动新文化运动;一是缔造了中国共产党。创建中国共产党是一个政治事件,不是中国现代哲学史研究的内容。而创办《新青年》、发动新文化运动却是现代文化史、思想史上的一个重大事件。所以研究陈独秀前期的思想不能离开《新青年》、新文化运动。

陈独秀于1915年9月15日在上海创办了《青年杂志》。因为与上海基督教青年会办的《上海青年》(月刊)名字中有相同的地方,后者提出批评,所以,1916年9月1日出版的第二卷第一号正式改为《新青年》。

《新青年》是综合性的学术刊物,每期100页,六号为一卷。初期编辑部设在上海,从第一卷第一号(1915年9月15日)至第三卷第六号(1917年8月1日),由陈独秀一人主编。第三卷的第一号发行于1917年3月1日。其时陈已在北京,他是1917年1月进京任北大文

科学长的,他的东城箭杆胡同9号(今20号)的家就是《新青年》的编辑部。

从第四卷第一号(1918年1月15日)起,《新青年》由陈一人主编改为同人刊物,成立了编委会。编委会由七人构成:陈独秀、周树人、周作人、钱玄同、胡适、刘半农、沈尹默(据沈尹默回忆),并规定由七个编委轮流编辑,每人一期,周而复始。编委聚会的地点常常是箭杆胡同9号,于是陈独秀的家无形中成了新文化运动的指挥部。此时的《新青年》虽为同仁刊物,但陈仍负主要责任。

从第七卷第一号(1919年12月1日)起,《新青年》又由陈一人主编。此后不久,陈独秀南下返沪,编辑部又迁到上海。1920年8月,陈独秀等人在上海创立中国共产党发起组,《新青年》从第八卷开始成为中共发起组的机关刊物,至1922年7月1日,《新青年》出版第九卷第六号后休刊。1923年,《新青年》季刊在广州创刊,瞿秋白担任主编,是中共中央的理论性刊物。

由于1923年后《新青年》已成为中共中央的理论刊物,所以它不再是新文化的同仁杂志,因此我们讨论新文化运动只限于《新青年》前九卷。

之所以要在此介绍陈独秀与《新青年》的关系,实在是因为《新青年》是新文化运动时期批判儒家思想传统、批判封建礼教的主要阵地,陈独秀、吴虞的批孔文章绝大部分便是发表在《新青年》上的。

可以说,陈独秀的一生都是反孔教的。

他反孔教的最早一篇文章是《驳康有为致总统总理书》,最后一篇为《孔子与中国》。第一篇发表在1916年10月1日《新青年》第二卷第二号。最后一篇发表于1937年10月1日的《东方杂志》三十四卷第十八、十九号。

陈独秀之所以激烈地抨击孔教主要是由于当时的现实政治需要,这就使他的批判带有强烈的政治性质,同时也使他的批判不免附有某种情感色彩。他自己说道:"**孔子生于二千年前君主之世,所言治术,自本于君政立言,恶得以其不合于后世共和政制而短之耶?曰:是诚**

第二章 对儒学传统的批判性继承与"新人生论"之提出

然也;愚之非难孔子之动机,非因孔子之道之不适于今世,乃以今之妄人强欲以不适今世之孔道,支配今世之社会国家,将为文明进化之大阻力也,故不能已于一言。"①

袁世凯称帝、张勋复辟均以孔教相号召,鼓舞舆论,当时"孔教会""尊孔会"等遍于中国。这种政治形势迫使陈独秀拿起笔不断写下大量批孔教的文章。

尤其是康有为的《致总统总理书》更激起了陈独秀批孔教的热情。在此之前,陈独秀虽有批孔教的言论,但还未有专论出现。如在《敬告青年》一文中,他对孔教就有所批评,但此文主体还是介绍、引入一种新的人生论。但康有为的《致总统总理书》出笼后,陈独秀的批孔热情一发而不可收。在短短的时间内发表了如下的批孔文章。

1.《驳康有为致总统总理书》(1916年10月1日《新青年》第二卷第二号)、2.《宪法与孔教》(1916年11月1日《新青年》第二卷第三号)、3.《孔子之道与现代生活》(1916年12月1日《新青年》第二卷第四号)、4.《袁世凯复活》(1916年12月1日《新青年》第二卷第四号,此文虽主要批判袁世凯复辟帝制的活动,但依然揭露了其复辟帝制活动的思想资源仍是礼教或孔教)、5.《答常乃德(古文与孔教)》(1916年12月1日《新青年》第二卷第四号)、6.《再论孔教问题》(1917年1月1日《新青年》第二卷第五号)、7.《答吴又陵(孔教)》(1917年1月1日《新青年》第二卷第五号)、8.《文学革命论》(1917年2月1日《新青年》第二卷第六号,此文虽讨论文学革命,但也涉及孔教问题)、9.《再答常乃德(古文与孔教)》(1917年2月1日《新青年》第二卷第六号)、10.《答傅桂馨(孔教)》(1917年3月1日《新青年》第三卷第一号)、11.《三答常乃德(儒教与家庭)》(1917年3月1日《新青年》第三卷第一号)、12.《答俞颂华(宗教与孔子)》(1917年3月1日《新青年》第三卷第一号)、13.《答佩剑青年(孔教)》(1917年3月1日《独秀文存》卷三)、14.《四答常乃德(孔教与家庭)》(1917年4月1日《新青年》第三

---

① 陈独秀:《复辟与尊孔》,《陈独秀著作选》第一卷,第339页。

卷第二号)、15.《答刘竞父(孔教)》(1917年5月1日《新青年》第三卷第三号)、16.《再答俞颂华(孔教)》(1917年5月1日《新青年》第三卷第三号)、17.《答〈新青年〉爱读者(孔教)》(1917年7月1日《新青年》第三卷第五号)、18.《再答吴又陵(孔教)》(1917年7月1日《新青年》第三卷第五号)、19.《复辟与尊孔》(1917年8月1日《新青年》第三卷第六号)、20.《驳康有为〈共和平议〉》(1918年3月15日《新青年》第四卷第三号)、21.《答张寿朋(文学改良与孔教)》(1918年12月15日《新青年》第五卷第六号)。

在短短两年零两个月的时间内,陈独秀竟写下了21篇批判孔教的文章,其中还不包括他在此期间的几次演讲中对孔教所做的批判。可以看出,自1916年10月至1918年12月,对以孔子为代表的儒家思想、对封建礼教的批判已经成为这一时期陈独秀思考和研究的焦点。

细读陈独秀上述批孔的文章,我们可以清楚地发现这样一个事实,即这些文章所批判的直接对象并不是孔子本人的思想,也不是儒家思想,而是康有为为帝制复辟运动张目的思想言论及实践活动。上述所列《驳康有为致总统总理书》《宪法与孔教》《孔子之道与现代生活》《袁世凯复活》《再论孔教问题》《复辟与尊孔》《驳康有为〈共和平议〉》7篇文章是陈独秀批孔的主要文章,而其他14篇则是上述7篇文章发表后就读者的疑问所做的答疑。因此研究新文化运动时期陈独秀的批孔立场,这7篇文章是至关重要的,而这7篇文章虽总名为批孔文章,但其实际所批判的真正对象并不是孔子,而是康有为。陈独秀批判康有为假借孔子、假借儒家思想传统为其复辟封建帝制的活动张目、造舆论。这是我们必须注意的。这也是陈独秀批孔的思想及其活动不同于吴虞的一个很重要的方面。也就是说,陈独秀的批孔有着强烈的现实关怀、极其明确的针对性。而吴虞的批孔则不一样,他那些后来被《新青年》采纳而发表的批孔文章绝大部分是在康有为《致总统总理书》之前写就的,所以缺乏现实的针对性。

可以说,吴虞批孔主要针对的是孔子代表的儒家思想、封建礼教及其在历史上的作用,而陈独秀的批判矛头直接指向的是康有为及其所代表的在当时现实生活中企图以孔子为傀儡而实施的尊孔复辟活动思想的立场和实践。所以,我们可以这样说,陈独秀是强烈反对假借孔教而实施复辟帝制的任何活动。他本人并不反对孔子,他说:"**我们反对孔教,并不是反对孔子个人,也不是说他在古代社会无价值。**"又说:他之不得已批判孔子,不是"因孔子之道之不适合于今世",而是因为"今之妄人强欲以不适今世之孔道,支配社会国家,将为文明进化之大阻力也"①。吴虞虽然也对孔子本人的思想与后来的封建礼教做了一定程度的区别,但不可否认他批判的直接对象还是孔子、儒家。

二、孔子思想的独特价值及其与现代生活之张力

陈独秀认为孔子思想有其本身的价值。孔子思想的价值明确地表现在他对宗教迷信的理性态度上。陈独秀指出,自上古以至于东周,先民关于宗教神话的传说,在诸子书及纬书中多得几乎"不可殚述"。孔子却将这些宗教神话传说一概弃而勿论。孔子教学生注重的唯有德行、言语、政事、文学四科。《论语·述而》曰:"子以四教,文、行、忠、信。"又曰:"子不语怪力乱神。"《论语》中诸如"夫子之文章,可得而闻也;夫子之言性与天道,不可得而闻也""务民之义,敬鬼神而远之,可谓知也"等言论表明,孔子教人重人事而远鬼神,与墨子根本不同。② 陈独秀指出,宗教实质,重在灵魂的救赎,是出世之宗;孔子的思想却并非如此,不事鬼神、不知死,以文行忠信教,这就表明儒学思想是入世之教,是哲学,而不是宗教。

陈独秀为什么要肯定孔子的这一思想立场呢?根据他本人的看法,人类社会的进步在于两大动力,一是民主,一是科学。"孔子不言神怪,是近于科学的。"③以科学来反对宗教的思想立场当然是有问题的,但是当时的陈独秀对于科学的态度颇坚,他是主张"以科学代替宗

---

① 陈独秀:《复辟与尊孔》,《陈独秀著作选》第一卷,第 339 页。
② 参见陈独秀:《孔子与中国》,《陈独秀著作选》第三卷,第 377 页。
③ 同上书,第 386 页。

教"的:"人类将来之进化,应随今日方始萌芽之科学,日渐发达,改正一切人为法则,使与自然法则有同等之效力,然后宇宙人生,真正契合。此非吾人最大最终之目的乎?或谓宇宙人生之秘密,非科学所可解决,决疑释忧,厥惟宗教。余则以为科学之进步,前途尚远。吾人未可以今日之科学自画,谓为终难决疑。反之,宗教之能使人解脱者,余则以为必先自欺,始克自解,非真解也。真能决疑,厥惟科学。故余主张以科学代宗教,开拓吾人真实之信仰,虽缓终达。若迷信宗教以求解脱,直'欲速则不达'而已!"①从中我们可以清楚地看到,科学万能的思想、科学主义在新文化运动时期已经在思想界占据着极其重要的地位。陈独秀就是这一思想的积极鼓吹者。

科学思想追求明确、清晰,反对持论笼统。他指出,当时那些积极鼓吹孔教的人就是由于不明科学,仍旧沿袭传统的持论模糊笼统的思维方式,称儒家思想为"孔教",因此使得孔教的问题争论不休、莫衷一是。他认为,孔子立说之实质,绝无宗教家言也,所以儒家思想不能称之为"孔教"。"夫孔教之名词既不能成立,强欲定孔教为国教者,讵非妄人?"②

陈独秀指出,孔子非宗教迷信的态度不但在其所生活的时代有其价值,即便在现代社会中也仍然有自己的价值。陈独秀赞同孔子对待宗教的理性态度,因为陈独秀本人对待宗教持守的也是同样的理性态度。

陈独秀认为,孔子的价值还表现在,他在历史上建立了君、父、夫三权一体的礼教。他认为这一价值,"在孔子立教的当时,也有它相当的价值",尽管也曾"在历史上造过无穷的罪恶"。③

孔子与礼教的关系,在尊孔派与反孔派那里也并没有统一的看法。比如尊孔派在此问题上有两种不同的看法:一种认为,礼教多为孔子确立;另一种则指出,三纲五常出于纬书,而由宋儒极力提倡,于

---

① 陈独秀:《再论孔教问题》,《陈独秀著作选》第一卷,第253页。
② 同上书,第254页。
③ 陈独秀:《孔子与中国》,《陈独秀著作选》第三卷,第379页。

是逐渐酿成君权万能之流弊,此与原始儒家,特别是与孔子没有关系。所以他们认为,原始孔教是民间化的真孔教;三纲五常,属于伪孔教。

陈独秀在此问题上赞同尊孔派的前一种看法,即认为是孔子奠立了礼教的基础,从此礼教一直延续至今。他在《宪法与孔教》一文中说:"三纲五常之名词,虽不见于经,而其学说之实质,非起自两汉、唐、宋以后,则不可争之事实也。"并进一步指出:"愚以为三纲说不徒非宋儒所伪造,且应为孔教之根本教义。何以言之?儒教之精华曰礼。"①那么什么是礼呢?陈独秀遂进一步大量引用《礼记》中的《坊记》《曲礼》《礼运》《冠义》中的资料清楚地表明礼具有之"精义",以此表明礼为孔子思想的本义。在1937年10月1日发表在《东方杂志》上的《孔子与中国》一文中他又对孔子与礼教的关系做了更进一步的考证。在陈独秀看来,孔子生活的年代,由于商业的发展与繁荣,已经动摇了闭关自守的封建农业经济,逐渐地由经济兼并走向了政治兼并,封建制度瓦解之势已成,统一之政权因此在酝酿过程中。"孔子生当此时,已预见封建颓势将无可挽救,当时的社会又无由封建走向民主之可能……于是乃在封建的躯壳中抽出它的精髓,即所谓尊卑长幼之节,以为君臣之义,父子之恩,夫妇之别普遍而简单的礼教来代替那'王臣公、公臣大夫、大夫臣士、士臣皂、皂臣舆、舆臣隶、隶臣僚、僚臣仆、仆臣台(见昭七年《左传》)'的十等制,冀图在'礼'的大帽子之下,不但在朝廷有君臣之礼,并且在整个社会复父子、夫妻等尊卑之礼,拿这样的连环法宝,来束缚压倒那封建诸侯大夫以至陪臣,使他们认识到君臣之义,无所逃于天地之间,以维持那日就离析分崩的社会。"②所以,在陈独秀看来,孔子的教义实质就是三纲五常为内容的礼教制度。

陈独秀又认为,别尊贵明贵贱的礼教制度强化了阶级制度,这套礼教制度乃是"宗法封建时代所同然"。这就是说,孔子所确立的礼教是适应了中国当时的宗法社会的需要,所以应该有其自身的存在价

---

① 陈独秀:《宪法与孔教》,《陈独秀著作选》第一卷,第227—228页。
② 陈独秀:《孔子与中国》,《陈独秀著作选》第三卷,第380页。

值。由此,陈独秀指出,孔子的礼教在中国历史上有一定的价值,不可全部抹杀。

但是,孔子的这一套礼教制度"在二千年后的今天固然一文不值"了。为什么呢?陈独秀认为现代社会与古代社会有着本质上的不同。孔子之道或孔子提倡的礼教已经完全不适应于现代社会。正因为如此,陈独秀挺身而出坚决反对奉孔教为国教。所以我们可以清楚地看见,陈独秀是在现代性的基础上反对孔教或孔子的。他的《孔子之道与现代生活》《宪法与孔教》等反孔教的文章标题即鲜明地点明了自己的这一思想立场。而且他更进一步地认为,现代生活根本是与孔子之道不相容的。存其一必反其一。

这就牵涉到陈独秀所理解之现代社会的性质。在他看来,现代社会至少应该具备如下的性质。

首先,现代社会必须是法制的社会。"法制"有两重含义:1. 宪法是国家的根本大法,是对最高权力的限制。他说:"盖宪法者,全国人民权利之保证书也,决不可杂以优待一族一教一党一派人之作用。"①既然宪法性质如此,那么康有为等人企图奉孔教为国教是违反宪法的。2. 法律面前人人平等,绝不应该有尊卑贵贱之分别。三纲五常主张的是阶级尊卑的制度,强调的是片面之义务和不平等之道德。

其次,现代社会必须是不断进步的社会。陈独秀以进化论为武器,说明一切事物都在变化发展的途程之中,道德伦理也是如此。他说:"新陈代谢,陈腐朽败者无时不在天然淘汰之途,与新鲜活泼者以空间之位置及时间之生命。人身遵新陈代谢之道则健康,陈腐朽败之细胞充塞人身则人身死;社会遵新陈代谢之道则隆盛,陈腐朽败之分子充塞社会则社会亡。"他把进化看做"宇宙之根本大法",他说:"自宇宙之根本大法言之,森罗万象,无日不在演进之途,万无保守现状之理"②。所以,世界上决没有"空间上人人必由之道,时间上万代不易之

---

① 陈独秀:《宪法与孔教》,《陈独秀著作选》第一卷,第226页。
② 陈独秀:《敬告青年》,《陈独秀著作选》第一卷,第131页。

宗"，因此不可能存在一种万古不变的道德伦理的教条。他认为孔子所提倡的道德、所提倡的礼教是封建时代的道德、封建时代的礼教。他说："孔子生长封建时代，所提倡之道德，封建时代之道德也；所垂示之礼教，即生活状态，封建时代之礼教，封建时代之生活状态也；所主张之政治，封建时代之政治也。封建时代之道德、礼教、生活、政治，所心营目注，其范围不越少数君主贵族之权利与名誉，于多数国民之幸福无与焉。"①而现代社会，陈认为，应该是共和时代，所以产生于封建时代、服务于封建时代的孔子之道当然不适宜于现代社会了。

他以进化论为武器，坚决批判复古守旧的思潮。他认为，今天中国固有的伦理、法律、学术、礼俗，无一不是封建制度之遗，较之欧洲人羞近几千年，所以中国要生存于当今的世界，必须弃旧图强，不能墨守成规，他说："**吾宁忍过去国粹之消亡，而不忍现在及将来之民族，不适世界之生存而归消灭也。**"

陈独秀又退一步说："即以不进化之社会言之，其间亦不无微变。"他说，吾辈不满意于康先生，康先生不满意于张之洞与李鸿章，而张之洞、李鸿章也不满意于清廷反铁路与海军的顽固派，所以变化是通例，"道与世更"是古今中外的普遍法则。

再次，现代社会是以伦理经济的个人独立主义立论。陈独秀认为："现代生活，以经济为之命脉，而个人独立主义，乃为经济学生产之大则，其影响遂及于伦理学。故现代伦理学上之个人人格独立，与经济学上之个人财产独立，互相证明，其说遂至不可动摇；而社会风纪，物质文明，因此大进。"②陈认为："西洋个人独立主义，乃兼伦理经济二者而言，尤以经济上个人独立主义为之根本也。"③伦理上的个人独立主义是以经济上的个人独立主义为基础的。而个人独立主义是促进经济发展的动力，这种经济上的个人独立主义应该指的是财产的个人所有。个人独立之财产或私有经济是伦理意义上的个人独立主义的

---

① 陈独秀：《孔子之道与现代生活》，《陈独秀著作选》第一卷，第235页。
② 同上书，第232页。
③ 同上书，第233页。

物质基础。伦理上的独立主义显然是指个人独立之人格。强调个人独立之人格是陈独秀的伦理思想、政治思想的一个重点，是他用来批判孔子礼教的最重要的武器。

在孔子的礼教即三纲说中，"人格之个人独立既不完全，财产之个人独立更不相涉"；"君为臣纲，父为子纲，夫为妻纲"；"父兄畜其子弟，子弟养其父兄，《礼记》曰：'父母在，不敢有其身，不敢私其财。'"为人子为人妻者，先失个人独立之人格，复无个人独立之财产。

此外，现代社会是建立在人权平等说的基础之上的。陈独秀认为，"三纲五常之名词，虽不见于经，而其学说之实质，非起自两汉、唐、宋以后"①，应为孔教之根本教义。三纲五常说别尊卑，明贵贱，尊卑贵贱是一种阶级制度，孔子礼教是宗法封建社会的产物，宗法社会以家族为本位，而不是以个人为本位，因此个人无权利，一家之人，听命家长。在他看来，宗法制度之恶果有四："一曰损坏个人独立自尊之人格，一曰窒碍个人意思之自由，一曰剥夺个人法律上平等之权利，一曰养成依赖性戕贼个人之生命力。"②

陈指出："西洋民族……举一切伦理、道德、政治、法律，社会之所向往，国家之所祈求，拥护个人之自由权利与幸福而已。思想言论之自由，谋个性之发展也，法律之前，个人平等也。个人之自由权利，载诸宪章，国法不得而剥夺之，所谓人权是也。"③每一个个体，各有自主之权，绝无奴役他人之权利，亦绝无以奴自处之义务。因为有人权平等之说兴起，所以现代人"破坏君权，求政治之解放；否认教权，求宗教之解放；均产说，求经济之解放也；女子参政，求男权之解放也"④。

又，现代社会是民主的社会。民主社会中主权在民，人民是国家的主人，"国家为人民公产，人类为政治动物"，这就是说，除了拥有经济权利、社会权利之外，人们还应该先天具有政治权利。陈独秀指出：

---

① 陈独秀：《宪法与孔教》，《陈独秀著作选》第一卷，第228页。
② 陈独秀：《东西民族根本思想之差异》，《陈独秀著作选》第一卷，第167页。
③ 同上书，第166页。
④ 陈独秀：《敬告青年》，《陈独秀著作选》第一卷，第130页。

民主政治"非政府所能赐予,非一党一派人所能主持,更非一二伟人大老所能负之而趋",他更进一步说道:民主政治"不出于多数国民之自觉与自动,皆伪共和也,伪立宪也,政治之装饰品也"。世界现在的潮流是"由专制政治,趋于自由政治;由个人政治,趋于国民政治;由官僚政治,趋于自治政治"①。

最后,在现代社会中,科学扮演着越来越重要的角色,起着巨大的作用。陈独秀甚至认为,科学与民主一样是推动世界历史前进的主要动力。中国要走向现代社会必须走上科学发展的道路。此处所说的科学除通常的含义外,他尤其注重科学的方法与人应该具有的以科学为基础的人生态度。

陈又从男女平等、男女社会、妇女独立谋生、女性权利等方面批评了孔子的礼教。

总之,陈认为,孔子学说"于近世自由平等之新思潮,显相背驰,不于报章上词而辟之,则人智不张,国力浸削,吾恐其敝将只有孔子而无中国也"。

显然,在陈独秀看来,孔子之道与现代社会是不相容的,是背道而驰的。他如斯说道:"**东西洋民族不同,而根本思想亦各成一系,若南北之不相并,水火之不相容也。**"②他于是完全将中西文化对立起来,他说:"**吾人倘以新输入之欧化为是,则不得不以旧有之孔教为非。倘以旧有之孔教为是,则不得不以新输入之欧化为非。新旧之间,绝无调和两存之余地。吾人只得任取其一。**"③

于此,我们可以清楚地看见,陈独秀是完全彻底地站在西方思想的立场上来评估孔子之道在现代社会的价值,所以在他眼里以孔子为代表的儒家思想传统也就毫无价值可言。由于他的目标是想将中国建设成一个以西方国家为模版的国家,所以也就不得不全面地反对儒家思想传统。对此,他本人有极为明确的表述。他说:"**欲建设西洋式**

---

① 陈独秀:《吾人最后之觉悟》,《陈独秀著作选》第一卷,第178页。
② 陈独秀:《东西民族根本思想之差异》,《陈独秀著作选》第一卷,第165页。
③ 陈独秀:《答佩剑青年(孔教)》,《陈独秀著作选》第一卷,第281页。

之新国家,组织西洋式之新社会,以求适今世之生存,则根本问题,不可不首先输入西洋式社会国家之基础,所谓平等人权之新信仰,对于此新社会新国家新信仰不可相容之孔教,不可不有彻底之觉悟,猛勇之决心;否则不塞不流,不止不行。"①

陈独秀本人关于西方思想的主张前后并未有很大冲突,但却有不同之处。他前期注重的是一种新的人生论,强调人权、自由、科学、平等、独立人格、民主等,但在后期可能是为了便于宣传或者出于别的什么原因,他却往往将自己早期的新人生论简化为民主与科学两项内容。比如他在 1919 年 1 月 15 日《新青年》第六卷第一号的《〈新青年〉罪案之答辩书》中即阐明新文化运动的宗旨即是民主与科学。当时社会上曾有人攻击《新青年》犯下了破坏孔教、破坏礼法、破坏国粹、破坏贞节、破坏旧伦理、破坏旧艺术、破坏旧宗教、破坏旧文学、破坏旧政治等罪。他申辩道:"追本溯源,本志同人本来无罪,只因为拥护那德莫克拉西(Democracy)和赛因斯(Science)两位先生,才犯了这几条滔天的大罪。要拥护那德先生,便不得不反对孔教,礼法,贞节,旧伦理,旧政治;要拥护那赛先生,便不得不反对旧艺术,旧宗教;要拥护那德先生又要拥护赛先生,便不得不反对国粹和旧文学。大家平心细想,本志除了拥护德、赛两先生之外,还有别项罪案没有呢?若是没有,请你们不用专门非难本志,要有气力有胆量来反对德、赛两先生,才算是根本的办法。"②

陈独秀的这一答辩书对于后人理解新文化运动起了很大的作用。于是,后来研究新文化运动的学者都将新文化运动的宗旨归结为民主与科学。其实这样的概括确有将新文化运动的宗旨狭窄化的倾向,因为虽然民主与科学与人生有着密切的关系,但我们显然不能将人生全部归结为民主与科学。我的看法是民主与科学只能是人生论的部分内容。

---

① 陈独秀:《宪法与孔教》,《陈独秀著作选》第一卷,第 229 页。
② 陈独秀:《〈新青年〉罪案之答辩书》,《陈独秀著作选》第一卷,第 442—443 页。

但不管怎么说，陈独秀是完全站在一种彻底的西方思想的立场来批判以孔子为代表的儒家思想传统的，并且将此两者完全地对立起来。这也是陈独秀批孔与吴虞批孔的另一个重要的区别。

在此我们还必须注意的是，陈独秀认为当时社会上的尊孔，其目的当然不是为尊孔而尊孔，而是为袁世凯的复辟帝制服务。陈独秀与蔡元培等人都清楚地看到了，袁世凯所以能够复辟称帝是有其相当深厚的社会土壤。蔡元培在袁世凯复辟帝制失败后，曾尖锐地指出，袁世凯复辟帝制的丑剧并不是他个人之罪恶，而是有着社会基础的。他分析道：支持袁世凯称帝的有三种社会势力：一是官僚；二是学究；三是方士。蔡元培对这三种社会势力做了如下的评论。"畏强抑弱，假公济私，口蜜腹剑，穷奢极欲，所以表官僚之黑暗也。天坛祀帝，小学读经，复冕旒之饰，行跪拜之仪，所以表学究之顽旧也。武庙宣誓，教会祈祷，相士贡谀，神方治疾，所以表方士之迁怪也。"正是因为如此之故，所以尽管袁世凯复辟帝制活动失败，且本人也已死去，但是复辟帝制的活动并未因此而停顿，"而此三社会之流毒"依旧。① 所以蔡元培认为，袁世凯复辟帝制的丑剧在当时有其社会基础。他说："中华民国约法，有责任内阁，而当时普遍心理，乃不以为然。言统一，言集权，言强有力政府。于是为野心家所利用，而演出总统制，又由总统制而演出帝制。此亦崇拜总统、依赖总统之心理有以养成之。"②

陈独秀对蔡元培的剖析深表赞同。他说："由蔡先生之说，即强谓肉体之袁世凯已死，而精神之袁世凯故犹活泼泼地生存于吾国也。不第此也，即肉体之袁世凯，亦已复活。吾闻其语矣，吾见其人矣。其人之相貌、思想、言论、行为，无一非袁世凯，或谓为'袁世凯二世'。呜呼！"③在蔡元培思想的基础上，他进一步申说道："蔡先生谓袁世凯代表吾国三种社会，余谓此袁世凯二世则完全代表袁世凯，不独代表过

---

① 蔡元培：《对于送旧迎新二图之感想》，《蔡元培全集》第二卷，浙江教育出版社，1997年，第463页。
② 同上书，第464页。
③ 陈独秀：《袁世凯复活》，《陈独秀著作选》第一卷，第238页。

去之袁世凯,且制造未来之无数袁世凯。袁世凯之废共和复帝制,乃恶果非恶因;乃枝叶之罪恶,非根本之罪恶。若夫别尊卑,重阶级,主张人治,反对民权之思想之学说,实为制造专制帝王之根本恶因。吾国思想界不将此根本恶因铲除净尽,则有因必有果,无数废共和复帝制之袁世凯,当然接踵而生,毫不足怪。"①

我们可以清楚明白地看到,陈独秀批孔的矛头是直接指向当时社会上的废共和复帝制的活动,他反对袁世凯复辟帝制,强烈批判康有为为袁世凯复辟帝制张目,更要清洗所以不断制造专制帝王的根本恶因。此种恶因既指蔡元培所说的三种社会流毒,更指向容易为转世帝王所利用的儒家思想。正是这样的认识,提醒陈独秀必须在中国大地上积极努力地宣传自由、人权、民主、法制、平等等思想,提高青年之修养,培养国民之人格,改变社会之风俗和道德。

陈独秀对于袁世凯帝制活动的这种深入认识,遂使其十分重视对于一般民众的思想教育工作,他指出伦理的觉悟是吾人最后之觉悟。在《社会契约论》中,卢梭曾经深刻地指出:一个有着漫长的专制传统的民族在进入现代生活之后,虽然可以自称自己已经建立了真正的"共和国",但是它的古老而漫长的专制传统的习惯、风俗总是会不断地死灰复燃。更为严重的是,在长期的专制体制下生活的大众对于专制体制的奴役已经司空见惯,习以为常,麻木不仁,对欺骗和腐败也已习惯。他们关心的只是自己的生活不要因此受到影响,眼睛紧紧地盯住自己已获得的地位和财富。他们其实是一盘散沙,虽然人数众多,但却没有真正地组织成一个社会;他们受了私欲的蒙蔽,对于他人和社会无动于衷。一个处于这样社会之中的民族难以有健全的法律和理性的行动,因为他们的意志和灵魂早已腐化了。卢梭因此认为,要使一个思想或灵魂已经腐化的民族重新获得新生,就像让一个已经变坏的人恢复良心一样困难。他的结论是:"除了某种大革命之外,再也没有别的补救办法了。"卢梭所描述的社会极其类似于新文化运动时

---

① 陈独秀:《袁世凯复活》,《陈独秀著作选》第一卷,第239—240页。

期的中国社会。只有一场真正的思想革命才能唤醒广大民众,从而使中国社会逐渐地摆脱皇权专制走向民主政治体制。可以说,新文化运动就是这样的一场思想革命。遗憾的是,这场思想革命的影响只局限在青年学生之中,而没有机会进一步扩展到整个中国社会大众,特别是蔡元培所提及的那些社会阶层,对于民主政治、对于科学不只是相当的隔膜,其中的大部分更是持顽强的反对态度。因此,可以说,后来研究新文化运动的学者对于新文化运动的影响似乎估计过高。

不管怎么样,陈独秀以民主与科学或以一种新人生论来批判儒家思想传统,给后来的保守主义者留下一个相当复杂的理论难题。这个难题就是,儒家思想传统果真是与民主和科学截然对立吗?梁漱溟尽管不同意将西方文化仅仅归结为民主与科学的看法,但是他本人早期关于中国文化的讨论与研究的宗旨却是要回答中国传统文化为什么不能产生民主与科学这样的问题。他早期的《东西哲学与文化》、后来的《中国文化要义》都是这样的研究思路。

后来的新儒学着力要解决的最为重要的理论问题也是儒学思想与民主、科学之间的关系问题。他们所谓的"内圣"开出"外王"或"返本开新"就是力图说明如何从儒学开辟出一条通向民主、科学的形而下的途径。他们本能地意识到,如果不能够指出一条将传统儒学思想与现代社会的民主、自由、法制、科学、人权等要素融合起来的途径,那么其他的一切努力必将是多余的。现在看来,这一问题似乎仍未得到妥善的解决。

陈独秀对儒家思想传统的批判通过《新青年》在当时的中国社会产生了巨大的影响,此后相当长的一个时期内,对儒家思想传统的批判几乎成为占主导地位的意识形态。

将儒家思想传统与西方现代思想绝对对立起来的思维模式,使陈独秀完全否认儒家思想在中国现代社会可能具有的正面作用。其实,细读陈独秀的著作,我们会发现,陈独秀之所以那么激烈地将儒家思想与现代社会完全对立起来,也是与其本人的文化虚无主义立场有关。他有一种强烈的反对一切偶像的冲动。1918年8月15日《新青年》第五卷第二号上有他的一篇《偶像破坏论》。在此文中,他指出,凡是无用而受人尊重的都是废物,也都算是偶像。对这样的偶像都应该破坏。如果受人尊重而又毫无用处,这样的偶像应该彻底破坏。于是,他说:"天地间鬼神的存在,倘不能确实证明,一切宗教,都是一种骗人的偶像:阿弥陀佛是骗人的;耶和华上帝也是骗人的;玉皇大帝也是骗人的;一切宗教家所尊重的崇拜的神佛仙鬼,都是无用的骗人的偶像,都应该破坏!"①

不但宗教的偶像应该破坏,陈独秀指出,君主、国家、"世上男子所受的一切勋位荣典,和我们中国女子的节孝牌坊,也算是一种偶像"。此类偶像也都在必须破坏之列。

陈独秀激烈地指出:"破坏!破坏偶像!破坏虚伪的偶像!吾人信仰,当以真实的合理的为标准;宗教上、政治上、道德上,自古相传的虚荣,欺人不合理的信仰,都算是偶像,都应该破坏!此等虚伪的偶像倘不破坏,宇宙间实在的真理和吾人心坎儿里彻底的信仰永远不能合一。"②

从表面上看,陈独秀似乎站在了文化虚无主义的立场,积极主张破坏一切偶像。但是仔细读他的此篇文章,我们可以清楚地意识到,他主要是中国传统文化的虚无主义者,他要破坏的主要是中国传统文化的那些偶像,其理由就是,中国传统文化完全不适合现代社会,在现代社会中毫无实际用处。在他心目中,偶像当然是受人尊重的,但是受人尊重的偶像有两类:第一类是那些受人尊重,但是又毫无现实用处的偶像,他们属于应该破坏的偶像之列;还有一类偶像,是"真实有用的东西,自然应该尊重,应该崇拜"。此处所说的"真实有用"的东西是要能够被"确实证明"的,但陈独秀没有说明,究竟如何来"确实证明"。根据他对偶像的这一看法,他也就当然地要推翻、颠覆、批判传统的中国文化,道理很简单,因为在现代社会中它们已经毫无用处了,是应该被破坏的偶像。而西方文化中的民主、科学、人权、法制、自由、

---

① 陈独秀:《偶像破坏论》,《陈独秀著作选》第一卷,第391页。
② 同上书,第393页。

平等、独立人格等也算是偶像,但他们是有用的,是应该受到人人尊重和崇拜的偶像。这种分析明确地告诉我们,陈独秀的虚无主义是针对中国传统文化而发的。

第二节　新人生论之提出及其反省

一、新文化运动的终极目标

中国现代史上具有重大历史和文化意义的新文化运动包括思想革命和文学革命这两大内容。文学革命以白话文运动为主,具有工具性价值和意义;而思想革命则是积极地提倡一种新的人生论,可以说它是新文化运动的终极目标。在新文化运动中提倡这种新人生论最着力也最有影响力的两位领袖人物便是陈独秀和李大钊。他们认为,新文化运动的宗旨在于以转变人的基本思想来促进文化改革,特别是道德改革。如果没有牢固的文化基础,社会和政治改革便不能成功,也不能持久。这就是所谓的思想文化改革必须优先的信念,因此新文化运动最迫切、最根本的目标乃是"根本思想"的转变,而根本思想是指一种新的道德观念和人生价值论。在当时的知识分子看来,要振兴腐败没落的中国,只能从彻底转变中国人的世界观和全面重建中国人的思想意识着手。如果没有能适应现代生活的新的世界观和新的思想意识,以前所实行的全部改革终将徒劳无益,无济于事。他们的基本信念是,思想改革为其他一切必要改革的基础。而实现思想变革的最好途径是改变人的思想,改变人对宇宙和人生现实所持的整个观念,即改变人的世界观,提倡一种新的人生论。

陈独秀和李大钊的这一看法是从中西文化交流的历史中总结出来的。

他们认为,中国近代、现代社会的中心问题,是西方文化与哲学引进之后东西方文化与哲学的冲突与矛盾。这一过程是从明朝中叶开始的,其后所涉及的范围越来越广,双方的矛盾和斗争也越来越激烈,与此同时，对西学的认识也越来越深入。

在中西冲突中，中国人最初的觉悟是西洋的器物，其次是政治，对于西方文化的认识越来越深刻，但是中国的问题并未在这一过程中得到解决。于是陈独秀指出："此等政治根本解决问题，不日不待诸第七期吾人最后之觉悟。"他所谓的"最后之觉悟"分为两个方面，即"政治的觉悟"和"伦理的觉悟"。所谓"政治的觉悟"有三个步骤：第一步是要知国家为人们公产，人类为政治动物，而中国人尚没有这样的觉悟。第二步是抉择优良政体，现在的潮流是，由专制政治趋于自由政治，由个人政治趋于国民政治，由官僚政治趋于自治政治。他说："吾国欲图世界的生存，必弃数千年相传之官僚的专制的个人政治，而易以自由的、自治的国民政治也。"第三步是国民政治上的自觉。"所谓国民政治，果能实现与否，纯然以多数国民能否对于政治自觉其居于主人的主动的地位为唯一根本之条件。""共和立宪而不出于多数国民之自觉与自动，皆伪共和也，伪立宪也，政治之装饰品也，与欧美各国之共和立宪绝非一物。"

他尤重"伦理的觉悟"。他说："伦理的觉悟，为吾人最后觉悟之最后觉悟。"

陈独秀所说的伦理的觉悟就是要确立自由平等的思想与原则，他认为共和立宪要以独立平等自由为原则，只有多数国民确立起了独立平等自由的原则，共和立宪才能实现。因此，可以说："伦理的觉悟，为吾人最后觉悟之最后觉悟。"又说："盖伦理问题不解决，则政治学术，皆枝叶问题。纵一时舍旧谋新，而根本思想，未尝变更，不旋踵而仍复旧观者，此自然必然之事也。"可见，陈把伦理看得比政治、经济更为根本。陈独秀所说的"伦理的觉悟"实质所指的就是一种新的人生论。他在《青年杂志》创刊号上（1915 年 9 月 15 日）的第一篇文章《敬告青年》中便提出了这种新人生论纲要。其内容有这样的六点：

1. 自主的而非奴隶的

每人各有自主权，他说："我有手足，自谋温饱；我有口舌，自陈好恶；我有心思，自崇所信；绝不认他人之越俎，亦不应主我而奴他人；盖自认为独立自主之人格以上,一切操行,一切权利,一切信仰,唯有听命各自固有之智能,断无盲从隶属他人之理。"他认为,儒家的忠孝节义是奴隶的道德。尼采说,道德有两类,一类是贵族的道德,一类是奴隶的道德。所谓贵族的道德是听命于自己,以自己来取舍。而奴隶的道德则相反,唯他命是从。

2. 进步的而非保守的

进化为宇宙之根本大法,不进则退。陈认为,"固有之伦理法律学术礼俗,无一非封建制度之遗",不适用于今世。他说:"吾宁忍过去国粹之消亡,而不忍现在及将来之民族,不适世界之生存而归削灭也。"

3. 进取的而非退隐的

陈认为,生存竞争,势所不免,一息尚存,即无守退安隐之余地。排万难而前行,乃人生之天职。他指出,退隐为弱者不适竞争之现象,而不是什么高人出世之行。所以,人之生也,应战胜恶社会,而不可为恶社会所征服;应超出恶社会,进冒险苦斗之兵,而不可逃遁恶社会,作退避安闲之想。

4. 世界的而非锁国的

"立国于今之世,其兴废存亡,视其国之内政者半,影响于国外者恒亦半焉。"万邦并立,动辄相关。

5. 实利的而非虚文的

"一切虚文空想之无裨于现实生活者,吐弃殆尽。"陈认为,"利用厚生,崇实际而薄虚玄,本吾国初民之俗";但是"周礼崇尚虚文"。周以后,名教流行,与现实社会生活背道而驰。

6. 科学的而非想象的

陈认为,近代欧洲之所以优越于他族者,在于科学之兴,其功不在人权之说下,若舟车之有两轮焉。我们要急起直追,当以科学与人权并重。

"科学说明真理,事事求诸证实,较之想象武断之所为,其步度诚缓,然其步步皆踏实地,不若幻想突飞者之终无寸进也。"

陈又说:"人生在世究竟为的什么?究竟应该怎样?""我敢说道:'个人生存的时候,当努力造成幸福,享受幸福;并且留在社会上,后来的个人也将能享受。递相授受，以至无穷。"但要幸福，莫怕痛苦，现在个人的痛苦，有时又会造成未来个人的幸福。

陈的这种新人生论显然与中国传统社会的人生论有着实质性的区别。在上述的六点中，他竭力将中国的或在他看来是旧的人生论拿来与西洋的或在他看来是新的人生论进行比较。这种新人生论在20世纪初对于广大青年有着十分巨大的启蒙作用。特别是他在其中提出的"科学""人权"（后改为民主）成为新文化运动的两个目标。

应该看到，《敬告青年》中所提出的这种新人生论还只是一个大纲或框架，还没有得到系统深入的阐发。在《新青年》第四卷第二号（1918年2月15日）上陈独秀发表了一篇题为《人生真义》的文章，比较集中地论述了他关于人生意义的看法。顾名思义，人生真义是要讨论人生在世究竟是为了什么这样重大而根本的问题。关于人生意义的理论相当丰富，所以在提出自己的看法之前，陈独秀指出，历史上曾经有过的种种人生论，如佛教的、基督教的、孔孟的、墨子的、杨朱的、老庄的人生思想都有不可避免的局限性。在批评了上述几家的人生理论之后，他提出了自己关于人生的理论。他说：

> 照这样看起来，我们现在时代的人所见人生真义，可以明白了；今略举如下：
> 人生在世，个人是生灭无常的，社会是真实存在的。
> 社会的文明幸福，是个人造成的，也是个人应该享受的。
> 社会是个人集成的，除去个人，便没有社会；所以个人的意志和快乐，是应该尊重的。
> 社会是个人的总寿命，社会解散，个人死后便没有联续的记忆和知觉；所以社会的组织和秩序，是应该尊重的。
> 执行意志，满足欲望（自食色以至道德的名誉，都是欲望），是个人生存的根本的理由，始终不变的（此处可以说"天不变，道亦不变"）。
> 一切宗教、法律、道德、政治，不过是维持社会不得已的方法，

非个人所以乐生的原意,可以随着时势变更的。

人生幸福,是人自身出力造成的,非是上帝所赐的,也不是听其自然所能成就的。若是上帝所赐,何以厚于今人而薄于古人?若是听其自然所能成就,何以世界各民族的幸福不能够一样呢?

个人之在社会,好像细胞之在人身;生灭无常,新陈代谢,本是理所当然,丝毫不足恐怖;

要享幸福,莫怕痛苦。现在个人的痛苦,有时可以造成未来个人的幸福。譬如有主义的战争所流的血,往往洗去人类或民族的污点。极大的瘟疫,往往促成科学的发达。

总而言之:人生在世,究竟为的什么?究竟应该怎样?我敢说道:"个人生存的时候,当努力造成幸福,享受幸福;并且留在社会上,后来的个人也能够享受。递相授受,以至无穷。"①

应该肯定,陈的这种人生论大体上是正确的。此种人生思想是以个人为基础的。在他看来,所谓的幸福是个人的幸福,痛苦也是个人的痛苦。但个人不是孤立的,而是生活在社会之中,个人的生命的价值和意义只有在社会中才能实现,所以社会的组织和秩序是应该得到尊重的。但社会是个人集成的,即便国家也是"国人共谋安宁幸福之团体",其目的在"保障权利,共谋幸福"(《爱国心与自觉心》)。可以清楚地看到,在陈独秀的思想中,个人是社会和国家的本位,或基础。他的人生论是个人主义的,但不是利己主义的。

他的人生论也是积极奋斗的、拼搏的,他曾经说过青年生活的历程就是从"实验室到监狱,从监狱到实验室"。他本人作为政治家、革命家的生涯就是他此种人生观最好的注脚。

陈独秀的人生论是自主的、进步的、进取的、世界的、实利的和科学的。陈独秀的新人生论虽然还未形成一个系统的理论,但理论框架已经基本形成,其实质内容就是自由、平等、科学、民主,是理性、乐观

---

① 陈独秀:《人生真义》,《陈独秀著作选》第一卷,第347页。

的人生观。

李大钊与陈独秀一样,将改造中国社会的希望寄托在青年人身上,因此他的新人生论便可称之为青春人生论。

李大钊由作为自然现象的春天推导出人生的青春之意义。

春天"春日载阳,东风解冻","春日有"清和明媚之象","百卉昭苏",给人们带来"无限之希望,无限之兴趣"。人生的青春则体现了"高尚之理想,圣神之使命,远大之事业,艰巨之责任"①。

青春的使命或责任就是要"进前而勿顾后,背黑暗而向光明,为世界进文明,为人类造幸福,以青春之我,创建青春之家庭,青春之国家,青春之民族,青春之人类,青春之地球,青春之宇宙"②。要实现自我与民族之拯救就必须发扬青春的精神。

李大钊认为,青春有两重含义:

一是指个体的青春进程;一是指宇宙的无尽青春。在这两个含义中,李尤重后者。个体的青春只有通过与宇宙无尽之青春相结合才有意义。

李大钊认为,个体的青春是有限的,"块然一躯,渺乎微矣,于此广大悠久之宇宙,殆犹沧海之一粟耳",所以个体青春能否"永享青春之幸福与否,当问宇宙自然之青春是否为无尽"。如宇宙自然青春是有尽的,那么它就不能给个体的青春以"永享青春之幸福",但是,"如其无尽,吾人奋其悲壮之精神,以与无尽之宇宙竞进,又何不能之有?"③在他看来,个体青春之有无意义即在于宇宙自己的青春是否是无尽的。

李大钊认为,宇宙是否无尽的问题,取决于宇宙有无起点和终点。

他认为,宇宙是无尽的。但宇宙中之具体物则是"万象万殊"的,而且对于个体而言,"有进化,也有退化",于是有生有死,有盛有衰,有阴有阳,有否有泰,有青春有白首,等等,这是相对的。"个体之积,如

---

① 参见李大钊:《青春》,《李大钊全集》第一卷,人民出版社,2013年,第307页。
② 同上书,第318页。
③ 同上书,第308页。

何其广大,而终于有限。一生之命,如何其悠久,而终于有涯。"①

可见,宇宙是不变的,而个体事物、生命是可变的,李大钊说:"其变者青春之进程,其不变者无尽之青春也。其异者青春之进程,其同者无尽之青春也。其易者青春之进程,其周者无尽之青春也。其有者青春之进程,其无者无尽之青春也。其相对者青春之进程,其绝对者无尽之青春也。其色者差别者青春之进程,其空者平等者无尽之青春也。"②

李大钊区分了青春之进程和无尽之青春,但是其最终的目的是要把这两者统一结合起来。而这统一结合的基础就是宇宙无尽之青春。他说:"以其不变应其变,以其同操其异,以其周执其易,以其无持其有,以其绝对统其相对,以其空驭其色,以其平等律其差别。"做到了这一步,我们就能"以宇宙之生涯为自我之生涯,以宇宙之青春为自我之青春。宇宙无尽,即青春无尽,即自我无尽"③。

具有这种境界,才能冲破个人的褊狭与自私,及种种私利,而与无尽的宇宙打成一片。每个人都是小我,但却能立足在无尽宇宙的立场上来考虑问题。"乃能享宇宙无尽之青春。"④这样,青年才能突破自然法则对人的限制,使人昂然挺立于天地之间。李大钊认为,自然法则对人的限制有以下两个方面:

首先,地球是人类的家园,但它的存在是有限的,它的存在界限是人类存在的最大限制。如果说地球正值儿童或青年期,人类尚能聊以自慰。但如果地球已是白首之期,则人类难免有伤心之色。然而具有青春精神的人们是不会因此而消沉的,李大钊说:"地球一日存在,即吾人之青春一日存在。吾人之青春一日存在,即地球之青春一日存在。吾人在现在一刹那之地球,即有现在一刹那之青春,即当尽现在

---

① 李大钊:《青春》,《李大钊全集》第一卷,第308页。
② 同上书,第309页。
③ 同上。
④ 同上书,第309—310页。

一刹那对于地球之责任。"①李大钊认为,这就是以人类之青春精神,柔化地球之白首,虽老犹未老也。

其次,人类作为生物的一种,也有其存在的界限。李大钊认为,人类文明实违反自然的生活,如"有舟车电汽,而人类丧其手足矣。有望远镜德律风等,而人类丧其耳目矣。他如有书报传译之速,文明利器之普,而人类亡其脑力。有机关枪四十二珊之炮,而人类弱其战能。有分工合作之都市生活,歌舞楼台之繁华景象,而人类增其新病"②。虽然如此,人类也不应悲观,应该相信人类有无尽之青春,要努力运用人类的智能,使违背自然的生活重新顺适自然,这样就可以"返于无尽青春之域,而奏起死回生之功也"。

人的一生是短促的,是有限的,这是任何人都奈何不得的。问题在于如何使人这有限的一生过得有意义。

李大钊认为,青春的人生观所要标举的就是要把个体的青春生命与宇宙无尽的青春结合起来,这样,有尽的一生就有了无尽的意义。从而激发奋进的精神,从而"昂首阔步,独往独来"地生存于天地之间。

要发扬青春的精神,树立青春的人生观,李大钊认为要从以下几个方面来认识人的有限生命的意义。

首先,要正视人生短促的事实,人生短促是无法改变的。人们因此而怀恐惧之心也是常情。但这种恐惧应更能激发人们的进取精神。因为"于以知恐怖为物,决不能拯人于危。苟其明日将有大祸临于吾躬,无论如何恐怖,明日之祸万不能因是而减其豪末。而今日之我,则因是大损其气力,俾不足以御明日之祸而与之抗也。艰虞万难之境,横于吾前,吾惟有我、有我之现在而足恃"③。所以,空叹人生短促,视死亡为畏途,是消极的人生观,它不能揭示人生的真正意义,且必然造成人们精神上的颓废,使整个民族丧失活力。李大钊的青春人生观就是要彻底破除这种消极悲观的人生哲学,重新塑造朝气蓬勃、拼命

① 李大钊:《青春》,《李大钊全集》第一卷,第310页。
② 同上书,第311页。
③ 同上书,第317页。

进取的民族精神。

其次,要摒弃浮世的虚伪的生活,摆脱金钱权力对人的束缚。李大钊尖锐地批判了当时的人们以追名逐利为人生目的的社会现象。认为此种风气不除,青春精神则无从谈起。人们追逐金钱与权力,认为它们能给人带来快乐与幸福,其实错了,它们只能给人带来烦恼。因为人生有限,欲望无限,以无穷之欲追逐有限之生,焉能满足?于是,空虚、颓唐、烦恼、厌世随之而起,所以,李认为"黄金权力""为青春之累",真正的快乐,是青春的快乐,是发扬进取的精神,在人生的战场上拼搏、奋斗,把自己有限的生命投入到无尽的青春之中的快乐。这种快乐是永存的。

李大钊认为,青年的责任,"在冲决过去历史之网罗,破坏陈腐学说之囹圄,勿令僵尸枯骨,束缚现在活泼泼地之我,进而纵现在青春之我,扑杀过去青春之我,促今日青春之我,禅让明日青春之我"①。

脱绝浮世虚伪的机械的生活,以特立独行之我,立于行健不息之大机轴。

"青年"不仅是生理意义上的,而且是精神意义上的。所以"有老人而青年者,有青年而老人者",有老当益壮者,少年颓丧者,乃在吾人诟病之矣。②

李大钊认为,青春之精神应该是这样的:"青年之文明,奋斗之文明也,与境遇奋斗,与时代奋斗,与经验奋斗。故青年者,人生之王,人生之春,人生之华也。青年之字典,无'困难'之字,青年之口头,无'障碍'之语,惟知跃进,惟知雄飞,惟知本其自由之精神,奇僻之思想,锐敏之直觉,活泼之生命,以创造环境,征服历史。"③他认为,青年应该体现这种青春之精神。

---

① 李大钊:《青春》,《李大钊全集》第一卷,第317页。
② 李大钊:《〈晨钟〉之使命》,《李大钊全集》第一卷,第333页。
③ 同上书,第330页。

与青年相对是老辈。"老辈之灵明,蔽翳了经验……老辈之精神,局蹐于环境……老辈之文明,和解之文明也,与境遇和解,与时代和解,与经验和解。"①李大钊认为老辈的文明已经不合时代潮流,是过时的属于坟墓中的东西,所以必须打破。

但是李认为,今日中国仍然是老辈文明为主的国家,而具有青春精神的青年十分罕见。李大钊认为,中国所以落后挨打,不是因为"老辈之强,乃吾青年之弱,非被旧人之勇,乃吾新人之怯,非吾国之多老辈多旧人,乃吾国之无青年无新人耳!"

他所谓的无青年无新人,是说青年人有,但却"乏慷慨悲壮之精神,起死回天之气力耳"②。

老辈所代表的旧文化,已成为明日黄花,与新的青春文化不可同日而语。它们本没有力量与新的思想相抗衡。然而,由于青年软弱,使得它们似能称霸一时。因此,李大钊号召青年们要发扬奋斗进取的青年精神,与老辈宣战,与老辈格斗,"趋由来之历史,一举而摧焚之,取从前之文明,一举而沦丧之"③。

李把希望寄托在青年身上。他坚信,在新与旧的斗争中,青年正是这个法则的体现者。任何压制青年的力量,都是阻碍进化的保守势力,必须彻底扫除。

李大钊青春人生观的核心部分就是要实现"青春中华之创造"。

所以要提出创造青春中华这一目标,就是因为,现在的中华已不是青春期的,而是白首之中华。李认为,中华民族自黄帝以降,已有四千八百年,其青春期在周代,至今日,中华民族已是白首之民族,白首之民族就是衰亡之民族,与青春民族相遇,必败无疑。中华民族的未来,不在白首民族之苟活,而在青春中华之再造。要发扬回春之力,"冲决历史之桎梏,涤荡历史之积秽,新造民族之生命,挽回民族之青

---

① 李大钊:《〈晨钟〉之使命》,《李大钊全集》第一卷,第330页。
② 同上。
③ 同上书,第332页。

春"①。

现在中华民族既已是白首民族,那么创造青春中华的可能性有没有呢?

李大钊说:"盖尝闻之,生命者,死与再生之连续也。今后人类之问题,民族之问题,非苟生残存之问题,乃复活更生、回春再造之问题也。"②他又说:"顾吾以为宇宙大化之流行,盛衰起伏,循环无已,生者不能无死,毁者必有所成,健壮之前有衰颓,老大之后有青春,新生命之诞生,固常在累累坟墓之中也。"③又说:"夫宇宙本相,为不断之轮也,吾人日循此轮生死、成毁、衰亡、诞孕之中。"④

李的这一看法实在是以进化论和循环论的结合为基础的。

根据这一看法,青春之中华诞孕于白首中华之中。这样的白首民族,亡之不惜,青年的任务在于孕育青春中国之再造,而不在于为白首中国之不死而呼号。白首中华为老辈所有之中华、历史之中华、坟墓中之中华也。未来中华,青年所有之中华、理想之中华、胎孕中之中华也。

进一步,李大钊还用"青春"的观念重新解释了"中华"的含义,表明青春中华再造的可能性。

他认为:"中者,宅中位正之谓也。"中者,在空间上指中央的位置,在时间上指时中,"时中"谓吾人当于今岁指青春点为中点,具体而言之,即以今年今春之今日今刹那为时中之起点。李认为:"中以前之历史,封闭之历史,焚毁之历史,葬诸坟墓之历史也。中以后之历史,洁白之历史,新装之历史,待施绚绘之历史也。中以前之历史,白首之历史,陈死人之历史也。中以后之历史,青春之历史,活青年之历史也。"他强调指出:"即由今年今春之今日今刹那为时中之起点,取世界一切白首之历史,一火而摧焚之,而专以发挥青春中华之中,缀其一生之美

---

① 李大钊:《青春》,《李大钊全集》第一卷,第313页。
② 同上。
③ 李大钊:《〈晨钟〉之使命》,《李大钊全集》第一卷,第329页。
④ 李大钊:《新生命诞孕之努力》,《李大钊全集》第一卷,第339页。

于中以后历史之首页,为其职志,而勿逡巡不前。"①

"华者,文明开敷之谓也,华与实相为轮回,即开敷与废落相为嬗代。"中华民族现在正处于由"实"(废落)转华(开敷)的时期,"白首中华者,渐即废落之中华也。青春中华者,方复开敷之中华也"②。在白首中华之"实"中,正孕育着青春中华之"华"再生,所以,中华的"华"同样意味着青春中华的再生。

但是,青春中华之再生,不是自然而然的进化过程。需要青年们做出艰苦的努力。李指出:大凡一新生命之诞孕,必历一番之辛苦,即必需一番之努力。他一再告诫青年,万不可因现实的黑暗而生厌世之心,取消极的方法。

李的青春人生观的一个重要基础就是他的"崇今"的时间理论。李认为:

1. 时间体现为历史,"时是伟大的创造者,时又是伟大的破坏者。历史的楼台是他的创造的工程,历史的废墟是他的破坏的遗迹。世界的生灭成毁,人间的成败兴衰,都是时的幻身游戏"。

2. 时间体现为人生,对时间的理解亦是对人生意义的揭示。因为"有生命的历史,实是一个亘过去、现在、未来的全人类的生活"。我们如何看待过去、现在、未来的意义,就表达了我们的人生观是怎样的。

李认为,时间有过去、现在、未来之分,三者之中,现在最为宝贵。这是因为:

首先,过去未来皆是现在,因为"无限的'过去',都以'现在'为归宿,无限的'未来'都以'现在'为渊源"③,现在是时间流转的基础。"'过去'、'未来'的中间全仗有'现在'以成其途径,以成其永远,以成其无始无终的大实在。一掣现在之铃,无限的过去未来皆遥相呼应。这就是过去未来皆是现在的道理。这就是'今'最可宝贵的道理"。

---

① 李大钊:《青春》,《李大钊全集》第一卷,第314页。
② 同上。
③ 李大钊:《"今"》,《李大钊全集》第二卷,第285页。

其次,现在体现了创造,因为"时如一线,引而弥长,平列诸点,有去未今……既引的线,确属过去,未引的线,确在未来。然此线之行,实由过去,趋向未来,必有力焉,引之始现。此力之动,即为引的行为,引的行为,即为今点所在。过去未来,皆赖乎今,以为延引"。现在是人的创造性行为的体现。

再次,"现在"最容易丧失。李大钊说:"时间这个东西,也不因为吾人贵他爱他稍稍在人间留恋……刚刚说他是'今'是'现在',他早已风驰电掣一般,已成'过去'了。"① 如一刹那不有行为,不为动作,此一刹那的今即归于乌有,此一刹那的生即等于丧失。""现在"还能增强人们的历史责任感。因为过去以现在为归宿,现在的一切都遗留着过去的痕迹,同样,现在又是将来的起点,一切作为都会在将来体现,所以,应格外珍惜"现在"。

"现在"既然如此重要,所以应该树立"爱今"的观念。我们要珍惜时间,珍惜稍纵即逝的"现在"。"我们在此,只能前进,不能回还在时的途程中。只有行动,只有作为,只有过程,只有努力,没有一瞬徘徊的工夫,没有半点踌躇的余地。"②李大钊在此激发青年珍惜时间,从现在,从"此时"开始做起,不要等待,不要旁观。"鼓舞青春中华之运动,培植青春中华之根基,吾乃高撞自由之钟,以助其进行之勇气。"③

陈独秀与李大钊的新人生论是一种积极的、向上的、乐观的、革命的人生论,在新文化运动时期发生过重大的作用,影响了当时绝大多数年轻人的世界观或价值观。即便在当今社会,他们的人生论仍然具有不可磨灭的价值。

但我们必须注意的是,他们的人生论是以西学为基础,特别是受了当时在国内盛行的进化论思潮的支配。他们所理解的进化论的基本看法是,后来者居上,年轻人一定要胜过老年人,中国的希望寄托在年轻人身上。少年强则中国强,少年富则中国富,少年进步则中国进

---

① 李大钊:《今》,《李大钊全集》第二卷,第284页。
② 李大钊:《时》,《李大钊全集》第四卷,第452页。
③ 李大钊:《〈晨钟〉之使命》,《李大钊全集》第一卷,第329页。

步。梁启超的这一思想依然可以用来诠释新文化运动领袖人物的人生论的基调。于是,他们的结论也就是中国要发展、要进步就必须全盘否定传统的人生论。这一基本看法使新文化运动时期的领袖人物都将中国的希望寄予年轻人身上。所以陈独秀《青年杂志》(后改名为《新青年》)就是专为青年而创设的,他的发刊词"敬告青年"及《新青年》所登载的文章便清楚地表明了这一点。同样,李大钊的人生论思想也是专为青年建构的,所以他命名自己的思想为"青春哲学"。这一理念使新文化运动时期的领袖人物认为老辈的文明已经不合时代潮流,是过时的属于坟墓中的东西,所以必须打破。只有彻底打破传统的旧的东西,新的人生论才能真正成为时代的潮流,并进而引领中国逐渐走向独立、繁荣、富强。

于是,他们都着意排斥中国传统的人生论思想。用陈独秀的话讲就是"存其一,必废其一",两者之间水火不相容、冰炭不同器。不仅陈独秀、李大钊如此,细察新文化运动时期的其他人物如胡适、鲁迅等人也都持守这样的思想立场。

新文化运动时期出现这样的思想立场自有其复杂的原因。首先,西方社会自18世纪、19世纪以来已逐渐走上以社会化生产为主导的经济发展模式,民主、法制、科学、人权等不仅已深入人心,且已制度化。反观当时的中国仍处于传统的家庭生产模式之中,生产力低下,经济落后,大众尚不知民主、法制、科学、人权等究竟为何物。其次,西方凭借强权侵占、掠夺中国。1840年直至新文化运动时期的连年的对外战争中国均以惨败告终,割地赔款,逐渐沦为殖民地和半殖民地。再次,国内政局动荡,自戊戌变法后,在政体问题上争论不休,是维持传统的帝制,还是采取君主立宪的政体,或者是建立民主共和国。辛亥革命推翻了传统的皇权制度,建立了中华民国。但共和体制不久即遭遇颠覆。短短的民主共和之后即是两次短暂的帝制复辟运动。此外,自从西方各家各派思想涌进中国之后,对中国传统思想形成巨大的冲击,固有的文化传统或价值系统逐渐崩溃。新文化运动领袖人物的共识在于:西方文化的核心不在于他们的物质文明,而在于他们的价值系统或所谓的人生论。因此结论就是我们向西方文化学习,首要的是学习他们的包括民主、人权、科学在内的人生论。这种人生论对于中国来讲是新的,所以他们称之为新人生论。要引进、介绍、确立这种新的人生论,在他们看来,当然就要反对中国传统的人生论。同时这种思维模式得到了社会达尔文主义的支持,后者认为,后来者居上,凡是后来的均是进步的、革命的,凡是历史上固有的都是落后的、倒退的,需要全面颠覆。

在当时沉闷的中国思想界,《新青年》等杂志提出和宣传的这种新人生论迅速得到了广泛的传播,成为当时中国社会的启明星。人们认为在这样的新人生论的指引下,中国终究会走向独立、繁荣和富强。

细读《新青年》,我们会看到,新文化运动领袖人物尽管准确地把握了西方文化的核心,也基本上解决了中国向西方学什么的问题,但是他们对西方文化却缺乏深入系统的研究,比如对于民主、人权、科学等虽然有着基本的了解,但总的说来,他们文章中对此类问题的讨论缺乏深度和系统,没有能力做学理上的研究与分析。我们以陈独秀为例。陈独秀说过这样的话:"近代文明之特征,最足以变古之道,而使人心社会划然一新者,厥有三事:一曰人权说,一曰生物进化论,一曰社会主义,是也。"[①]如此解读西方近代文明显然是不准确的。甚至他们人生论中的某些提法,在今天看来,也显得过于偏颇、过于激进,也曾在当时及现代的社会中产生负面的作用。

二、 新人生论的提出与"打倒孔家店"

在新文化运动的领袖们看来,要在中国引进、宣传和确立上述的新人生论,必须全盘推翻、颠覆传统的人生论。当然中国传统的人生论是以儒家思想为代表的。正是由于这样的原因,批判儒家思想或打倒"孔家店"也就自然而然成了新文化运动的一个主要内容。

其实,批孔并不是从新文化运动开始的,自有儒家思想以来,历史

---

① 陈独秀:《法兰西人与近世文明》,《陈独秀著作选》第一卷,第136页。

上就不断出现过批孔的运动。但与历史上历次批孔运动不一样,新文化运动对儒家思想的批判应该说对儒家思想有着巨大的颠覆作用。

近代历史上,批孔与尊孔是相互消长的。之所以有新文化运动的批孔运动,是因为其前后也有着相当规模的尊孔运动。

如1912年在康有为的授意下,其弟子陈焕章等人成立"孔教会"。陈焕章等人上书参众两院,要求奉孔教为国教。黎元洪、冯国璋、张勋之流也积极配合,通电上书,鼓噪要尊崇孔教,速定孔教为国教,将其载入宪法,学校一律设立崇祠,行释奠之礼。此种形势激励了社会上的守旧势力,一时间社会上各种尊孔会社如孔教会、宗圣会、孔道会、洗心会、孔社、大成社纷纷成立,鼓吹尊孔读经的《不忍》《孔教会杂志》《孔社》等刊物也相继出版发行,春丁祀孔、秋丁祀孔、孔子诞辰纪念会和祀孟活动也在社会上推波助澜。

1915年8月14日,杨度、孙毓筠、刘师培、李燮和、胡瑛、严复六人组成"筹安会",通电各省,发表筹安会宣言,宣称:"我国辛亥革命之时,人民激于感情,但除种族障碍,未计政治进行,仓促制定共和国体,国情适否,未及三思。"中华民国成立后"国家所历危险,人民所感痛苦,举国上下,皆能言之。长此不图,祸将不已"。他们并且指出:"美之大政治家古德诺博士即言君主实较民主为优,中国尤不能不用君主国体。"①这就公开打出了复辟帝制的旗号。

为了助推袁世凯实现做皇帝的美梦,保皇守旧派真是无所不用其极,发起全国请愿联合会,于是全国上下五花八门的请愿团陆续出现,其成员既有王公遗老、政府官僚、将军、巡按使等,也有车夫游民,甚至乞丐、妓女也被组织起来,成立了乞丐请愿团、妓女请愿团。各路请愿团跪呈劝进表,请求袁世凯俯顺民意,早登皇位。

这种复辟帝制的荒唐丑陋的闹剧,自然引起全国上下的愤怒反抗和激烈批判。

袁世凯复辟帝制的活动虽然以失败告终,但是保皇派的活动并不

---

① 参见侯宜杰:《袁世凯传》,百花文艺出版社,2003年,第三十二、三十三、三十四章。

因此收敛。早在袁世凯的授意下,中华民国宪法草案第十九条中列了这样一个条目,"孔子教义应为国民教育养性之基础"。1916年秋国会在北京开会时,此一条目成了会议辩论的焦点。由于袁世凯彼时已经去世,很多议员能够自由地表达自己的意见,他们坚决反对将此一条目列入宪法之中。康有为对此深感不满,提出了强烈的抗议,当即给总统黎元洪、总理段祺瑞写了一封公开信,再次提议要将孔教定为国教。

针对康有为的尊孔言论,陈独秀马上做出反应,在1916年10月1日刊出的《新青年》第二卷第二号发表《驳康有为致总统总理书》予以批驳,坚决反对奉孔教为国教。他指出,在西方宗教已由隆盛逐渐衰微,教会仪式"尤所藐视",中国人本不重宗教,孔子的思想"绝无宗教之实质与仪式,是教化之教,非宗教之教",所以康有为妄图奉孔教为国教是"强欲平地生波,惑民诬孔,诚吴稚晖先生所谓'凿孔栽须者矣!'"他并且认为,信教自由"已为近代政治之定则",强迫信教,根本是行不通的。中国本无统一之信仰,除孔教外,尚有佛、道、耶、回之信仰,康有为奉孔教为国教,势必排斥上述各家信仰。陈独秀又进一步陈列国内大众反对袁世凯复辟帝制的种种事实以驳斥康有为。①

李大钊紧随其后,于1917年1月30日的《甲寅》日刊发表《孔子与宪法》一文。李大钊认为,孔子与宪法之间本来毫不相关,所以将孔子立于宪法为"怪诞之尤"的现象。为什么呢?

李大钊列举以下理由以说明自己的论点。

第一,孔子是数千年前的残骸枯骨,而"宪法者,现代国民之血气精神也。以数千年前之残骸枯骨,入于现代国民之血气精神所结晶之宪法,则其宪法将为陈腐死人之宪法,非我辈生人之宪法也;荒陵古墓中之宪法,非光天化日中之宪法也;护持偶像权威之宪法,非保障生民利益之宪法也"②。这样的宪法是孔子的纪念碑、孔子的墓志铭,而不

---

① 参见陈独秀:《驳康有为致总统总理书》,《陈独秀著作选》第一卷,第214—218页。
② 李大钊:《孔子与宪法》,《李大钊全集》第一卷,第423页。

是真正的宪法。

第二，孔子是历代帝王专制的护身符，宪法者，现代国民自由之证券也。专制不能容于自由，即孔子不当存于宪法。所以，将孔子立于宪法，是专制复活之先声也，宪法将不是解放人权之宪法也。

第三，孔子只是国民中一部分所谓孔子之徒者的圣人，宪法者，中华民国国民全体不问其信仰、不问其民族的共同信条。所以，将孔子立于宪法，此宪法将为一部分人之宪法，非国民全体之宪法；此为孔教徒之宪法，而不是国民全体的宪法。

第四，孔子的思想表述不是很清楚明确，是所谓"含混无界之辞也"。而宪法就不一样了，必须一文一字均有极明确清楚之意义，有"极强之效力者"。所以，将孔子之道立于宪法，不能普及于全国。将使人得不到确切的条文而遵循之。这样宪法也就自己失其效力①。

这一批判主要是从礼仪制度、习俗等方面入手，政治性较强，主要还不是学理方面深入的分析和研究。

李大钊虽然强烈反对将孔教立为国教，但他还是肯定了孔子在封建社会中的中枢作用，而全盘否定了孔子在现代社会中的作用。孔子或儒家传统与现代化之间的关系问题现在仍是一个热烈讨论着的问题。李大钊激烈地否定传统，是切实地感觉到了儒家思想在当时社会上压制人的独立自由民主的弊处，所以矫枉必须过正，在当时条件下，还不可能对儒家学说作公正、全面、深入的学理上的探讨。

陈独秀和李大钊反对立孔教为国教的思想在当时社会产生了广泛的影响。

其实《新青年》最早发表的反孔文章是易白沙撰写的《孔子平议》。此文分为上下两篇。上篇刊于《新青年》第一卷第六号（1916年2月15日），下篇刊于第二卷第一号（1916年9月1日）。

易白沙认为，当春秋之世，孔子代表的儒学虽为当时显学，也只不过是九家中的一家、诸子中的一子。秦始皇焚书坑儒，儒家遭遇厄运。

---

① 李大钊：《孔子与宪法》，《李大钊全集》第一卷，第424页。

但汉高祖震于儒家之威,鉴于秦始皇覆辙,不再敢溺乳冠,乃开始祀孔子以太牢。汉武帝时则百尺竿头更进一步,罢黜百家、独尊儒术,"利用孔子为傀儡,垄断天下之思想,使失其自由"。此后历史上尊孔越演越烈。于是"国家之风俗、人心、学问越见退落。"易白沙指出,此种尊孔为"滑稽之尊孔也"。孔子只是此类尊孔活动的傀儡,被后世的野心家所利用。孔子不得复生,所以不能对此负责。但孔子本人仍有其不得推脱之责任。为什么呢?易白沙接着揭秘孔子为何被后世野心家利用的诸多原因:

首先,孔子尊君权,漫无节制,易演变为君主专制主义。所以中国言君权者,设有两种限制的力量:一是天;另一个就是法。墨家主张前者,法家则倡言后者。但孔子的君权论没有任何限制,君就是天,民不可一日无君,犹不可一日无天。犹儒家言人治,不言法制。

其次,孔子讲学不许问难,所以容易演变成思想专制。易白沙指出,受诸子思想的影响,孔子弟子不免有所疑问,时有问难。然"孔子以先觉之圣,不为反复辨析是非,惟峻词拒绝其问。此不仅壅塞后学思想,即儒家自身学术,亦难阐发"。对于此点易白沙更举少正卯例子而批判孔子。少正卯曾讲学于鲁,孔子之门,曾三盈三虚,惟有颜回不去。孔子甚感威严扫地,故为大司寇仅仅七天,就利用自己的权势诛杀少正卯——"三日尸于朝,示威弟子,子贡诸人为之惶恐不安。因争教而起杀机,是诚专制之尤者矣!"①

复次,孔子思想表述不明确,易为人所利用。所以孟子说:孔子圣之时者也,可以仕则仕,可以止则止,可以久则久。"其立身行道,皆抱定一'时'字。教授门徒,亦因时、因地而异。"韩愈就指出了孔子思想的此一特点,说孔子必用墨子,墨子必用孔子,其原因在于,"孔子讲学没有绝对之主张",所以其言"节用、爱众,颇近墨家节用、兼爱之说。虽不答鬼神之问,又尝言祭鬼、祭神,颇近明鬼之说"。虽与道家思想

---

① 易白沙:《孔子平议》,丁守和主编:《中国近代启蒙思潮》中卷,社会科学文献出版社,1999年,第131—132页。

背趣,但孔子亦称不言之教,无为之治。孔子主张省刑,又言重罚;提倡忠君,又言不必死节。如此等等。通过上述诸端,易白沙确认,孔子"美其名曰中行,其实滑头主义耳!骑墙主义耳!……后世暴君假口于救国保民,侮辱天下、名节,皆持是义"①。

最后,孔子但重做官,不重谋食,易入民贼牢笼。君子谋道不谋食,学也禄在其中,是为儒门安身立命第一格言。儒家以道干政,不为当时君主所用。如此,孔子所谓的"禄在其中"的说法也就失去效用,忧贫生活也就在所难免。由于儒生既不屑耦耕,又不能捆屦织席,不能执守圉之器以待寇,不能制飞鸢车辖以取食,故儒家生机,全陷入危险之地,三月无君,也就惶惶不可终日。困于生计,儒生不得不落入民贼之牢笼。"流弊所趋,必演成哗世取宠,捐廉弃耻之风俗。"如因为尊叔孙通为圣人,"鲁诸生各得五百斤金"。于是,易白沙批判道:"彼去圣人之世犹未远也,贪鄙醒醒,以至于此,每况愈下,抑可知矣!"②

在上篇中,易白沙是从孔子及其儒家思想本身的缺点出发,指出儒家思想所以为历代野心家利用的缘由。

《孔子平议》下篇则从中国古代学术及当时世界学术潮流论说,指出若以孔子和儒家来统一古之文明,那么各家各派必将群起反对。如以孔子思想来网罗现代文明,则"印度、欧洲,一居南海,一居西海,风马牛不相及"。孔子和儒学所以不能够统一学术,是因为各家各派思想各有自己的系统,各有自己的特点和纲领。所以,在此学术背景之下,"孔子不得称为素王,只能谓之显学"。

在易白沙看来,孔子不可称为素王,是因为他的真正意愿是成为"真王"。孔子弟子以及孔子本人,及以后的孟子、荀子皆抱有帝王思想。不但如此,孔子及儒家还具有革命思想,且频频参与谋乱之活动。需要注意的是孔子及其弟子的革命思想和参与谋乱是公开的,因为"孔子的宏愿,诚欲统一学术、统一政治"。正因为如此,孔子及其儒家

---

① 易白沙:《孔子平议》,丁守和主编:《中国近代启蒙思潮》中卷,第133页。
② 同上书,第134页。

不需假借什么。因为他们处于专制积威之下,不得已而为之。后世民贼利用孔子实有悖于孔子之精神①。

易白沙的批孔仍然局限在中国传统思想之内,从孔子及儒家思想、从儒家思想与其他各派思想流派之间的异同出发,认为儒家思想不可能,也不应该定于一尊、一统天下。他也指出了儒家思想本身所具有的缺点使其频频为历代帝王所利用。他的批孔看不出受西方思想的影响,还尚未将西方的人生论思想自觉地与儒家思想对立起来。所以他的批孔模式仍然是中国思想史上批孔活动的延续,这就使他的批孔活动在当时没有产生很大的社会效应。但是他的文章却引起了四川一位学者吴虞的重视,后者将易白沙视为"同调",激起了自己对孔子及儒家思想传统的更为激烈深入的批判。

四川学者吴虞因为读了《新青年》上易白沙的文章而于1916年12月3日写信给陈独秀。在信中,他讲述自己对于孔子为代表的儒家思想传统强烈的批判性立场。他在信中说道:"读贵报《孔子平议》,谓自王充、李卓吾数君外,多抱孔子万能思想。不佞丙午游东京,曾有诗(题为《中夜不寐偶成》,载《饮冰室诗话》),注中多'非儒'之说。归蜀后,常以六经、《五礼通考》、《唐律疏义》、满清律例及诸史中'议礼'、'议狱'之文,与老、庄、孟德斯鸠、甄克斯、穆勒·约翰、斯宾塞、久保田随诸家之著作,及欧美各国宪法,民、刑法,比较对勘。十年来,粗有所见。拙撰《辛亥杂诗》(见《甲寅》七期)、《李卓吾别传》(见《进步》九卷三、四期),略有发挥。此外尚有《家族制度为专制主义之根据论》、《儒家大同之义本于老子说》、《儒家重礼之作用》、《儒家主张阶级制度之害》、《消极革命之老庄》、《读荀子》诸篇,其主张皆出王充、李卓吾之外。暇当依次录上,以求印证。不佞常委孔子自是当时之伟人,然欲坚执其学以笼罩天下后世,阻碍文化之发展,以扬专制之余焰,则不得不攻之者,势也。"②读吴虞来信后,陈独秀回信称吴虞为"蜀中名宿",

---

① 易白沙:《孔子平议》,丁守和主编:《中国近代启蒙思潮》中卷,第139页。
② 吴虞:《致陈独秀》,《吴虞集》,四川人民出版社,1985年,第385页。

希望吴虞能够将其批儒的文章"全数寄赐,分载《青年》、《甲寅》,嘉惠后学,诚盛事也"。对于吴虞的观点,陈独秀深表赞同,他申说道:"窃以无论何种学派,均不能定为一尊,以阻碍思想文化之自由发展。况儒术孔道,非无优点,而缺点正多。尤与近世文明社会绝不相容者,其一贯伦理政治之纲常阶级说也。此不攻破,吾国之政治、法律、社会道德,俱无由出黑暗而入光明。神州大气,腐秽蚀人,西望峨眉,远在天外,赞仰弗及,我劳如何。"①

遵陈独秀瞩,吴虞将其所写若干篇批孔文章悉数寄奉陈独秀。这些文章即是吴虞在给陈独秀信中所提及的那些文章。于是,自1917年2月1日《新青年》第二卷第六号发表吴虞的《家族制度为专制主义之根据论》文章后,《新青年》第三卷第一号、二号、三号、四号、五号连续6期发表了吴虞的《读〈荀子〉书后》《消极革命之老庄》《礼论》《儒家主张阶级制度之害》《儒家大同之义本于老子说》等文章。

《新青年》是新文化运动的指导刊物,在当时的思想界、文化界有着巨大的影响。《新青年》连续发表吴虞批判儒家、孔子的文章,推动了对于儒家思想的批判运动,使批判儒家、孔子的运动达到了一个新的高度,在全国产生了极大的影响。吴虞本人也因此名噪一时,成为当时几乎与陈独秀齐名的批孔"健将"。

1916年至1919年期间的《新青年》是当时深入、系统批判儒家思想、孔子思想的一个重要阵地。《新青年》的批孔、批儒家思想的文章使儒家思想传统遭遇了前所未有的创伤。1919年,《新青年》又掀起了一波新的批孔浪潮,当年的《新青年》第六卷第四号发表了鲁迅的小说《狂人日记》。鲁迅借狂人之口对中国传统儒家思想做了全面彻底的否定。他在小说中以狂人的身份说道:"古来时常吃人,我也还记得,可是不甚清楚。我翻开历史一查,这历史没有年代,歪歪斜斜的每页上都写着'仁义道德'几个字。我横竖睡不着,仔细看了半夜,才从字

---

① 陈独秀:《陈独秀复信》,《吴虞集》,第386页。

缝里看出字来,满本都写着两个字是'吃人!'"①仁义道德就是用来吃人的,中国是有了"四千年吃人履历"。人与人互相吃,"我未必无意中,不吃了我妹子的几片肉,现在也轮到我自己……没有吃过人的孩子,或者还有?救救孩子……"《狂人日记》是我国历史上第一篇猛烈抨击封建礼教"吃人"的小说。将传统伦理道德看成是具有"吃人"的性质确实是鲁迅的创造。鲁迅以辛辣、幽默和夸张的笔调对儒家思想无情而彻底的批判在当时社会上产生过巨大的影响。

受《狂人日记》的影响,吴虞写下《吃人与礼教》一文,对儒家思想作进一步的抨击。吴虞此文,并不是学理的分析和批判,而是列举历史事实,表明鲁迅所谓的"吃人"的说法自有其历史根据。

他举了一个历史事实。春秋时周襄王祭文王、武王之后,拿祭肉分给齐桓公,并说"齐侯年老了,就不必下拜了",就免了那套君臣之礼了吧。齐桓公感觉如此行事恐怕不行,就退而与管子商量。管子说:"如果照着周襄王的吩咐去做,不行旧礼,就变成了君不君、臣不臣,那会酿成大乱。"于是,齐桓公出而说道:"天子如天,鉴察不远,威严常在颜面之前,不敢不拜。"看来,齐桓公是很推崇礼数的,接受那么一小块祭肉尚不能苟且,要严格按照君君臣臣的纲常名教行事。但是,就是这位齐桓公却是吃人肉的。他曾对易牙说道:"惟蒸婴儿之未尝。"于是,易牙赶忙回家蒸其婴儿呈献给齐桓公吃。所以,你看齐桓公表面上推崇礼数,口口声声说着"诛不孝,无以妾为妻,敬老爱幼"等道德仁义的门面话,实际上却吃人肉。第二个历史故事是关于汉高帝刘邦的。当项羽要挟要杀他父亲的时候,他却无耻地说:"如果你杀了我父亲,别忘了分一份肉羹给我吃。"但当他当上皇帝之后,却重礼教,讲纲常,祭祀孔子。从这样两个故事,吴虞总结道:"原来我们中国吃人肉的风气,都是霸主之首、开国之君提倡下来的。你看高帝一面讲礼教,一面吃人肉,这类崇儒重道的礼教家,可怕不可怕呢?"②吴虞还讲了汉

---

① 鲁迅:《狂人日记》,《鲁迅全集》第一卷,人民文学出版社,1981年,第424—425页。
② 吴虞:《吃人与礼教》,《吴虞集》,第170页。

朝臧洪与唐朝张巡的事。太守张超请臧洪做郡功曹,后来曹操围张超于雍丘,臧洪认为自己的兵力不够,想从袁绍请兵。袁绍不答应,张超兵败,家族灭绝。臧洪由是与袁绍结怨。于是,袁绍兴兵包围了臧洪,城中粮绝,臧洪杀其爱妾,以食兵将。吴虞指出,臧洪不过是张超的功曹,按三纲的道理说起来,也没有该死的名义。如果臧洪真感念张超的知遇之恩,可以自己慷慨捐躯,一死了之,也就完了。"怎么自己想做义士,想身传图像,名垂后世,却把他人的生命拿来供自己的牺牲,杀死爱妾,以享兵将,把人当成狗屠呢?这样蹂躏人道,蔑视人格的东西,史家反称他为'壮烈',同人反亲慕他为'忠义',真是是非颠倒,黑白混淆了。"①至于唐朝的那个张巡更是有过之而无不及,当着三军杀其爱妾,以食军士。将士皆泣下,不忍食。越是自命忠义的人,吃人的胆子也就越大。

以上历史故事使吴虞得出如下的看法:"孔二先生的礼教讲到极点,就非杀人不成功,真是残酷极了!一部历史里面,讲道德仁义的人,时机一到,他就直接间接的都会吃起人肉来了。就是现在的人,或者也有没做过吃人的事,但他们想吃人,想咬你几口出气的心,总未必打扫得干干净净!……什么'文节公'呀、'忠烈公'呀,都是那些吃人的人设的圈套来诓骗我们的!我们如今应该明白了!吃人的就是讲礼教的,讲礼教的就是吃人的呀!"②

吴虞就这样将仁义道德或礼教与吃人紧密地联系在一起。从此,"吃人的礼教"在新文化运动时期不胫而走,其影响甚至扩展至海外,成为鼓励年轻人积极投身批判儒家思想、孔子思想运动的战斗口号。

胡适曾如斯评价吴虞在"打倒孔家店"运动中所起到的重要作用,他说道:"吴先生和我的朋友陈独秀是近年来攻击孔教最有力的两位健将。"③他称道吴虞为中国思想界的"一个清道夫",说:"他站在那望不尽头的长路上,眼睛里、嘴里、鼻子里、头颈里,都是那迷漫扑人的孔

---

① 吴虞:《吃人与礼教》,《吴虞集》,第170页。
② 同上书,第171页。
③ 胡适:《〈吴虞文录〉序》,《胡适文集》第2卷,第609页。

渣孔滓的尘土,他自己受不了,又不忍见那无数行人在那孔渣孔滓的尘雾里撞来撞去,撞得破头折脚。因此,他发愤做一个清道夫,常常挑着一担辛辛苦苦挑来的水,一勺一勺的洒向那孔尘迷漫的大街上。"①在新文化运动的领袖们看来,吴虞在批判儒家、孔子的文化运动中起了重大的作用,其功不可没。所以胡适称吴虞为"'四川省只手打孔家店'的老英雄"。

在吴虞看来,封建礼教是与中国传统的家族制度紧密联系在一起的。礼教的吃人本质实质上讲的就是礼教的专制本质。吴虞指出,孔子的礼教在历史上演变成为政治专制主义,两者是密切不可分的。而中国所以走上这类政治专制主义实与传统社会的宗法性、家族制度紧密相连。这样的认识导引吴虞对孔家店的抨击集中在孔教与专制主义的关系上。

他认为,天下有两大祸患,一是君主专制,另一便是教主专制。君主专制,钳制人的言论自由;而教主专制则禁锢人的思想。他指出,这两大祸患——君主专制与教主专制,在中国古代都走向了极端。"君主之专制,极于秦始皇之焚书坑儒,汉武帝之罢黜百家;教主之专制,极于孔子之诛少正卯,孟子之距杨、墨。"②所以为了主张言论自由、思想自由,吴虞愿"扣衣执鞭"而"鼓舞言论思想自由之风潮也"。

中国历史上的这种极端的专制主义实与传统社会的宗法性或家族制度不可分。吴虞对传统儒家经典《春秋》《荀子》《孝经》等做了详细的考察后,指出:孔子之学说,认孝为百行之本,所以孔子立教,也就自然而然莫不以孝为起点,故而"教"字从孝。"凡人未仕在家,则以事亲为孝;出仕在朝,则以事君为孝。能事亲、事君,乃可谓之为能立身,然后可以扬名于世。自事父推之事君长,皆能忠顺,则既可扬名,又可保禄位。"③

吴虞进一步认为,孝既为百行之本,于是,"孝乎惟孝,是亦为政",

---

① 胡适:《〈吴虞文录〉序》,《胡适文集》第2卷,第608页。
② 吴虞:《辨孟子辟杨墨之非》,《吴虞集》,第13页。
③ 吴虞:《家族制度为专制主义之根据论》,《吴虞集》,第62页。

家与国无分也;"求忠臣必于孝子之门",君与父无异也。"推而广之,则如《大戴记》所言:'居处不庄,非孝也;事君不忠,非孝也;莅官不敬,非孝也;朋友无信,非孝也;战阵无勇,非孝也',盖孝之范围,无所不包,家族制度之与专制政治,遂胶固而不可分析。而君主专制所以利用家族制度之故,则又以有子之言为最切实。有子曰:孝悌也者,为人之本。其为人也孝悌,而好犯上者鲜;不好犯上而好作乱者,未之有也。"①总之,儒家所主张的孝悌,在吴虞看来,是注定要导致政治上的专制主义,其结论就是"儒家以孝悌二字为两千年来专制政治与家族制度联结之根干,而不可动摇"②。

在此,我们必须注意到,吴虞虽然指出了孝悌与君主制相连,但他仍未清楚地表明,儒家所主张的家族制度和君主制度就是专制主义的,而只是指出此两者之间的关系。于是,吴虞必须提供理由说明孝悌必然导致政治上的君主专制主义。对之,吴虞论说道:"夫为人父止于慈,为人子止于孝,似平等矣;然为人子而不孝,则五刑之属三千,罪莫大于不孝;于父之不慈者,故无制裁也。君使臣以礼,臣事君以忠,似平等矣;然为人臣而不忠,则人臣无将,将而必诛;于君之无礼者,故无制裁也。是则儒家之主张,徒令宗法社会牵掣军国社会,使不完全发达也,其流毒诚不减于洪水猛兽矣。"③他的结论就是,儒家所主张的孝悌是"专为君亲长上而设",专门用来压抑卑贱者。

对于家族专制主义给卑贱者带来的苦痛,吴虞有着刻骨铭心的感同身受。母亲死后,吴虞与其父亲间的矛盾日趋激烈,其父品行不端,经常苛待吴虞一家。吴虞因其父的丑恶行为而与之发生冲突,于1910年的下半年达至极点。错误本在其父,但是他父亲却托书官府,诬告吴虞。此场父子间的冲突遂成为轰动成都"上流社会"的"家庭革命"的大事。虽经官府审断,理亏的是他父亲,但却遭到社会上"欲以孔孟之道来挽救人心来维持礼教的人们"的谴责,吴虞遂被社会指责为"非

---

① 吴虞:《家族制度为专制主义之根据论》,《吴虞集》,第62—63页。
② 同上书,第63页。
③ 同上书,第64页。

理非法"的"忤逆"子。在忍无可忍之下,吴虞于1910年11月写下《家庭苦趣》一文,油印散发,着意为自己辩解。当时的《蜀报》记者在"本省纪事"栏内也刊发了此文。吴虞因此又犯了家丑不可外扬之罪。时任四川教育总会会长的徐炯,特地召开会议申讨,并将吴虞逐出教育界。咨议局也进行纠举,呈请四川护理总督王人文予以逮捕。不得已,吴虞逃离成都避难,直至辛亥革命后始获自由①。经此迫害,吴虞更清楚地认识到,其父是"魔鬼",其"心术之坏","亦孔教之力使然也"。这一清醒的认识使他更坚定了对孔教和家族制度的批判。

吴虞之所以对孔教或孔家店做如此猛烈的抨击,家庭悲剧给其带来的巨大痛苦不能不说是一个重要的因素。

当然,吴虞对孔教的抨击也受了西方关于民主、自由、法制等方面思想的影响。吴虞1905年秋赴日本,入东京法政大学速成科学习,前后两年。正是在这两年中,吴虞比较全面地接触了西方思想,对于西方的宪法、民法、刑法、进化论、世界史、政治学、经济学等均有一定程度的涉猎。

西方思想资源是推动吴虞走上抨击孔教之路的一个因素,但是仔细阅读吴虞和陈独秀的批孔文章,我们会发现,二者之间还是有着不小的差异。陈独秀主要是将孔教放在与西方思想的对立面来进行抨击的。与之不同,吴虞则主要是在中国传统思想内寻找批判孔教的资源,其批判的路数总体上极其类似于墨家、道家、李卓吾等人对于孔教的批判。如他对家族专制主义与政治专制主义的批判主要仍停留在对儒家经典本身的分析与演绎。如此等等。

在批判儒家思想传统方面,吴虞与陈独秀之间的更大区别在于,批判儒家思想本身并不是陈独秀的终极目的,他批判儒家思想的真正目的是想要从西方引进和确立一种全新的人生论或价值论。而吴虞则不一样,他的抨击孔教客观上有利于新人生论的确立,但他本人并没有这样明确的目标,批判或颠覆孔教就是他的批判活动的全部目的。

---

① 参见吴虞:《家庭苦趣》,《吴虞集》,第18页。

三、 新文化运动的反思

顾名思义,新文化运动是一场关于文化的运动。到底怎么来评价这场运动是一个极其复杂的历史和理论问题。

评价新文化运动首先涉及的就是新文化运动与五四运动之间的关系。现在的学者往往将这两场运动都冠之以"五四运动"之名,甚至以"五四运动"指代新文化运动。应该承认,这种说法正确地看到了新文化运动与五四运动之间的联系,但却明显地忽视了它们之间性质上的差异。历史地看,新文化运动是一场文化建设运动,它以《新青年》创刊为序幕,而结束于1923年,其宗旨是要在国内引进、介绍、确立一种新的人生论。而"五四运动"则是爆发于1919年5月4日的反帝反封建的政治运动,其政治口号是"外争主权、内除国贼"。"五四运动"直接起因是1919年4月底中国在巴黎和会失败及1915年中国与日本签订二十一条不平等条约。总的说来,五四运动是一场政治运动。

新文化运动之后的相当长时期内,学者对于它都持一种积极肯定的态度。但20世纪90年代以来,曾有学者将新文化运动与"文化大革命"相提并论,且将这两场运动都归结为激进主义思潮引领的结果,对中国传统文化构成了极大的破坏。这样的看法也值得商榷。"文化大革命"严格说来不是一场文化建设运动,而是一场破坏文化的运动,或者说是一场由最高领导层授意发动、以"文化革命"名义进行而实质是破坏文化的政治运动;而新文化运动则是一场由平民知识分子发动的文化运动,虽对中国传统文化进行了猛烈的抨击,但其本意并不是纯粹的破坏,而是要在破坏的基础上重新确立一种以新人生论为主要内容的新文化,而且这两场革命所带来的历史结果也是截然不同的。

讨论新文化运动最为核心的问题在于,如何认清新文化运动的宗旨。我在前面已经反复申说,新文化运动的宗旨是要确立一种以民主、科学为基本内容的新人生论。如果这一点看法正确的话,那么接下来的问题就是,如何进一步看待人生论在文化系统中的地位,而这一问题究其实质涉及什么是文化、文化的核心是什么这样的关键问题,尤其究竟"什么是文化"的问题至今仍然争议很多。因此有必要在此专门讨论。

"文化"源自拉丁语 cultura 一词。这一词的含义颇丰,主要是指耕作、居住、练习等。耕作、练习、居住等是人为的行动。耕作、居住实际就是人类的创造,使人的生活方式与动物的区别开来了,从而使人类进入了文明社会。可见,文化是人的创造。对文化活动性质的此种认识使文化学家们对文化所下的定义突出了文化创造的主体性。比如最早给文化下定义的是文化人类学的创始人、英国学者爱德华·泰勒。在其《原始文化》(1871)中,他这样说道:"文化……是包含全部知识、信仰、艺术、道德、法律、风俗以及作为社会成员的人所掌握和接受的任何其他的才能和习惯的复合体。"这一对文化的定义大致包括以下几个部分:第一,文化包括知识、信仰、艺术、道德、法规等人的精神活动的创造物以及人作为社会成员所获得的种种能力和习惯;第二,文化是一个整体,而不是零碎的片段的杂凑和拼盘;第三,文化是后天习得的,不是先天具有的。凡是先天的就不属于文化,而是本能或叫自然的遗传。

泰勒定义的特色在于他重视人的内在的知识、信仰、艺术、道德等在文化中的重要作用。这一思想实际上已被后来所有的人类学家所认可。

泰勒的文化思想在后世产生了巨大的影响,他的文化定义也成为经典的定义。后来的人类学家也都是在他的文化定义的基础上进行研究和分析的,并且多有发展。比如美国人类学家克拉孔、克罗伯指出,那些外在可见的行为模式、器物、社会制度等也应该属于文化研究的范围,也应该是文化的研究对象,文化的定义应该将其包括在内。

于是,我们大致可以看到,"文化"一词有两个基本用法。一个是指"一个社群内的生活模式——有规则地一再发生的活动以及物质布局和社会布局",这些都是一个特定人类群体所特有的。**在这个意义上,文化是指那些可以被我们实际地经验观察到的现象领域,如行为模式、制度模式、器物等。**文化的另一个意义是指知识、艺术、价值或信仰的有组织的系统。一个民族用它们所拥有的知识、艺术、价值或信仰系统来指导他们的经验和行动，规约他们的行为，决定他们的选择。

"文化"一词的两种用法使得人类学家在研究文化现象的时候极有可能将实际进行的行为模式与决定行为模式的思想或动机的模式混为一谈，对文化做清晰的研究也就随之更为困难重重。因此后来的许多人类学家坚持要对文化的上述两种用法做出区分。

这种区分的实质就是将那些能够为我们直接观察到的经验现象比如行为模式、社会制度、器物与那些决定这些行为模式和社会制度的并且不易被人们直接观察到的观念性的模式区别开来。在这样的思想指导之下，人类学家普遍接受了这样的定义，**这就是文化专指观念性的东西，如知识、信仰、道德、艺术、法律等；而那些可以被我们直接观察到的经验事件或经验现象则被称之为社会**。如此，文化与社会也就被并列起来而分属两个不同的范畴了。

美国人类学家基辛的《文化人类学》(1976)一书采纳的就是这样的立场。他这样说道："我们将用'文化'一词指涉潜藏在一个民族的生活方式之下的共同的观念系统，指涉概念性设计和共同意义系统。如此定义的文化，指的是人们所学到的知识，而不是人们所做的事情或所制造的物品。"①我们可以清楚地看到，基辛对文化所下的这一定义，并无任何新意，而是对此前人类学家关于文化讨论的一个总结，将文化限定在决定外在行为模式的观念系统。外在的可直接观察的行为模式、器物等则被排斥在文化的范围之外。所以他接着说道："文化不是由我们能够直接观察、计算、度量的事物或事件组成，而是由共同的观念和意义组成的。"②

由上可知，当代人类学家所谓的"文化"指的就是观念系统，而不是指外在的可以直接观察、直接研究的行为模式。

那么可以直接观察和直接研究的行为模式又属于什么范畴呢？

---

① 〔美〕R. M. 基辛：《文化人类学》，甘华鸣等译，辽宁人民出版社，1988年，第32页。
② 同上书，第35页。

基辛认为,所有那些可以为我们直接观察和直接研究的行为模式和器物等是属于社会的。什么是社会?基辛指出:"一个社会就是以这种方式——通常借地域的隔离和共同的语言、文化——而与四邻的种群区别开来的一个种群。"①他在此所说的这种方式具有什么样的内容呢?基辛以荷匹印第安人(Hopi Indian)为例来说明什么是社会。他说:我们不能说荷匹印第安人是某种文化的成员,他们是一个种群(population)成员,可以在许多方面与邻近的种群区别开来;他们居住在分开的社区里,使用共同的语言,拥有相同的风俗,他们彼此之间相互作用,较之与外群人的相互作用更亲密而且更频繁。可见,他所谓的社会就是我们通常所说的民族。

上述的看法实质是将文化与社会并列起来,指出文化不是社会,社会也不是文化。因为这个原因,文化学家需要经常讨论文化与社会的关系,认为文化与社会是人类生活的两个方面。在他们看来,"社会"一词指的是我们可以实际地观察到的经验现象领域,是指那些可以观察到的围绕人的一切现象。而"文化"一词指的是观念的领域,属观念系统。这里所谓的观念系统的具体内容包括这样一些东西,知识、信仰、情感、价值观、法律等。显然具有上述内容的观念系统不是我们能够直接地观察到的,它们潜藏在生活于某一社区的人们生活方式背后。我们只能从他们的行为和行为的结果即所做的事情来推导他们可能具有哪些观念系统。

在人类学家们看来,文化与社会这两者之间文化是具有决定作用的。如果人类不先验地具有某种文化,那么他们的行为肯定是得不到说明的,或者说是没有什么意义可循的。比如挤眉弄眼这样的身体行动,如果不是有内在的心理内涵,它的意义是无法寻觅的。

我们现在需要考虑的问题是,第一,如果人类学家们主张文化决定社会的看法是正确的,同时他们认为社会是由行为模式和实际发生的事件组成的,且可以直接地被观察到,而文化是隐藏在行为模式背

---

① 〔美〕R.M.基辛:《文化·社会·个人》,第40页。

后的观念系统这一点也是没有问题的；但问题在于，如果文化决定社会，而我们研究文化又只能从我们能够观察到的经验现象出发，即从社会出发，那么我们能否从外在的行为模式和实际发生的事件来推导内在的知识、观点、价值系统呢？这似乎是一个无法解决的难题。因此将社会排斥在文化之外的观点是有问题的。第二，既然文化决定社会，社会决定于文化，也就是说这两者之间具有决定与被决定的关系。这种关系表明，它们之间不是并列的，而是一种隶属的关系，所以不能分开来进行研究。

将文化与社会并列起来的观点遭遇到的最大困难则是没有能力说明社会是如何形成的。社会不是先验地形成的，社会的形成是离不开种群的，但种群是形成社会的生理条件，而不是形成社会的全部条件。比如社会的形成离不开语言，而语言显然就是文化的；不但如此，所谓的风俗也应该是包含于文化内的。如果情形果真是这样的话，那么将文化与社会并列起来的观点是很值得商榷的。因为社会的许多因素本身就是文化的，社会本身就是文化的。

将文化与社会并列起来的人类学家都承认"我们在世界上所知道的并赋予意义的许多事物，根本就不属于物质世界，而是我们用'心灵之眼'创造出来的"。能够做到这一点，目前似乎只有人类。由于自己的创造性活动，他们也只能生活在自己创造的符号系统之内。人类是一种特殊的动物，他们不是直接地生活在物理世界之中，而是生活在自己创造的世界之中。从这个意义上，可以说，人类为自己创造的东西所包围。那么这里所谓人类所创造的东西究竟是指什么呢？经过加工的食物，建造的房屋，用于农业、工业等的生产工具，用于战争的坚船利炮；语言应该是人类的创造，在人类的生活中扮演着极为重要的角色；礼仪习惯，比如成人礼、婚礼、葬礼、加冕礼等社会习俗礼仪在社会生活中具有同样重要的意义；还有古代政治生活中的长子继承权、家庭生活中的一夫多妻制或现代社会的一夫一妻制、民主政治制度等就是所谓人类自己创造的东西。以上仅仅是简单列举所谓人类创造物件，当然人类创造的不仅仅是这些。全面地罗列人类所创造的一切不是我们的目的,我们的目的是要明确寻找人类所创造的这一切所具有的共同性质,即它们既是文化的,也是社会的。

上述的分析告诉我们,人类所创造的一切统称为"文化",将文化与社会并列起来是不妥当的。因此我所谓的"文化"当然也是将社会包括在内的。

但必须明确的是,文化的核心依然是信仰、艺术、道德、知识、法律、风俗等观念性的因素,这些因素在文化中起着决定性的作用。这应该是人类学家们的共识。

上面关于文化定义的分析表明,人生论确实在每一个文化系统中都占据着核心的位置,对于历史、文化、社会的发展发挥着至关重要的作用。由此,我们可以进一步断定,陈独秀关于中国人对于西方文化的认识历史的分析是正确的。他超越了仅仅将西方文化归结为物质文明、制度文明的浅薄看法。因为显然物质文明、制度文明在文化中并不具有决定性的作用。那些坚持从文化的外在层面观照中西文化关系的人已经历史地将中国引领上了一条只注重实用技术的路径。陈独秀却正确地指出,文化的核心应该是人生论。正是出于这样的认识,所以他于1915年创办《青年杂志》,目的在于协助中国青年重建思想和陶冶人格。批判现实政治不是杂志的任务,其根本宗旨在于以转变人的道德信念、确立新的人生论来促进思想或文化的变革,尤其是道德的变革,所以他反复申说"伦理觉悟为吾人最后之觉悟"。在他看来,没有一场彻底的思想革命或道德革命,其他一切的变革都将无济于事,是不可能取得成功的。即便成功了,也不可能持久。他看到了中国社会当时最为需要的,也是最为迫切、最根本的变革不是政治制度的变革,也不是经济领域的改革,而是"根本思想"的转变。因此结论便是,要真正使腐败落后的中国走向繁荣富强,首要的只能是彻底改变中国人的世界观、人生观,完全重建中国人的意识世界。这就是思想革命、道德革命优先的思想。只有完成了这一思想革命,中国的政治制度、经济建设才有望获得快速的发展。从上述的分析中,我们可以得知,陈独秀正确地认识了中国到底向西方文化学习什么的根本问题,他发动新文化运动的宗旨就是提倡和确立一种新人生论。现在看,陈独秀新文化运动提出的目标并未完全实现,民主化的建设仍然在途程之中,科学精神还有待于普及。他所积极提倡的新人生论即便在当下也未得到普及。

陈独秀思想革命优先的看法有着先见之明。不先行思想革命,没有民主、自由、科学、独立、法制、责任等意识的人从事单纯的经济建设会给社会带来无穷的问题,导致权钱结合的变相官僚资本,形成财富分配的极不公平现象,加剧社会矛盾,导致生态环境的急剧恶化。

还应该肯定的是,陈独秀所提倡的新人生论不仅在当时产生过巨大的影响,现在我们仍然可以清晰地感受到这一影响的历史延续性。他对现代社会的理解基本上也是正确的。他认为现代社会应该具有的那些因素,如民主、人权、法治、科学、独立的人格等几乎已成为具有普适性的价值取向。可以说,缺乏或部分地缺乏这些因素的社会都没有资格被称之为现代意义上的社会。

同时,我们也应该看到,陈独秀虽然正确地认识到新人生论是西方文化的核心,但是他却不能够正确地解决中西文化的关系问题,他将中西文化截然对立起来,认为要引进和确立新人生论就必须全盘地颠覆中国传统的文化,尤其是要彻底地推倒儒家思想传统,这就表明他对文化性质的理解存在着极大的误解。首先,他没有清楚地意识到,西方的新人生论虽然适合于现代社会,但这样的人生论一旦引进中国本土也就必须嫁接在中国传统文化的根茎之上才有可能生存、滋长、繁荣。没有了中国文化固有的实体,任何优秀的文化都是不可能生根开花的。其次,文化本身就是在漫长历史过程中人类的创造,具有客观实在性。人是创造文化的主体,但是人也必然处在一定的文化系统内才有可能从事创造性的活动。任何人都不可能随意脱离自己所处的文化系统。这一道理同样适用于陈独秀。当陈独秀猛烈地抨击中国传统儒家思想的时候,他本人也恰恰生活在这样的传统之中,他的言论与行动也带有明显的儒家传统的痕迹。

陈独秀、吴虞等人在《新青年》上所发动的对儒家思想传统的猛烈抨击在客观上激发了儒家思想重新崛起。如梁漱溟就是在《新青年》反孔声浪中异军突起的,感觉自己的使命即是要在新的历史条件下讲明儒家思想的价值及其意义。尽管如此,他也受到了新文化运动的深刻影响。这种影响表现在,首先,他肯定了民主与科学的价值,指出中国对之必须全盘承受,并且根本改过,就是对其态度要改一改,要批评地把中国原来的态度重新拿出来。在梁漱溟看来,这种全盘承受科学与民主在当时是不可避免的,因为人类面临第一问题亦即在迫切要解决人的物质生活时必须如此。舍此就断难生存在这个充满着激烈竞争的世界上。但是在他看来,这样的全盘承受也仅仅是权宜之计,不得已而为之。一旦人与自然之间的问题解决后,人与人之间的关系问题就凸显出来,那时候人类也就必然要拿起我们的孔家文化,来处理或解决人与人之间的种种关系或矛盾。总之,在梁漱溟看来,西方的科学与民主并不是人类的终极目标,而只是当时我们所不得不要借用的工具。

其次,梁漱溟在中西文化关系的态度上与陈独秀不同。陈独秀是将中西文化截然对立起来,认为"存其一必废其一"。陈独秀的这一思维模式促使梁漱溟不得不考虑启用另一种模式来思考和研究中西文化关系问题。思考的结果就是他所谓的文化三路向说,就是中西文化并不是截然对立、水火不相容的,而是各走各的道,相互之间没有优劣短长之分。

再次,梁漱溟认为虽然中国未曾产生民主与科学,但是中国文化自有其长处,将来的世界必定要走上儒家思想的路径。

对儒家思想传统的抨击也为马克思主义思想在中国的传播创造了条件。19世纪以来,马克思的思想在中国就有零星的介绍。20世纪出版了几部社会主义著作,皆由日文翻译。国人较有系统地介绍马克思的思想,始于孙中山的信徒朱执信的《德意志社会革命家小传》,该文发表在日本东京创刊的《民报》第2号,时间是1906年;但直至民国初年,马克思主义思想的流传仍非常有限。马克思的思想在中国知识界,尤其是对知识青年产生巨大影响,是从《新青年》开始的:1919年

5月,李大钊推出"马克思主义研究专号";1920年9月,《新青年》新辟"俄罗斯研究"专栏。

李大钊策划的专号,十月革命的影响,废除不平等条约的诉求,1918年马克思百年诞辰,加上"五四运动"的爆发,形成了马克思主义传播的极佳时机。

陈独秀积极地以西学抨击儒家思想传统,所以他主编的《新青年》自然也就自觉地以弘扬西学为其宗旨,从而激发了对西学深入系统的介绍和研究。可以说,对西学做有计划的介绍和宣传始于《新青年》杂志,如对西方哲学的宣传介绍有杜威专号、罗素的专栏,此外还有叔本华哲学(一卷四号,1915年)、赫克尔(黑格尔)之一元哲学(二卷二号、三号、四号、五号,1916年,马君武摘译)、柏格森哲学(四卷二号,1918年2月15日)、尼采的宗教哲学(四卷五号,1918年5月5日)、斯宾塞尔的政治哲学(六卷三号,1919年3月15日)、实验主义(胡适撰,六卷四号,1919年4月15日)、杜威讲演录(七卷二、三、四号,八卷一号)、罗素思想(七卷四号,1920年有介绍,八卷二号有六篇文章是关于罗素的,同卷三号也有六篇是关于罗素的,同卷四号有三篇,五号有一篇),还有关于无政府主义的介绍等。关于西方文学的介绍则有王尔德、托尔斯泰、屠格涅夫、拜伦、陀思妥耶夫斯基、易卜生、安徒生,罗丹等。

第三节 从思维方式上审视儒学传统与现代生活张力之化解可能

一、新人生论与思维方式

"西方思维方式"主要是指源于古希腊、罗马,后延续发展到意大利、英国、法国、德国、美国等西方国家或地区的思维模式。显然这一概念不甚清晰。同样,"中国思维方式"也有相似的问题。要在这样的模糊概念下讨论思维方式的异同基本是不可行的。有鉴于此,本文所论的思维方式主要局限在学术圈内,而不涉及一般社会大众的思维方式。而这里所谓的学术圈内文化精英的思维方式也主要依据流传下来的经典学术著作,如哲学的、科学的等,而不涉及其他如文学等领域的著述。

本书的核心观点在于论证,思维方式在漫长的各民族文化发展的过程中,尤其是在现代历史的过程中起着核心的或引导的作用。

一般而言,从外往里划分,文化包含如下几个要素,即外在可见的器物、行为模式,社会制度和内在的观念这样几个要素。上述的文化三要素之间固然有着相互的影响,但从漫长的历史演变的过程,尤其是从近代以来的工业革命开启的现代社会的变迁史,我们可以清楚地看到,器物和行为模式是外层的要素,它们持续地受制于社会制度和内在的观念要素。而社会制度与包括思维方式、价值理念等在内的观念两个要素中,后者起着更为重要的决定性的作用。

中国传统文化自与西方文化接触后,始终处于被动落后的历史困境的一个主要原因就是,我们民族的思维方式在长期的历史发展过程中一直处于笼统而模糊不清的状态之中,至今也很难说有自己明确、系统、有效的哲学的或科学的论证的方法理论。更令人遗憾的是,自与西方文化接触后的几百年中很少有学者深入而系统地认识到这一点。我们总是一厢情愿地从外在的器物、社会制度层面入手来看中西文化之间的差异及其相互间的交流与发展,而缺乏本文上述的文化学的立场来更深入地从事中西文化的交流和比较研究,这就给我们国家一百多年来的现代化进程带来诸多的历史困境。

1840 年鸦片战争的失败使我们的前辈只从现象层面着眼,认为在物质层面西方人占有明显的优势,而我们的传统文化及体制自有其优越性。张之洞的"中体西用"说就是这一观点的代表。于是不久后我们开始了所谓的"洋务运动"。"洋务运动"的实质就是在器物层面极力提倡西化。洋务运动的提倡者根本就不懂得现代化的器物背后所需要的制度和观念层面的要素。

洋务运动要早于日本的明治维新七年左右,持续了约三十多年。但不幸的是,在甲午战争中,作为老师的中国却沉痛地败给了自己曾经的学生日本。战争的失败使国人陷入深深的悲痛之中。"四万万人齐下泪,天涯何处是神州?"痛定思痛之后,国人清楚地意识到器物层面背后的自己的社会制度等方面有着更为严重的问题,开始意识到我们传统的社会政治管理制度急需借鉴西方的相关思想及其制度来进行现代化的变革。这就催生了戊戌变法运动。遗憾的是,戊戌变法运动过早地夭折了。失败的原因很多,但关键的一点似乎是,我们制度层面的现代化似乎完全缺乏这一领域改革所需要的新的人生和价值观念。这就是说,外在层面的现代化运动需要内在的思想和价值观念的支撑。没有现代性的支撑,现代化的建设或迟或早会流产或夭折。

新文化运动的历史意义在于介绍和引进了一种对于中国传统文化而言完全是新的人生论。在1915年9月15日创刊的《青年杂志》发刊词《敬告青年》一文中,陈独秀便积极倡导自主的、进步的、进取的、科学的人生观。大致说来,陈独秀所倡导的此种人生论实质上便是现代社会所需要的基本的人的品性,是现代社会真正的基础。

新人生论的核心其实就是一种新的思维方式。对之虽然没有明确系统的阐述,陈独秀本人还是提出了他所说的科学主要就是指的科学方法,而自主的或独立的人生观也恰恰正是科学思维所急需的独立而不依傍他人的思想品性。他将西方的科学方法与在中国历史上盛行的想象作了明确的对比,指出科学就是"对于事物之概念,综合客观之现象,诉之主观之理性而不矛盾之谓也"。而所谓想象则是"既超脱客观之现象,复抛弃主观之理性,凭空构造,有假定而无实证,不可以人间已有之智灵,明其理由,道其法则者也"。在他看来,西方现代文化历史进程基本是由科学及其方法引导着不断发展和进步的。但当时的中国文化界盛行的仍然是与科学截然不同的想象。在古代"蒙昧之世",想象盛行还是可以理解的。但在现代社会中仍然持续着想象的东西,不知科学及其方法为何物,那我们就只能成为"当今浅化之民"了①。不懂科学及其方法的"浅化之民"只能因袭"阴阳家符瑞五行之说,惑世诬民;地气风水之谈,乞灵枯骨"。他更举例论说不懂科学的危害:"医不知科学,既不解人身之构造,复不事药性之分析,菌毒传染,更无闻焉;惟知附会五行生克寒热阴阳之说,袭古方以投药饵,其术殆与矢人同科;其想象之最神奇者,莫如气之一说;其说且通于力士羽流之术;试遍索宇宙间,诚不知此气之果为何物也!"②

站在现代社会的角度来审视,我们不得不说,陈独秀关于中西文化思维方式差异的比较大体是正确的。他看到了中国传统文化的思维方式大大地不同于西方盛行的科学方法。在他看来,中国人若"欲脱蒙昧时代,羞为浅化之民",就应该急起直追,积极推进和普及科学知识及其思维方法。

从文化学的立场来审视陈独秀的新人生论,我们不得不说,陈独秀看到了中西文化之间的本质性差异。用现代的话语来说,就是器物、行为模式和社会制度的现代化本质上是决定于现代性的。而现代性的核心要素即是人的理性思辨能力。此种理性思辨能力是与科学及其方法紧密相连的。从此着眼,我们不得不说,陈独秀提倡的新人生论远较晚清直至新文化运动前的学者更深远和更透彻。

但我们又不得不承认,陈独秀本人对于科学及其方法毕竟没有深入和系统的研究,在述说其新人生论的时候,对于科学思维模式也只是一笔带过。且他的相关思想也主要是间接地从日本引进的。

本书试图从现代性的角度进一步分析和研究表现在中、西相关经典著作中的思维方式的异同,试图为中国未来文化的发展提出些或许有益的建议。

二、传统思想之思维方式审视

自与西方文化接触之后,尤其是第一次世界大战之后,中国有无

---

① 陈独秀:《敬告青年》,《陈独秀著作选》第一卷,第162页。
② 同上。

科学这一话题曾经是国内外学界关心和讨论的热门话题。显然,要讨论中国究竟有无科学,首先要弄清楚什么是科学这一重要问题。由于具体深入地讨论这一重要问题不是本文的任务,我们还是走一条捷径,先直接地看一下著名科学家爱因斯坦对什么是科学这一问题的简明表述。1953年在给美国科学史家斯威策的一封回信中,爱因斯坦以下述简明的语言来描述他所谓科学的含义:"西方科学的发展是以两个伟大的成就为基础,那就是:希腊哲学家发明形式逻辑体系(在欧几里得几何学中),以及通过系统的实验发现有可能找出因果关系(在文艺复兴时期)。"[①]爱因斯坦所说的科学包含两个要素,第一个要素就是思维的科学(science),第二个要素就是技术(technology)。此处所说的技术即是实验技术。一般说来,实验技术必须以第一个要素即科学为基础或指导。而科学的主要含义即是指系统的知识理论或学问。实验技术涉及的问题不是本书讨论的话题,我们关心的是爱因斯坦所说的科学的第一个要素即知识理论。知识理论是对于明确的话题或对象经过讨论或论证后形成的有系统或结构性的信念体系。如果认同了科学的这一特征的话,那么结论也就必然是中国古代确实没有能够形成关于科学知识的理论体系。

我们在此要讨论的一个重要问题是,为什么中国古代没有形成科学或知识理论体系?比较简洁清楚的回答是,中国文化的传统思维方式没有蕴含科学尤其是现代科学所需要的基本要素。下文将简洁地论述形成科学知识理论体系需要哪些基本的要素。

要形成特定的知识理论或科学知识理论体系,必须将思考对象聚焦在具有明确特性的对象身上。如果仅仅满足于笼统模糊的思维方式是不可能得到相关的知识理论或科学知识理论体系的。当前我们的中等及高等教育机构面临的紧迫任务就是必须首先改变我们传统的思维方式。我们传统文化中的"天人合一""知行合一""和而不同"

[①] 〔德〕爱因斯坦:《西方科学的基础和中国古代的发明》,《爱因斯坦文集》第一卷,第574页。

等命题固然有其合理的意义,但却不免过于笼统和模糊,对之绝对不可能形成相应的知识理论体系。记得2004年9月3日著名科学家杨振宁在人民大会堂曾经做过题为《〈易经〉对中华文化的影响》的演讲。演讲的核心内容是"近代科学为何没在中国萌芽"。杨振宁认为,近代科学之所以没有在中国萌芽是因为:1.中国的传统是入世而不是出世的,换句话说就是比较注重实际,不注重抽象的理论架构;2.科举制度;3.认为技术不重要,认为技术是"奇技淫巧";4.中国传统里没有推演式的思维方法;5.天人合一的观念。然后他重点分析了"天人合一"的观念与现代科学观念之间的差异。他说:"中华文化圈,很早就有'天人合一'的观念,比如天人一物、理一分殊。《易经》中每一卦都包含人道、地道与人道,也就是说,天的规律跟人世的规律是一回事,所以受早年易经思维方式的影响,把自然跟人归纳成同一理。我们知道王阳明'格'竹子的故事,是要用人世间的理追求自然界的理,这样当然'格'不出近代科学。近代科学的一个特点就是要摆脱掉'天人合一'这一观念,承认人世间有人世间的规律,有人世间复杂的现象,自然界有自然界的复杂现象,这两者是两回事,不要把它们合在一起。"①

任何一个知识理论体系都是针对相对明确的问题或研究对象的,如关于自然的,关于社会的,关于人文的。严格说来,这三类的划分也过于宽泛,对之也同样不可能形成知识理论体系。思想演变的历史清楚地表明,人类具有关于数学、物理学、化学、天文学等自然科学的知识理论体系。而数学的知识理论体系在后来的发展历程中也在继续明确其研究对象,有几何学、代数学等更为细致的划分。同样的,社会科学和人文科学也有自己的相对明确的问题或研究对象,如人文科学领域中的伦理学、美学、逻辑学、艺术学、历史学、语言学等。我们可以清晰地看到,上述各类学科都有自己明确的问题或研究对象,因此学科之间也就有着明确的界限。细察历史我们就可以知道,上面提到的

---

① 杨振宁:《〈易经〉对中华文化的影响》,《自然杂志》,2005年第1期。

那些学科的创立者都是西方人。更为令人焦虑的历史事实是，自与西方文化接触以来，几百年历史中，我们连续不断地丢失自己的话语权。目前不少学者在大声疾呼要抢回话语权。但问题的实质是，我们究竟依靠什么才能抢回自己的话语权？更为重要的是，我们必须首先要明白究竟什么才是话语权？对于这样重要的问题，我们不去进一步地追究，又凭借什么去争抢话语权呢？

根据上述的讨论，我们能清楚地看到，所谓的话语权就是在分科治学的基础上建立起来的系统严密的知识理论体系。我们有了关于某类问题或研究领域的知识理论体系，也就自然而然具有了话语权。如在心理学或美学等研究领域，我们形成了远较其他国家或地区相关领域的学者更系统圆满的理论体系，我们也就有了自己的话语权。如此等等。反过来讲，如果我们没有能力形成关于各类问题的知识理论体系，我们也就没有在相关领域内的话语权。接下来的问题也就很明确，我们所以丢失话语权的原因在于我们自古以来就没有明确或相对明确的问题意识或研究对象，长期以来始终迷失于模糊笼统的思维方式之中，满足于纠缠在那些高大上的口号或标语上。

要有明确的研究对象和明确的问题意识，我们就必须有某种相应的最基本的思维方法。这一思维方法首先的要求就是对所使用的概念下明确的定义。比如你要研究关于社会的相关问题，那你首先必须对作为研究对象的"社会"下一个明确的定义，然后才能继续进行后续的研究程序，否则绝无可能。当然任何研究方法都有各自的局限，下定义的方法也自有其不足之处，毕竟任何一个定义都不可能穷尽研究对象的所有性质。但在认识的历史过程中我们可以不断走向更明确、更清晰的目标。这就是进步和发展。于此，我们的结论就是，必须要能够揭示出对象的本质属性，我们才有可能对之做有效而明确的深入系统的研究。

根据上述的讨论和分析，为了促进我国知识理论体系的创立与发展，我们必须引导学者和学生将自己有限的人生用来思考和讨论那些相对明确的问题或研究对象，而不能够埋没在模糊笼统的思维模式之中。与此紧密相关的问题是,延续几千年的教育目标也得做相应的调整。我们的教育历来重视书本的阅读和疏解,强调读书要破万卷。从小时起,读书、背书就占去了年轻人的绝大部分时间。其实这是对教育目标的根本曲解。读书不应成为教育的根本目的。历史地看,经典阅读的目的只是为了让我们站在古往今来伟人的肩上去系统地思考、严密地讨论和较为全面地解决我们自己面临的人生问题、社会问题及其他种种问题。所以我们要重视培养学生对各种问题的强烈兴趣和讨论思考的能力,而不只是熟读和死记经典。

从上述的讨论中,我们自然就会得出如下的结论,即只有明确的问题意识或研究对象才能在学术研究的历史上导致分科治学的研究模式的出现。因为能够对之做具体讨论的问题只能是明确而清晰的,学术研究只能是关于自然或社会或人文的某一方面的或某一个对象的研究。不同的问题之间有着明确的界限,针对不同的问题必须有与之相应的学科来进行讨论研究。这样的分科治学的学术研究模式几乎与我们传统文化历史毫无瓜葛。因为在历史上我们就从未有过关于明确具体问题或研究对象的意识与方法,而只是满足徘徊于模糊而笼统的现象,永远停留在持续不断地发挥自己的充满诗意的散文式的想象。追溯学术发展与进步的历史,我们可以看到分科治学的传统诞生于古希腊雅典城邦中的柏拉图学园。《柏拉图对话集》中的每一篇都几乎集中讨论某一个明确的问题。如《泰阿泰德篇》集中讨论的是"什么是知识?"这一对话篇幅长达四五万汉字;《美诺篇》则讨论"美德是否是知识?"如此等等。亚里士多德则百尺竿头更进一步,确立了明确的分科治学的学术研究模式。一部《亚里士多德全集》就包含了逻辑学、政治学、伦理学、物理学、形而上学、诗学、动物学、植物学等学科。学术发展的历史明确地告诉我们,正是分科治学的研究模式极大地促进了自然科学、社会科学与人文学科的发展、进步与繁荣。遗憾的是,我们的传统文化却没有产生这样的分科治学的学术研究模式,这也就是为什么我们的文化系统内根本不可能形成经得起哪怕最基本的论证或诘难的知识理论体系。

应该说，明确清晰的问题在人类的认识历史中所占的比例不是很大，毕竟还有更多的模糊不清的认识对象是迄今我们无法解释或认识的。但是我们却不能不看到这样的历史事实，即近代以来几百年的人类文明的进步与发展都是奠基于各种各类的知识理论系统的不断创新和持续发展。由于仍然满足于传统模糊笼统的思维模式，更多的是出于民族情感的需求，在以分科治学为主要研究和教学模式的中国大学内出现了分科治学与国学并存的现象。中国学或国学有自己存在的理由，但它们不是严格意义上的学术研究。因为中国学或国学缺乏最起码的明确清晰的定义或研究对象，更没有可以用来操作的具体的学术流程或系统、有效、合理的思想方法理论，而仅仅满足于经典的解读与注疏。

以分科治学为主的现代大学主要是学理性的研究和教学机构。这里所谓的学理性的基本含义就是指以分科治学为前提而形成的知识理论体系的研究。当然分科治学也有其不可避免的局限。我们生活于其中的世界的各个不同方面有着密切的关系，因此必须积极提倡跨学科的交流，以弥补分科治学的不足或弊端。这一学术研究的趋势也给提倡或推行中国学或国学的学者提供了理由。他们认为中国学或国学能够弥补分科治学的不足，为跨学科交流提供平台。在此不得不指出的是，他们这样的看法是错误的。他们不明白，学术研究的基本立场仍然是明确清晰的问题或研究对象，尽管这样的研究视角有其不足，所以我们需要从跨学科的视角来重新审视以前对问题或对象所得出的研究结论。但这样的跨学科交流的基础依旧是分科治学的研究模式。如心理学就与脑科学或生命科学等密切相关。没有后者作为基础，心理学就不免流于文学般的想象。我们将在后面论述跨学科交流所涉及的种种问题。

三、 对话与问答：经典比较与思维方式歧异

学术发展的历史清楚地告诉我们，只有对那些相对明确的问题或研究对象，我们才有可能进行系统明确有效的论证。模糊笼统的口号

或标语只能被无情地排除在论证或讨论的范围之外。而历史也明确地表明,只有经过了严格有效论证的思想或信念才能转化为知识理论。近代以来的产业革命也极其清楚地告诉了我们这样一个不争的历史事实,即只有经过了系统有效论证的知识理论才有可能进入实验阶段。正是借助于实验技术的成功,相关的知识理论也就转化为技术产品,如蒸汽机、内燃机、飞机、电脑、手机等。这些产品是现代人的生活不可须臾而离的,极大地改变了我们的生活方式。同样的,社会的改造、进步也奠基于经过严密论证的社会政治方面的知识理论体系,而不能仅仅凭借几句口号或标语,尤其是复杂的社会系统的改造更需要有相关的知识理论体系的引导。

要对问题或对象进行论证或讨论,我们就必须有一定的思想工具。这一思想工具用亚里士多德的话说就是所谓的逻辑学。逻辑学主要就是研究推理系统的工具。也正是在这样的意义上,他将自己的逻辑学著作称之为"工具论"。思想必须有工具。当然,光有工具不行,还必须有关于思想工具的系统理论。亚里士多德一生中研究过不少的问题,如关于伦理的、政治的、逻辑的、物理学的等。可以看到,亚里士多德对之进行论证或研究的问题或对象都具有相对明确的领域。比如他就将政治学研究的问题与伦理学研究的问题明确地区分开来,认为它们分属两个不同的研究领域。这就与我们历史上的思想家孟子大不一样。后者试图从性善推出仁政。性善显然是属于伦理学研究的对象,而仁政却落在了政治学研究的领域。可见在孟子的思想里没有亚里士多德的分科治学的思想视野。既然没有明确的问题意识或研究对象,其结果也就必然将有着一定联系的两个或更多的对象纠结在一起,自然也就不可能有严密的思维方法为其进行论证。我们可以清晰地看到,我们的传统文化真正缺乏的就是亚里士多德所说的可以用来进行严格论证的思想工具,随之我们也就没有对思想或信念进行系统论证和严密推导的思想传统。于是,在我们传统文化的经典中概念不明确、判断不恰当、推理缺乏有效性的现象几乎随处可见。

论证的目的就是为讨论问题的过程及其答案做有效、合理而系统的证明。针对问题提出的答案的合理与否取决于论证过程的合理性及其有效性,和参与讨论的学者的经济的政治的社会的地位等毫无瓜葛。不因为你是老师或圣人或领导或家长,我就得无条件地听从你,就得完全地服从你,就得俯首称臣。我们不得不承认,这样的对话完全是理性的、客观的、平等的。这样的对话才是真正意义上的学术性的对话。正是这样的对话在历史上推动了知识理论体系的不断进步和持续创新。在此,我们可以以《柏拉图对话集》中苏格拉底与学生的对话与《论语》中孔子与学生的对话为例,来看看这两类对话之间的本质性差异。

苏格拉底明确地认定自己在思想论辩过程中的角色就只是一位"精神助产士"。比如他在与学生讨论问题时从不主动提供什么固定的答案,而是鼓励学生先就某一问题提出自己的看法,然后他就学生的看法提出自己的质疑或诘难,以便让学生进一步思考后再提出自己的看法。我们看《柏拉图对话集》中的对话过程都很漫长,我们希望看到的那些结论往往却很难找到。其实,我们所需要的结论或答案就在这样冗长的对话过程中。应该注意到的是,他们这样的对话过程并不只是碎片的拼凑,而是遵循严格的论证方法而形成的。这一方法便是写在柏拉图学园门口的"不懂几何学者请勿入内"的"几何学"。几何学就是一门严格而系统的论证或推导的方法理论。结论就蕴含在合理、严谨、有效的推导或论证的过程之中。

而《论语》中的对话却与之完全不一样。学生的职责只是问,然后孔子直接给出自己的答案。如弟子颜渊问其师什么是"仁"。孔子答道:"克己复礼为仁。"直接给出答案之后,学生问实施仁的具体做法。孔子曰:"非礼勿视,非礼勿听,非礼勿言,非礼勿动。"在另一场合,孔子的学生樊迟问仁,子曰:"爱人。"

比较上述的两类对话,我们便能清楚地了解到,前一类的对话必须严格遵循一定的方法论的即几何学的论证程序。问题的答案完全取决于讨论过程的合法有效性,而与对话者是学生或老师或圣人或领导几乎没有任何关系。苏格拉底在哲学史上更重要的贡献还在于他确立了质疑一切的原则。在他看来,并不存在什么固定不变或神圣永恒的答案,因为任何答案或定论本身也必须接受理性的质疑或批判。这样的对话原则创造了双方平等对话的学术氛围。由于苏格拉底只站在精神助产士的立场之上,这也就同时给参与讨论的其他各位学生提供了极大的积极思考的空间,也为他们的思维能力和问题意识的提升创造了无限的机会,使学生获得了后来居上、不断进步的巨大空间。还需注意的是,这样的对话过程形成的思想也就自然有其结构性即所谓的体系性。

与上述对话不一样,《论语》中的对话则采取了完全不同的另一种方式,即学生永远只是站在提问的一方。作为老师的孔子针对学生的问题直接给出极为简单的答案。双方没有讨论,更无详尽有效的论证过程,当然也没有讨论必须要遵循的思维方法理论。有的则是简单的问题和结论。由此形成的历史结果就是,中国古代思想缺乏建立在逻辑规则基础之上的体系性或结构性。

自汉武帝采纳董仲舒"罢黜百家,独尊儒术"建议后,孔子被确立为圣人,他的看法也就成为后世必须效法的经典言论,在国学热的今天依然如此。严格说来,这不是对话,而是完全的一言堂,学生的职责只是洗耳恭听,必须根据圣人的言论而躬亲实践。这也就在历史上形成了所谓的"师道尊严"的教统。所以在我们的教育历史中绝对不可能形成亚里士多德所说的"吾爱吾师吾尤爱真理"这样的教育传统。

论述至此,我们不得不承认,我们的文化系统内真正缺乏的就是这样的学者之间平等、客观而又理性的学术讨论。当然,我们还更深入地了解到,之所以缺乏这样的讨论,还是我们本身尚不具备独立自主的人格和从事深入系统讨论所必需的思维方法与严格的思维训练。

不但如此,我们的历史观不是进化的或进步的,而是退化的,我们的先人不满足于自己所处的当下社会,于是将自己的目光投向遥远的过去,即所谓的夏、商、周三代,将其描绘成黄金时代。历史在他们看来就是退化的。这样的观念遂使中国传统文化不可能具有进步的发展的创新的观念。我们不需要进步的发展的观念,因为我们曾经有过最为辉煌的三代文化或圣人，后来者的神圣职责就是尽力返回到三代。孔子说："郁郁乎文哉，吾从周。"但严重的问题在于，至今我们却难以提供确切详尽有效的论证和确凿的史料，表明我们的历史上曾经有过这样辉煌的三代文明。更进一步的问题是，如果真有这样辉煌的三代文明，我们又怎样通过或凭借什么样确实可行的认知途径或方法来认识和返回到如此辉煌的三代文明？这就涉及哲学的核心内容即认识论及其方法理论。如果没有这样理性的认知的研究方法作为我们确证的基础，辉煌的三代文明只能是我们想象的产物，而不是理性推导或认知的结果。

当然我们还必须注意的是，上面提到的思想论证或讨论是在学术团队内部进行的。每个人都可以在空闲的时间里随意考虑自己感兴趣的话题。参与讨论或论辩时，学者当然也完全可以站在各自不同的思想立场发言。但在此必须强调的是，论辩或发表言论时各方都必须严格遵循思想的论辩规则或逻辑规则，而不能公说公有理，婆说婆有理。历史地看，学术圈内不同观点之间的据理力争可以激活思想，突破已有思想的樊笼。古希腊雅典的柏拉图学园就是这样纯粹的民间学术机构。后来出现的大学，在拉丁语中，就是指的行会或师生共同体。这种共同体的宗旨就是，论辩一定要自觉地遵循逻辑学理论规则，并能够共同自觉抵制来自宗教、政治、经济、社会等其他方面的干预。世界学术发展的历史表明，知识理论体系的进步和发展有其自身的规律，要真正地促进知识理论的持续进步、不断创新，我们就必须自觉而坚决地遵循学术发展的基本模式，不能随意加以干预。干预的唯一结果只能是扼杀思想创新、断送学术生命。

与其他领域内的创新一样，知识理论体系的创新就是与众不同，就是异端，就是背离传统。记得居里夫人说过这样的话，我们离传统越远，离诺贝尔奖也就越近。固守已有的传统，永远不可能有创新。

第三章

批判性继承与方法论自觉

第一节 逻辑分析方法的中国式解读

一、逻辑分析法之代表性人物

在中国现代哲学中积极主张逻辑分析方法的代表人物是金岳霖、冯友兰、张岱年和洪谦，他们是通过各自不同的路径而掌握分析方法的。

金岳霖于1922年在英国进修时阅读休谟与罗素的书籍后转向哲学与逻辑学的研究，他在读了休谟的书之后"从此就进入了哲学"。所谓的"从此就进入了哲学"是说他摆脱了政治学或政治思想史的研究，而完全致力于哲学的研究。他在回忆这一转变过程时曾经这样说道："民国十一年在伦敦念书，有两部书对于我的影响特别的大。一部是罗素底 Principles of Mathematics，一部是休谟底 Treatise。"[①]由于罗素思想的影响，金岳霖"在思想上慢慢地与 Green 分家"，即离开了英国哲学家、政治学家、新黑格尔主义者格林当时所代表的新黑格尔主义哲学思想，从此以后"着重分析"，认为"哲理之为哲理不一定要靠大题目，就是日常生活中所用的概念也可以有很精深的分析，而此精深的分析就是哲学"[②]。金岳霖以后漫长的哲学生涯基本就是沿着分析哲学的路子发展下来的。他是在中国最早介绍和引进现代数理逻辑的学者，他于20世纪30年代出版的《逻辑》一书便是对罗素、怀特海合著的《数学原理》一书前二十五章的介绍。

金岳霖主要是阅读了罗素的书籍而走进后者的思想世界的，可以

---

① 金岳霖：《唯物论哲学与科学》，《晨报副刊》第57期，1926年6月；另见《金岳霖文集》第一卷，甘肃人民出版社，1995年，第214页。

② 金岳霖：《论道》，商务印书馆，1987年，第3页。

说他是罗素的私淑弟子。洪谦则不一样,他十八岁赴德国留学,求学于柏林大学、耶拿大学,学习物理学、数学和哲学。后在奥地利维也纳大学师从维也纳学派创始人石里克多年。卡尔纳普、克拉夫特等当时也是洪谦的老师。洪谦同学中有著名的分析哲学家福特、亨普尔、莱恩等。洪谦当时也是以石里克为代表的维也纳学派的成员之一。

1934年,在石里克指导下,洪谦完成了题为《现代物理学中的因果律问题》的博士论文,毕业后仍留在维也纳大学哲学研究所继续跟从石里克教授工作两年,1937年回国,曾先后在清华大学、西南联大、武汉大学等校任教。洪谦信奉维也纳学派哲学思想,其学术活动以研究和介绍维也纳学派哲学思想为核心。贺麟在其《五十年来的中国哲学》一书中曾这样评介洪谦:"洪谦先生亲炙于石里克氏最久,具极大的热诚,几以宣扬石里克的哲学为其终身职志。"①

冯友兰与张岱年在逻辑分析方法方面的知识和训练主要都是靠着自学而得到的。两人不同之处在于,冯友兰曾赴美国留学,接触到了逻辑分析方法,而张岱年则完全是靠着自己阅读罗素、摩尔、维也纳学派等的著述而把握逻辑分析方法的。

在晚年回忆自己的哲学生涯时,冯友兰写道:"冯友兰对于哲学是从逻辑学入门的。用古人的话说,就是从逻辑学'悟入',用今人的话说,就是从逻辑学'打开一个缺口'。"②可见,他走上哲学研究的道路,完全是由于他自己对逻辑学的强烈兴趣。他说:"1914年我在上海中国公学的时候,有一门课程是逻辑学。这门课不能使我完全懂得逻辑学的内容,但是使我对于逻辑学发生了浓厚的兴趣,由此进一步发生了对于哲学的兴趣。"③当时他所用的教材是耶芳斯的《名学浅说》。由于当时中国真正懂得逻辑学的人很少,即便中国公学的逻辑学老师也知之甚少。不得已,冯友兰只能自学逻辑学。所幸,耶芳斯的这本教材后面有不少的练习题,冯友兰就自己学着做这些练习题。通过自

---

① 贺麟:《五十年来的中国哲学》,辽宁教育出版社,1989年,第43—44页。
② 冯友兰:《中国现代哲学史》,中华书局(香港)有限公司,1992年,第207页。
③ 冯友兰:《三松堂自序》。

学,他掌握了逻辑学的基本知识。

自学逻辑学引发了冯友兰对哲学的强烈兴趣,于是决定报考北京大学哲学门。进入北京大学后,由于当时没有人讲授西方哲学,不得已他又改读中国哲学。可见,是逻辑学引导冯友兰走上了哲学学习与研究的道路,他说:"逻辑学是哲学的入门。"①

其实,"逻辑学是哲学的入门"在他还有另一层含义,即逻辑学的知识是学习和研究哲学必要的准备、基础和方法。具体说就是,没有逻辑学的知识,是根本不可能进行哲学的研究的。只要稍有哲学史知识的人都很清楚,"逻辑学是哲学的入门"并不是中国传统哲学的基本信条,而是典型的古希腊哲学的看法。"逻辑学是哲学的入门"本就是亚里士多德的名言。亚里士多德是逻辑学之父,是他系统地创立了逻辑学这一学科。

早在亚里士多德之前的苏格拉底就已经提出了概念的定义法,追求概念的清楚明确,即概念内涵、外延的清晰界定。而中国传统哲学却并不追求思想表达的明确清晰,所以模糊不清一直是中国传统哲学的特点。冯友兰指出,逻辑分析方法在西方哲学得到了高度的发展,而在中国哲学中却没有得到应有的重视和充分的发展。因此中国哲学要现代化就必须从根本上改变这种不重视逻辑分析方法的状况。正是基于这样的认识,他说道:"中国需要近代化,哲学也需要近代化。近代化的中国哲学,并不是凭空创造一个新的中国哲学,那是不可能的。新的近代化的中国哲学,只能是用近代逻辑学的成就,分析中国传统哲学中的概念,使那些似乎是含混不清的概念明确起来,这就是'照着讲'与'接着讲'的区别。"②可见,在他看来,引进西方哲学的逻辑分析方法以改造中国传统哲学是中国哲学现代化的一个极其重要的内容。他甚至指出,西方哲学对于中国哲学的永久性的贡献,就是逻辑分析方法。逻辑分析方法是点铁成金的手指头。我们要的不是现

---

① 冯友兰:《中国现代哲学史》,第207页。
② 同上。

成的金子,而是能够点铁成金的手指头。① 我们要的不是西方哲学的现成结论,而是西方哲学家得到他们思想的工具。可见,哲学思想不是武断的教条,更不是专制的意识形态,而是能够得到说明或论证的理论。哲学既要提供某种思想体系以指导人生,更要能够指出我们所以达到这种思想的途径或工具。这也就是说,哲学是论证思想的艺术,而用来论证思想的工具就是逻辑。一个头脑清晰的人总会有不少的思想,但是对于哲学家来说,重要的是学会如何对自己所拥有的思想进行论证。我们可以看到,中国传统哲学博大精深,思想极其丰富,但却缺乏细密而系统的论证。中国传统哲学的这一特点用金岳霖的话来说,就是没有充分发达的逻辑意识和认识论意识。所以,中国现代哲学家急切地认识到,当务之急就是要从西方哲学中引进逻辑分析方法。

那么,冯友兰是如何积极努力地得到逻辑分析方法这一点铁成金的手指头的呢?

显然,他得到这一手指头的第一条途径便是在上海中国公学的自学,得到了关于逻辑学知识的"一知半解"。

另一途径则是他在美国留学时期受实用主义和新实在论思想的影响,进一步了解和掌握了逻辑分析方法。

1919 年至 1923 年,冯友兰在美国哥伦比亚大学研究生院哲学系学习时,正是实用主义和新实在论在美国哲学界走俏之时,且这两种哲学思潮的重镇就在哥伦比亚大学哲学系。实验主义思想代表杜威就在哥伦比亚大学哲学系,新实在论的重要代表蒙太古和皮特金当时也在哥伦比亚大学哲学系。毫无疑问,这两种哲学思潮于冯友兰都有过很大的影响。在他的哲学思想的发展历程中,首先是实用主义占了上风,以后是新实在论占了上风。实用主义和新实在论,尤其是后者,都很重视逻辑分析方法在哲学研究领域中的运用。

实验主义思想家从皮尔斯、詹姆斯到杜威都追求思想的明确和清

---

① 参见冯友兰:《中国哲学简史》,北京大学出版社,1985 年,第 378—379 页。

晰，都十分讲究清晰思维的方法。如"信念的确定"和"思想观念的澄清"就是皮尔斯哲学思想中的两个主要论题。而杜威则有专门的文章来讨论"思维术"这样的哲学问题。

　　与实验主义思想相比，新实在论，无论是英国的还是美国的，似乎都格外重视逻辑分析方法在哲学研究领域中的重要作用。有些新实在论的哲学家本人就是颇有成就的逻辑学家，对于逻辑学的发展做出过重大的贡献。如冯友兰的老师蒙太古本人就不仅仅是一位哲学家，而且还是一位著名的逻辑学家，对模态逻辑的确立和发展曾做出过重要的贡献。蒙太古和美国的其他五位新实在论者曾就共同关心的哲学问题发表了"新实在论的改革方案"，此方案出版时题为《新实在论》。这个方案特别强调了逻辑学和数学是程序的传统规范，它们为准确思维的一般原则提供了新的线索。他们尤其明确地指出："不可忘记，哲学特别依赖于逻辑。自然科学在它经验和实验阶段中可以很安全地由本能来指导，因为它是在常识所确定的事物对象范围内活动的。但哲学的对象恰恰就是分析的果实，它的任务是要纠正常识的范畴。而要希望得到一个有益而正确的结果，就必须根据一个专门家的批判性的判断。所以，目前的形势为哲学提供了一个时机，可以采用一个更为严格的程序，采取一个更有系统的形式。"[①]为此，他们特别提出了如下的七点：用词谨严、定义、分析对逻辑形式的重视、问题的划分、明确表示的同意、哲学研究和哲学史研究的分离。他们指出，"分析"这个名词不是某一门知识所特有的方法，而是指一般精确知识的共同方法，指程序中的一种方法，用了它可以发现未确定事物是许多单纯体的一个复合体。任何哲学家要是忽略了逻辑学理论的最新进展，就不可避免地要成为一个业余的涉猎者。总之，新实在论哲学家非常重视逻辑，尤其是现代逻辑在哲学研究中的作用。他们在方法论上的主要目的就是要确定并推广逻辑学以及一般严正科学都运用的方法。

---

① 〔美〕霍尔特等：《新实在论》，伍仁益译、郑之骧校，商务印书馆，1980年，第28页。

在《新实在论》一书中还有一篇长文,题为《对于分析的辩护》。这篇文章对逻辑分析方法作了具体而详尽的探讨,认为分析是一种认识的方法。这种方法可以发现和那被分析的整体在同一个意义系统中的真实的部分。在这种意义上被理解的分析方法并不是与整体截然分割开来的。相反,分析方法揭示了整体和部分之间的关系。被分析的是整体,而分析则是部分。因为它揭示出了被分析的整体中所包含的各个部分,所以,分析本身就包含着整体与部分之间的关系。

总之,新实在论哲学的方法就是逻辑分析方法。此种方法对于冯友兰有着一定的影响。当然这一影响还是相当有限的。这可以从冯友兰在哥伦比亚大学哲学系的博士学位论文内容可以看出。他的博士学位论文题为《天人损益论》(完成于 1923 年)。英文本后于 1924 年由上海商务印书馆出版,改名为《人生理想之比较研究》。熟悉分析哲学的人一眼可望之,这样的题目根本就不属于分析哲学的范围。而他所采用的人生理想比较研究的方法似乎也与分析哲学有着不小的隔膜。

20 世纪三四十年代,维也纳学派正处于巅峰状态。维也纳学派是分析哲学的第一个支派,也是分析哲学的一个最主要的支派。罗素曾经说过,逻辑是哲学的本质,任何真正的哲学问题都可以归结为逻辑问题。维也纳学派进一步发展了这一观点,并更加严格地限制了哲学活动的范围。维也纳学派的纲领就是要拒斥形而上学。同样,他们也指出,伦理学的命题同形而上学的命题一样也是没有任何意义的,所以伦理学也不是哲学的研究对象。在他们看来,心理学是经验科学,所以也不应该在哲学研究的领域之内。而认识论则是心理学与逻辑学的综合体,由于心理学是经验科学,所以哲学不用研究心理学,而只研究认识论中的逻辑部分。在形而上学、伦理学、心理学以及认识论中的心理学部分被排除在外后,哲学研究的对象便只剩下了逻辑。这样,在维也纳学派的哲学家看来,哲学的唯一任务就是从事逻辑分析。逻辑分析的对象不是物理事实,而是表达经验事实的命题形式。分析哲学家不应该关心事物的物理属性,而要关心我们说到事物的方式。

哲学不是一种与科学活动并列的活动,而是科学活动范围之内的一种分析活动。

冯友兰不同意维也纳学派的哲学立场,但却不得不关注维也纳学派到底是如何利用逻辑分析方法来拒斥形而上学的。因此,维也纳学派所运用的逻辑分析方法也不可避免地对冯友兰哲学思想产生了相当的影响。他积极努力地利用逻辑学的最新成果,力图超越维也纳学派而重建形而上学。①

正是通过上述种种渠道,冯友兰对于逻辑分析方法有了比较全面的理解和把握。

二、冯友兰"逻辑分析法"解析

冯友兰指出,分析方法可以分为两种,即逻辑的和物质的。所谓物质的分析是在实验室中对实验对象作化整为零的分析活动。而所谓逻辑分析则是哲学的活动。由于哲学是"纯思"的学问,这样,逻辑的分析也只能在"思中行之"②。他所谓的逻辑分析,用《新知言》一书中的话来说,就是对经验作形式的分析。而所谓的形式的分析是"空"的,或者说是"没有内容"的。他认为,所谓逻辑分析就是不管经验事实的内容,而只对之作形式的分析③。运用这种方法得到的哲学当然也就不能向人们提供任何积极的知识了。他所说的在"思中行之"是基本符合分析哲学所谓的对命题的分析,但说对经验事实作形式的分析其实是一种含混不清的说法,下面会对此作分析。

其实,我们只要通读《新理学》就可以发现这样一个事实,这就是,冯友兰虽然十分重视并热衷于运用逻辑分析方法来建构自己的哲学思想体系,但是他本人却并未对逻辑分析方法理论本身作过任何深入细致的论述,更谈不上对逻辑分析方法理论的系统研究了④。这种状

---

① 参见冯友兰:《新原道》,《三松堂全集》第五卷,第147页。
② 冯友兰:《新理学》,《三松堂全集》第四卷,第47页。
③ 参见冯友兰:《新知言》,《三松堂全集》第五卷,第147页。
④ 冯友兰:《三松堂自序》,《三松堂全集》第一卷,第179页。

况也就决定了他不可能有系统的逻辑分析方法的理论。但这并不妨碍他积极努力地利用逻辑分析方法来处理哲学问题。其结果也就是，他也只能运用他的"一知半解"的逻辑学知识来讨论哲学问题了。应该承认的是，冯友兰对逻辑学知识的这种一知半解事实上误导了他对维也纳学派的逻辑分析方法的理解，也影响了他本人运用逻辑分析方法来构造形而上学的逻辑进程。

维也纳学派认为，逻辑分析方法的对象并不是经验事实或所谓的物理事实，而只是表达经验事实的命题形式。所以，在他们看来逻辑分析方法运用的范围是严格地被限制的。这种方法既不能以经验事实为其内容，也就更不能从所谓的经验事实向非经验的实在过渡。

而冯友兰并不这样看。他的逻辑分析方法的对象就是经验事实。但这种经验事实的含义却已经发生了极大的变化。因为他对所谓的经验事实作了形式的和内容的区分。我们都知道，在思维中，我们可以不考虑思维的内容而只对思维的形式作分析，逻辑学就是研究思维形式的科学。

现在的问题就是，冯友兰所做的形式和内容的划分能不能适用于经验事实呢？如果回答是肯定的话，那么什么是经验事实的内容？什么又是经验事实的形式呢？上述问题的实质就是质疑冯友兰对经验事实所做的划分的合理性根据。真正说来，经验事实进入思维就不再是原来意义上的经验事实了。

对经验事实作冯友兰所谓的形式和内容的划分是缺乏理据的。因为思维的形式是抽象的，是一般的，因为形式的东西已经与其内容被隔离开来了。任何一个经验事实都是特殊的，这是不能有例外的。如果我们承认可以对经验事实作这种形式和内容的划分，那么也就在某种程度上默认经验事实可以变成一般的了。这显然是错误的。

在此我们不细究这一错误，且先顺着他的思路看看他是如何从经验事实来做逻辑分析的，而他通过这种对经验事实的逻辑分析又要达到什么样的目的呢？

《新理学》一书之所以要从经验事实出发，其真正的用意是要通过对经验事实的逻辑分析得出以下四组主要命题。这四组命题分别是：第一组，"凡事物必都是什么事物。是什么事物，必都是某种事物。某种事物是某种事物，必有某种事物之所以为某种事物者"。第二组，"事物必都存在。存在底事物必都能存在。能存在底事物必都有其所以能存在者"。第三组，"存在是一流行。凡存在都是事物的存在。事物的存在都是其气实现某理或某某理的流行。总所有底流行，谓之道体。一切流行蕴涵底动，谓之乾元"。第四组，"总一切有，谓之大全，大全就是一切底有"。

根据冯友兰的说法，这四组命题是得之于对经验事实所做的逻辑分析。① 这是《新理学》逻辑构造进程中的第一阶段。但是，得到这四组命题并不是《新理学》的真正目的。它们仅是过渡性的，因为还需要从这四组命题中抽取出冯友兰的哲学体系所需要的四个主要观念，即理、气、道体、大全。② 根据《新理学》的规定，只有这四个主要观念才能说是冯友兰的形而上学真正所需要的对象，而上述的四组命题却不是。因为冯友兰认定，《新理学》肯定真际，且还只是对之作形式的肯定。这样，从经验事实到四组命题、再从四组命题到四个主要观念的逻辑构造进程，实质上是得到其"新理学"的进程，而并不就是"新理学"本身。显然，"新理学"和如何得到"新理学"的进程并不是同一的。问题在于，冯友兰本人认为哲学只是形而上学，且形而上学是"最哲学底哲学"。于此可知，他并不重视认识论在哲学中的地位。问题还在于，他却不能够成功地避免认识论的问题，因为我们刚才所揭示的在他新理学体系中得到"新理学"的进程实际上恰恰就是认识论的问题。这样一来，冯友兰混淆了形而上学与认识论之间的区别。如果说，认

---

① 参见冯友兰：《新知言》，《三松堂全集》第五卷，第148—153页。
② 冯友兰在《新知言》第十章中说道："在新理学的形而上学的系统中，有四个主要底观念，就是理、气、道体及大全。这四个都是我们所谓形式底观念。这四个观念，都是没有积极底内容底，是四个空底观念。在新理学的形而上学的系统中，有四组主要底命题。这四组主要底命题，都是形式命题。四个形式底观念，就是从四组形式底命题推出来底。"（《三松堂全集》第五卷，第148页）

识论是试图从特殊的东西中去得到一般性的东西,尽管在事实上这是一个难以解决的问题,那么形而上学或"新理学"则是要解决如何为现象世界寻找存在的根据。可见,这两者之间应该有本质的区别,混淆它们之间的本质差异是不对的,而且,从认识论的角度讲,能否从特殊的经验事实中得到"新理学"所要求的一般性的东西迄今仍然是一个不可能解决的问题。所以,从经验事实出发是不可能得到冯友兰所谓的"新理学"的。

进一步的问题是,冯友兰的"新理学"所做的唯一断定是"事物存在"。他认为,"事物存在"是对于实际的肯定。且这样的肯定是随时可以得到证实的。但是,"事物存在"中的"事物"并不就是经验事实,所以这样的"事物"似乎很难得到经验的证实。真正的经验事实是特殊的,是存在于特殊的时间和空间之中的,是一去不复返的,是难以为我们的思维所把握的。

总之,冯友兰所谓的逻辑分析方法的对象不是存在于经验现象内的经验事实,而是非经验的理世界。冯友兰的"新理学"只对真际世界作逻辑的分析。

分析一般可分为逻辑分析和语言分析。罗素与早期的维特根斯坦都十分强调逻辑分析方法。这种方法的运用是以逻辑为其基础的一种技术性很强的方法。语言分析方法最早的倡导者是与罗素同期的英国哲学家摩尔。而维也纳学派所强调的分析方法主要是一种现代逻辑的分析方法。那么冯友兰所理解的分析方法是哪一种呢?他本人曾经这样说过:"照我们的看法,逻辑分析法,就是辨名析理的方法。"① 在这里,所谓的"辨"与"析"都有分析的意思。他又这样说道:"在《新理学》中,我们说'哲学之有,靠人的思与辨'。思的工作是作分析。以名言说出其分析,就是辨。"② 按照他的理解,分析就是辨名。这也就是说,冯友兰所理解的逻辑分析的主要内容就是对思维中所运用

---

① 冯友兰:《三松堂全集》第五卷,第233页。
② 同上。

的概念作分析的工作，使其含义明确起来。冯友兰就是这样来解读逻辑分析方法的。《新理学》是"接着"宋明理学讲的。而对所谓的"接着讲"的意思，他本人又进一步清楚地解释。他说："新的近代化的中国哲学，只能是用近代逻辑学的成就，分析中国传统哲学中的概念，使那些似乎是含混不清的概念明确起来，这就是'接着讲'与'照着讲'的分别。"①据此，显然冯友兰所谓的逻辑分析方法的功用就在于用现代逻辑学的成就使原来不明确的概念明确起来。这种意义上的逻辑分析方法乃是一种语言分析或语词分析，与真正的逻辑分析方法还是有着一定的区别。

但是冯友兰又经常在逻辑分析方法的意义上来使用这种语言分析或语词分析。如《新理学》一书所谓对经验事实作逻辑分析，此种分析就是空的分析或形式的分析。此种方法显然不是所谓的语言分析或语词分析。

在此，我们还必须注意冯友兰关于逻辑分析方法的对象的性质问题。我们在前面曾经指出过，维也纳学派认为，逻辑分析方法适用的对象并不是经验事实，而只是表达经验事实的命题或命题形式。冯友兰却不同，《新理学》的分析方法对象就是经验事实，而不只是表达经验事实的命题。如果将对象严格地限制在后者的话，那么在冯友兰看来，他的《新理学》也就毫无价值了。

需要特别注意的是，冯友兰所谓的逻辑分析方法的对象既包括了经验事实，也将表达经验事实的命题包括在内。这一现象反映了冯友兰对逻辑分析方法的理解缺乏明晰性和前后一贯性。

由于逻辑分析方法只是对表达经验事实的命题的分析，并不关涉经验事实本身，因此现代逻辑所谓的命题也就不断定任何经验事实。正因为如此，逻辑命题才不能为经验事实所推翻，所以才无往而不真。冯友兰对于现代逻辑的这一性质有所了解，所以他的所谓的分析也是针对着命题的。他就是把自己"新理学"的命题称之为自语反复的命

———————
① 冯友兰:《中国现代哲学史》，第 207 页。

题或重言式命题或分析命题。① 也正是在这种意义上,或是出于构造形而上学体系的需要,他区分了命题与经验事实,说这些命题不肯定任何经验事实,所以它们是无不适用的,是空且灵底。② 据此,我们断定,冯友兰心目中的分析方法似乎就是逻辑分析方法。但其实又不是。为什么呢?因为他的"新理学"所使用的命题如果真正是通过严格意义的逻辑分析方法得到的话,那么他的"新理学"也就不是形而上学的思想体系,而变成了类似于数学和逻辑学的命题了。然而,冯友兰在构造其"新理学"时所极力追求的就是这种现代逻辑学的命题。我们也清楚地看到,"新理学"中的命题与经验事实似乎已经没有了任何关系。难以理解的是,这"空且灵"的四组命题恰恰又是从对所谓的经验事实所做的"空"的分析中得到的。

上面的论述表明,冯友兰在其《新理学》中,根据自己哲学思想体系构造的需要,对于逻辑分析方法前后有着不同的解读,而不同的解读之间又没有一致与明确的关系。于是,问题也就在于,在同一的形而上学哲学思想体系之内是否允许对于逻辑分析方法有着不同的甚或是矛盾的解读呢?哲学思想,尤其是有"一以贯之"之道的哲学思想体系,追求的是系统内的一致与和谐。互相矛盾的思想体系难以让人信服。对于执意要以逻辑分析方法来建构自己哲学思想体系的哲学家来说,更要追求体系内在的前后一致性。

在研读《新理学》时,我们还注意到这样的现象,即有时候冯友兰把分析方法解读为语言分析或语词分析,有时候又解读为逻辑分析。而且他还经常将逻辑分析方法解读为对概念意义的澄清,从而使概念获得明确的含义。这就是说,他把逻辑分析方法主要还是解读为"辨名析理"的方法。我们现在感兴趣的话题是,逻辑分析方法能不能仅

---

① 关于《新理学》中的四组主要命题的性质,冯友兰也无明确的解说,有时说它们是自语重复的命题,有时又说它们是分析命题,不得已时又强调它们是析理之后所得到的命题。其实,这三类命题在分析哲学家们看来泾渭分明。冯友兰在这样的问题上摇摆,反映了他本人没有很好地把握逻辑分析方法的实质。

② 冯友兰:《新理学》,《三松堂全集》第五卷,第179页。

仅解读为"辨名析理"。从逻辑学这门学科的性质来说,以"辨名析理"来解读逻辑分析方法并不能说是错误的,因为要求概念明晰本就属于逻辑学科的基本要求。传统逻辑学要求概念明确、判断恰当、推理形式合乎规则。然而现代逻辑学或形式逻辑中,似乎概念明确不再是其研究的主要内容。逻辑学是研究关于推理的有效性的学科。传统逻辑学虽然研究概念,但是它也不只局限于概念,其主要内容仍然是关于推理形式规则的研究。

如果从现代逻辑学着眼,那我们就不能把逻辑分析方法仅仅归结为概念的分析。

如果这样的理解正确的话,那么把逻辑分析方法主要解读为"辨名析理"就是不完全的或不确切的,而且我们在论述新实在论对于逻辑分析方法的理解的时候,已经明确地指出过,分析方法也并不只是局限于整体中的元素或部分或个体,因为被分析的是整体,分析所得到的是个体。所以,所谓的分析的真正含义应该是这样的,即通过分析,我们既揭示了整体中的元素或部分或个体的含义,同时也明确了元素或部分或个体与整体之间的关系。从这个意义上来解读分析方法,我们认为对于逻辑分析方法的正确解读应该是这样的,即逻辑分析方法理论是关于推理规则的理论或方法论。如果以这种对于逻辑分析方法的理解来构造哲学思想体系的话,那么我们就既要注意其中每一个概念含义的明确,更要关注概念之间,尤其是命题之间推导的关系。只有如此,我们才能使一个哲学思想体系内部具有最起码的一致性或明确性。

其实,冯友兰对逻辑分析方法的解读不仅与维也纳学派相去甚远,也与当时同在清华哲学系的张岱年有着不小的区别。由于受到了罗素、摩尔、维也纳学派以及金岳霖的影响,张岱年也很重视逻辑分析方法及其运用,他指出,逻辑是一切学术研究的基本方法。如果将这种方法运用于实证科学,那么这种方法就称之为科学方法;如果运用于哲学,那么这同样的方法就称之为哲学方法。与冯友兰更为不同的是,张岱年清楚地意识到,要真正地了解什么是逻辑分析方法,我们就必须首先清楚地知道什么才是逻辑分析方法的对象。他指出,逻辑分析方法的对象,并不是什么事物或东西,而主要是概念、命题,或者说是思想、意谓。当然,他也认为,经验也是逻辑分析方法的对象。这样,在他看来,逻辑分析方法的对象有两大类:一是名言的解析;一是经验的解析。而名言的解析又可以进一步分为以下四项:

一是名的意谓的解析,即名的意谓的厘清。这有两方面:第一,名词歧义的辨别;第二,名词意谓所包含的要素的分析。

二是命题的解析,即命题意谓的解析。这也可以分为两个方面:第一,命题歧义的辨别;第二,命题的剖分,就是阐发命题所包含的较简单的命题。复杂的命题都是由简单的命题所组成的,所以要阐明一命题的确切含义,就必须对这一命题所包含的每一个简单命题的意谓进行分析,直至最简单的命题为止。

三是问题的解析,即问题的确切含义的辨别。这也同样可以分为两个层次:第一,问题歧义的辨别,这就要求,辨明论点,确定问题的核心之所在;第二,问题的分析,这就要求把大问题化为小问题,把复杂的问题化为简单的问题。

四是论证的解析,这是要求论证层次的辨别。在论证中,根据与结论之间的关系必须是明确的,要合乎逻辑。而且如果要明了见解的根据,我们还需更进一步地掌握这一根据的根据[①]。

在张岱年看来,经验的解析也可以细分为几个层次。由于篇幅所限,我们不拟详尽讨论。

需要注意的是,张岱年对逻辑分析方法的解读显然不同于冯友兰仅仅将逻辑分析方法解读为"辨名析理"的立场。他认为除"辨名析理"之外,逻辑分析方法还要求对问题的解析、对论证的解析。而冯友兰根本就不重视对问题和论证的解析。应该承认,张岱年对逻辑分析方法的理解更贴近分析哲学。

[①] 张岱年:《哲学思维论》,《张岱年全集》第3卷,河北人民出版社,1996年,第66—67页。

由于冯友兰经常将逻辑分析方法解读为使概念的含义明确起来的一种方法论,而不注意概念之间尤其是命题之间的推导关系,这就使得他的《新理学》一书在思想体系内部缺乏一种前后呼应、一以贯之的关系。比如说,首先,从冯友兰所说的经验事实能否推导出他的"新理学"所需要的四组命题。如果说休谟提出了归纳问题,二百年后的今天没有哲学家能够解决这一问题,那么要从经验事实推出冯友兰"新理学"所需要的这四组命题是根本不可能的。

其次,这四组命题的含义相对而言还是比较明确的,但是这四组命题之间到底是一种什么样的关系呢?是平行的抑或是相互蕴涵的?如果是相互蕴涵的,那么能否从第一组命题推出其余三组命题呢?细读冯友兰的《新理学》,我们就会发现,他全然没有关注这些极其重要的问题。因此,他的《新理学》并不是严格按照逻辑分析方法推导出来的思想体系。

再次,《新理学》一书的章节清楚地表明了冯友兰的哲学思想体系所做的工作就是要将中国传统哲学思想的主要概念的含义弄清楚,并将它们排列成一个系统。我们且看看整部《新理学》十章的标题。第一章"理、太极",第二章"气、两仪、四象",第三章"道、天道",第四章"性、心",第五章"道德、人道",第六章"势、历史",第七章"义理";第八章"艺术",第九章"鬼神",第十章"圣人"。毋庸置疑,试图将传统哲学的概念弄清楚这一工作是有意义的,但是我们也注意到,由于冯友兰过度注重将中国传统哲学概念讲清楚的意义,过度强调所谓的"接着讲",所以他试图建构的形而上学思想体系也就缺乏体系内应该具有的一致性和明确性。这是重构形而上学的期许与接着讲或试图将中国传统哲学概念讲清楚之间的冲突造成的必然结果。

三、洪谦对冯友兰"逻辑分析"观之批评

冯友兰与分析哲学家们之间更大的区别在于前者力图运用逻辑分析方法来重建形而上学而后者对此坚决拒斥。

20世纪30年代前后是维也纳学派的鼎盛时期。维也纳学派的哲

学家一个主要的立场就是要坚决而又无情地拒斥形而上学。在西方哲学中,反形而上学有着悠久的传统。维也纳学派只不过将之推向了一个极端。在当时的西方哲学界,拒斥形而上学成了一种不可逆转的哲学潮流。

但在中国哲学界,情形却截然不同。许多中国哲学家清楚地知道西方哲学家反形而上学的立场,然而他们却偏偏要坚持形而上学的哲学立场。于是在20世纪三四十年代,形而上学的哲学思潮几乎左右着中国的哲学界,成为显学。如在当时的中国哲学界有着重大影响的哲学家冯友兰、熊十力、金岳霖等人都建构了自己的形而上学哲学体系。

当时清华大学哲学系教授金岳霖、冯友兰等都有重建形而上学的雄心。张岱年回忆说:"在1936年的一次会议上,张岱年提出,有的哲学家注重建立'统一的世界观',有的哲学家则认为哲学的任务只是对于科学命题进行分析。当时金岳霖先生接着说:我现在就是要建立'统一的世界观'。其后不久,他的《论道》写成了,这是以分析方法建立形而上学体系的重要著作。"①冯友兰也差不多同时完成了自己的《新理学》。

然而,当时也在清华大学哲学系的洪谦却对此不甚感冒。"洪谦于1936年曾到清华哲学系任教。洪谦在奥国受学于石里克,是维也纳派的成员,坚持维也纳派的关于哲学的观点。他注重运用分析方法,但反对任何建立本体论的企图。因此,洪谦不同意冯友兰的'新理学'与金岳霖《论道》的学说。因此洪谦与清华哲学系的关系趋于淡化了。"②道不同,不相为谋,洪谦最终离开了清华大学哲学系。

洪谦和冯友兰在如何对待形而上学问题上的思想分歧终于在1946年11月11日的中国哲学会昆明分会的第二次讨论会上演变为剧烈争论。

---

① 张岱年:《回忆清华哲学系》,《张岱年全集》第8卷,第535—539页。
② 同上。

在会上，洪谦发表了《论〈新理学〉的哲学方法》的演讲，对冯友兰的《新理学》的哲学思想方法提出了尖锐的批评。在洪谦发言之后，冯友兰本人当即提出答辩，金岳霖、沈有鼎亦先后发言替冯友兰解围。洪谦的文章全文刊登于《哲学评论》第十卷第一期上。

维也纳学派的哲学纲领是要拒斥形而上学，而他们拒斥形而上学的主要手段便是关于命题及其命题证实的理论。他们将命题分为两类，一类是分析命题，一类是综合命题。命题只有这样两类。一个命题不是分析命题，就是综合命题。综合命题是关于经验事实的命题，它的意义存在于它的证实方法之中。这也就是说，一个综合命题必须有可证实性，然后才有意义。冯友兰指出，分析命题，我们在形式上就可以断定它是真的。分析命题的特点在于，如果我们否认这样的命题就必然会陷入自相矛盾之中。所以这样的命题必然是真的。因此分析命题也可称之为必然命题。逻辑和数学中的命题就是这样的命题。在冯友兰的理解中，维也纳学派拒斥形而上学的主要理由是，他们以为形而上学中的命题都是综合命题，又都是没有可证实性的，所以形而上学中的命题也就是没有意义的命题。这样的形而上学中的命题类似于"砚台是道德""桌子是爱情"这样的似是而非的命题。显然这样的命题是毫无意义的。传统形而上学讨论的命题如"上帝存在""灵魂不灭""意志自由"等命题，无论你对之作肯定还是作否定，这些命题都是没有意义的。因此冯友兰认为，维也纳学派拒斥这样的形而上学是对的，是有根据的。

但是他紧接着指出，维也纳学派能够推翻传统的形而上学，却不能拒斥他建立的形而上学，因为他的形而上学不在维也纳学派的批判范围之内。为什么呢？他认为，他是"经过维也纳学派的经验主义而重新建立形上学"。这一重建的具体途径就是利用逻辑分析的方法来对经验事实作所谓的形式的分析，"由分析实际底事物而知实际，由知实际而知真际"。他的形而上学的要义在于要从经验事实出发，进而从中演绎出没有任何经验事实的形而上学所需要的全部观念。由于对经验事实只作形式的分析，所以在冯友兰看来，真正的形而上学的命题必须是"一片空灵"的。可见，在冯友兰本人看来，他的形而上学的全部命题是毫无经验事实内容的，所以这样的命题不容易为维也纳学派所取消。他认为，《新理学》与传统的形而上学是两种完全不同的形而上学。这种不同表现在传统的形而上学是以"对于事实为积极的肯定"的综合命题为根据的，而《新理学》却不同，是以"对于事实作形式的解释"的分析命题为根据的。维也纳学派能够取消传统的形而上学是因为这样的形而上学的命题是似是而非的命题。而他自己的命题则是空且灵的，所以不是维也纳学派所能推翻的。

洪谦指出，从维也纳学派的哲学立场来看，问题就完全不一样了。他这样说道："从维也纳学派立场而言：它的'反形而上学'（Antimetaphysik）的主要点，并不是如冯友兰所言将形而上学从哲学上加以'取消'，只想将形而上学在哲学中的活动范围加以指示，在哲学中的真正地位加以确定。换句话说，维也纳学派虽然否定形而上学之为一种关于实际的知识理论体系，但并不否认它在人生哲学方面的重要意义。所以某种形而上学之能被'取消'或不能被'取消'，与某种形而上学之以某种命题为根据，毫不相关。某个形而上学家视他的形而上学是否为一种关于实际的知识理论体系，才是其唯一的标准了。"[①]这就是说，在洪谦看来，冯友兰对维也纳学派有关形而上学的理论是有误解的。第一，维也纳学派并没有拒斥或取消形而上学，只是划定了形而上学的活动范围，把它从实际的知识体系领域中逐出，但是并没有彻底地取消形而上学在哲学中的地位和作用，也没有否认形而上学在人生哲学方面所能起的重要作用。第二，如果说维也纳学派取消了形而上学的话，那么他们所运用的标准也并不如冯友兰所说的那样是以什么样的命题为根据，而是看形而上学是否是一种关于实际的知识理论体系。

维也纳学派是从知识理论的角度来评述形而上学的，认为形而上学不是一种关于实际的知识理论体系。洪谦就是从这个角度来评论

---

① 洪谦：《维也纳学派哲学》，商务印书馆，1989年，第183页。

冯友兰的《新理学》。他指出，冯友兰实质上是把形而上学视为一种关于实际的知识理论体系。因为冯友兰本人这样说过，人类的知识可以分为四种：1. 数学逻辑，2. 形而上学，3. 科学，4. 历史。洪谦指出，冯友兰与传统的形而上学家不一样的地方在于，他没有强调在科学这样的关于实际的知识理论体系之外，还有所谓的超越实际的知识理论体系。但是他却认为，所谓实际的知识也可以分为两种，即"积极的实际知识"和"形式的实际知识"。洪谦这样说道："所谓实际的积极方面的知识，就是一些'对于事实为积极的肯定'的综合知识。所谓实际的形式方面的知识，则是如冯先生所谓'对于事实为形式的解释'的分析知识，就是冯先生所主张的形而上学知识了。"①洪谦认为，关于知识的这两种分法是成问题的。

在维也纳学派看来，一个关于实际的命题在原则上必须对于事实有所叙述，有所传达。被叙述、被传达的事实对象就是这个命题有无意义的唯一根据。说一个命题是对事实有所叙述有所传达必须以这个命题有无证实方法为标准。而证实方法实质上是指，命题与其所反映的经验事实之间有无一一相应的关系。如果有，那么这个命题就是真的，相应的它也就有了意义。否则，这个命题就是假的。当然，维也纳学派所谓的证实方法并不是很严格的。证实方法有原则的和事实的两种。如果一个命题没有事实上证实的可能性，但是有原则上被证实的可能性，就可以说，这个命题具有实际的意义。如果一个命题没有原则上的可证实性，那么这样的命题就是在原则上无法加以肯定或否定的，所以也就没有实际的意义了。洪谦指出，维也纳学派之所以能"取消"传统的形而上学就是因为传统的形而上学的命题在原则上没有可证实性，所以这些命题都是一些"似是而非的命题"。

在洪谦看来，冯友兰的形而上学的命题也是没有实际意义的命题。但是与传统的形而上学的命题不一样，《新理学》中的命题之所以没有意义不是因为它们是"似是而非的命题"，而是因为它们是"重复

---

① 洪谦：《维也纳学派哲学》，第184页。

叙述的命题",所以这些命题才没有意义。"重复叙述的命题"所叙述所传达的对象,我们根本就无法从事实方面加以肯定或否定。同时,它是真或假、是否有实际的意义我们也无法从事实方面加以肯定或否定。可见,"冯先生的'对于事实为形式的解释'的形而上学命题如'山是山,水是水。山不是非山,水不是非水。山是山不是非山,必因有山之所以为山,水是水不是非水,必因有水之所以为水',在原则上就是一些对于事实无所叙述无所传达的'重复叙述的命题',因为这样的命题对于事实所叙述所传达的对象,我们从事实方面亦不能有所肯定抑或否定,同时这样的命题亦不因其在事实方面不能有所肯定或否定而失去它的真性,而失去其原有的意义的"①。所谓"这样的命题亦不因其在事实方面不能有所肯定或否定而失去它的真性,而失去其原有的意义的"是说,"重复叙述的命题"的真假并不决定于事实。洪谦接着指出,如果传统的形而上学命题是一些变相的"桌子是爱情""炮台是道德"之类的"似是而非的命题"的话,那么冯友兰的形而上学中的命题则是"今天是星期三就不是星期四""今天是晴天就不是雨天"一类的对于事实无所叙述无所传达的"重复叙述的命题"。洪谦把传统的形而上学的命题说成是没有根据的"胡说",他指出冯友兰的形而上学的命题虽然没有"胡说"的成分,但是他的形而上学的命题对于事实没有叙述没有传达,所以这样的形而上学最终也不过是"一种'空话'的理论系统"。冯友兰把形而上学看做是他所理解的知识中的一种,但是经过洪谦这样的分析,我们可以清楚地看到,他的形而上学的命题也与传统的形而上学一样并不能构成关于实际的知识理论系统。

冯友兰自认为维也纳学派能够拒斥传统的形而上学,却不能推翻他的形而上学,因为他的形而上学是以维也纳学派的经验主义为基础,而进一步超越了维也纳学派。但是洪谦却不这样看。他说,传统的形而上学,在维也纳学派看来,固然不能成为一种关于实际的知识理论体系,但是它们在人生哲学方面还是具有科学所不具有的深厚意

---

① 洪谦:《维也纳学派哲学》,第188页。

义和特殊作用的,"我们从形而上学的体验中和形而上学的理想中确能得到内心中的满足和精神上的安慰,确能弥补生活上的空虚,扩张我们体验中的境界"。"我们从传统的形而上学命题如'上帝存在'、'灵魂不灭'、'意志自由'中,可以得到在理想上的许多丰富的感觉,优美的境界,得到许多满足许多安慰。"①然而冯友兰的形而上学既不是关于实际的知识理论体系,同时它也不具有传统形而上学在人生哲学方面所能发挥的作用。他说:"但是我们从冯先生的形而上学命题如'山是山,水是水'、'山不是非山,水不是非水'、'山是山不是非山,必因有山之所以为山,水是水不是非水,必因有水之所以为水'中不仅无有如此的感觉境界、满足和安慰,甚至于似乎有点'无动于衷'之感。"②如果说传统的形而上学虽然不是一种关于实际的知识理论体系,但是它们在人生哲学方面毕竟还有其相当的价值,而冯友兰的形而上学则既不是关于实际的知识理论体系,在人生哲学方面也没有相当的价值,按洪谦的说法是"两者俱无一厝"。结论也就是,如果维也纳学派真的要取消形而上学的话,"那么冯先生的形而上学之被'取消'的可能性较之传统的形而上学为多"③。

我们可以清楚地看到,洪谦是彻底地否定了冯友兰的形而上学思想体系。在此需要指出的是,张岱年也同样认为逻辑分析方法在根本上是反对玄想或形而上学的,科学的哲学是以细节的可证实性的结果来代替那些不能由经验来证实的形而上学思想系统④。

如果站在维也纳学派哲学的立场上,那么毫无疑问洪谦的这种批判是绝对正确的。因为事实上冯友兰的形而上学与传统的形而上学相比是大同小异,两者之间并没有实质上的区别。所以如果维也纳学派要取消形而上学的话,那么冯友兰的形而上学也难逃这样的厄运。这应该是显而易见的事实。因为冯友兰的形而上学同样不是对实际

---

① 洪谦:《维也纳学派哲学》,第191页。
② 同上。
③ 同上。
④ 张岱年:《维也纳派的物理主义》,《张岱年全集》第1卷,第84页。

有所反映的知识理论体系。他的体系中的命题同样缺乏可证实性,不但事实上无证实性,就是在原则上也缺乏可证实性。冯友兰称自己的形而上学中的命题为"重复叙述的命题"。这样的命题也就是重言式命题。重言式命题的真假值显然不取决于其是否与外界的经验事实有一一相应的关系,所以这样的命题当然也就不可能对实际有所反映了。冯友兰的形而上学的另外一个问题就是他反复地宣称哲学始于分析经验事实,所谓分析经验事实就是对经验事实作形式的分析,而不是对之作积极的或有内容的分析。这样做的目的是要从特殊的经验事实过渡到一般性的东西。这当然是不可能的。而且命题分类理论本来是维也纳学派用来批判形而上学的,但是冯友兰却不加以改造就利用所谓的分析命题来构造自己的形而上学,这当然会带来种种困难。这个体系还有其他的一系列问题。总之,如果从哲学方法论的角度来看冯友兰的形而上学,那么我们不得不说他的这一哲学体系之中充满着矛盾,难以成立。我们应该说洪谦对"新理学"方法论的批判是正确的。

冯友兰的"新理学"不是在一个严格的分析哲学的传统中形成的,所以在运用逻辑分析方法来建立自己的哲学体系之时难免会有不少错误。而洪谦是在严格的分析哲学的传统中接受过专业的训练,并对现代科学有较深入的了解。在科学方法或逻辑分析方法方面,洪谦当然具有更厚实的知识基础和更为严格的方法论训练。

但是问题的另一方面却是,冯友兰和洪谦可以说有着不同的哲学背景。洪谦可以说完全是在西洋哲学背景之下成长起来的哲学家,他的思维方式明显是西方式的。而冯友兰则不同,他虽然也曾赴美国留学,也曾受过新实在论哲学思想和方法论的影响,但是他的哲学思想主要还是中国传统哲学的。

中国传统的哲学思想虽然不重视逻辑的分析,但是却特别注重人生哲学中的人生境界理论。冯友兰完全继承了中国传统哲学的这一优良传统,他的哲学工作的路向就是要给传统哲学的人生境界奠定一个现代性的哲学理论或方法论的基础。

冯友兰从事哲学研究似乎并不纯粹是一种学术的事业，或者仅仅是为了求真。他在民族危机重重的年代创立自己的"新理学"哲学思想体系，目的是要"以志艰危，且鸣盛世"，他是要以自己的哲学思想体系为中华民族确立哲学思想的基础。可见，他有着民族文化的担当。因此他同时在追求着真和善，或者说在真和善这两者之间，他更注重的是善，所以他认为，形而上学虽然不能增加人们实际的知识，但是它确可以提高人们的境界，他的《新理学》就是要帮助人们进入天地境界，成为圣人。显而易见，冯友兰的哲学思想研究并不仅仅是一种学术事业，而且也是一种民族文化的担当。我们这样说并不是说洪谦不关心国家的安危，而是说他是把哲学研究看做是一种纯学术的事业。而且我们也能很清楚地看到，洪谦的分析哲学指向的是真，真是最高的，是唯一的。他完全赞同维也纳学派的哲学的任务就是要说明科学命题的意义就是一个明证。

洪谦对冯友兰的批判固然是一个逻辑实在论者对一个新实在论者的批判，而更为根本的是，这一批判也是一个完全站在西方哲学立场的哲学家对一个中国哲学家的批判。这就涉及维也纳学派与中国哲学对待形而上学的根本态度问题了。可以说，在这个很重要的哲学问题上，他们之间有着很大的分歧。在西方哲学史上早就有一个取消形而上学的传统，维也纳学派只不过将其推向极端而已。但是在中国哲学中从来就没有这样的排除形而上学的传统，不但没有，而且还积极地维护形而上学。这是因为按照中国哲学家的看法，哲学从本质上说就是形而上学。应该说中国哲学与西方哲学有着某种共性，但不能否认它们之间还是有着很大区别的。西方文化的核心是宗教而不是哲学。与此不同，中国文化的核心却是哲学。西方人的终极关怀和终极托付是宗教，而中国人的安心立命之所却是哲学。基于此，我们可以说，西方人具有宗教的属性，而中国人就其本质说是哲学的。把哲学看做是概念游戏是典型的西方人的说法，因此对于他们来说，哲学并不是绝对必需的。相反，对于中国人来说，特别是对于中国的知识分子来说，宗教倒并不是必需的，但哲学却是不可一日或缺的。冯友兰就是这样看的。而且他还进一步指出，在不远的将来，哲学一定会代替宗教。显然，这就是典型的中国哲学家的看法。其实有这样看法的不仅仅是冯友兰，熊十力也有同样的看法。

熊十力基本上是一个传统的中国哲学家。他维护形而上学或本体论的立场更为积极。他的哲学思想体系就是本体论或形而上学。他说："学问当分二途：曰科学，曰哲学。科学，根本是从实用出发，易言之，即从日常生活的经验里出发……哲学自从科学发展以后，他底范围日益缩小。究极言之，只有本体论是哲学的范围，除此之外，几乎皆是科学的领域……哲学思想本不可以有限界言，然而本体论究是阐明万化根源，是一切智智，与科学但为各部门的重视者不可同日而语。则谓哲学建本立极，只是本体论，要不为过。夫哲学所穷究的，即是本体。"①洪谦或维也纳学派的哲学家们认为，哲学不是一种知识体系或科学，而是一种活动，它的任务就是要说明或明确科学命题的意义。总之，哲学没有自己的独立性，没有自己独立的领地，而只不过是科学的附庸，只不过是科学范围之内的一种活动。而熊十力却不这么看，他指出人的智有性智和量智的区别。"性智者，即是真的自己底觉悟。""量智是思量和推度，或明辨事物之理则，及于所行所历，简择得失等等的作用故，故说明量智，亦名理智。此智，元是性智的发用，而卒别于性智，因为性智作用，依官能而发现，即官能得假之以自用。"②他认为，性智是一切智中最上的智，它要高于量智。本体是需要性智才得体认，而量智的运用形成的是知识。他于是这样说道："哲学所以站得住者，只以本体论是科学所夺不去的。我们正以未得证体，才研究知识论。今乃立意不承有本体，而只在知识论上钻来钻去，终无结果，如何不是脱离哲学的立场？凡此种种妄见，如前哲所谓'道在迩而求诸远，事在易而求诸难'。此其谬误，实由不务反识本心。易言之，即不了万物本源，与吾人真性，本非有二。遂至妄臆宇宙本体为离自

---

① 熊十力：《新唯识论》，中华书局，1985年，第248页。
② 同上书，第249页。

心而外在,故乃凭量智以向外求索,及其求索不可得,犹复不已于求索,则且以意想而有所安立。学者各凭意想,聚讼不休,则又相戒勿谈本体,于是盘旋知识窠臼,而正智之途塞,人顾自迷其所以生之理。"[1] 由于人们认识不到本体,所以才凭借量智向外逐物,在知识论上纠缠不休,所以才认识不清哲学的真正目的在于认识本体。

根据熊十力的这种看法,知识论的研究不是哲学内容,更不是哲学追求的目标。很显然,这样的看法与西方近代以来的哲学思潮是完全背道而驰的,是对西方哲学的这种发展趋势的中国式批评。冯友兰和金岳霖都在西方学习哲学多年,对于西方哲学的发展更是了如指掌,但是他们似乎也没有为这种哲学发展的趋势所动,而仍然执着地坚持着形而上学的立场,花了极大的精力来创建自己的形而上学哲学体系。冯友兰认为,形而上学是"最哲学底哲学"。金岳霖也明确地指出"玄学是统摄全部哲学的"。他虽然在知识理论的研究上花了极大的功夫,但他对知识理论的基本看法却是,知识理论应该是以形而上学或本体论为基础的。

总之,中国现代哲学家们都毫不犹豫地坚持形而上学才是哲学的核心内容的哲学立场。

中国现代哲学虽然受到西方哲学很大的影响,但还是走着自己的发展道路。我们上面所作比较的意图就是要显示中西哲学之间的区别。

维也纳学派的哲学家们大多对于现代逻辑学有着很深入的研究,有的本来就是逻辑学家、物理学家、数学家、心理学家等。由于维也纳学派把哲学完全归结为一种逻辑分析的活动,所以他们的哲学方法就是逻辑分析方法。对于他们来说,逻辑的问题也就是哲学的问题,或者用罗素的话说,任何真正的哲学问题都是逻辑问题。于是,逻辑分析方法对于他们来说具有决定性的意义。从此着眼,严格说来,所谓的分析哲学中核心的东西不是哲学思想,而是分析方法。哲学思想是

---

[1] 熊十力:《新唯识论》,第250—251页。

紧跟着分析方法打转的，分析方法走到哪儿，思想就跟到哪儿。难怪，罗素的哲学思想经常发生变化，但是他的思想中也有始终不变的，这就是分析的方法。当思想与分析方法两者发生矛盾时，思想必须服从逻辑分析的方法。在他们看来，不合乎逻辑推导规则而得到的思想必定是有问题的；而且哲学也不是一门学科，而仅仅是一种活动。可见，在维也纳学派那里，运用逻辑分析方法来分析科学命题的有无意义便是哲学的最高目标。

冯友兰、金岳霖、熊十力等人却不同，虽没有很强的科学知识和方法论的背景，但却有强烈的中国传统思想的人文关怀，要重建西方哲学挤压之下面临崩溃的中国哲学便是他们崇高的人文目标。所以他们更看重哲学思想本身，方法或分析方法在他那里必然是为其哲学思想服务的。虽然受了西方哲学中的逻辑分析方法的影响而看重这一方法，但在其哲学思想中这一分析方法始终只是手段。在他们眼里，手段或工具是为目的服务的，或者说是为其思想服务的，这一点是不能改变的。具体说就是，他们之所以看重逻辑分析方法，是因为他们要以之为工具从对经验事实的分析得到某种人生境界。一旦得到了这样的人生境界，逻辑分析方法在他们的形而上学体系中也就不是很重要了，甚至可以过了河拆桥。

"新理学"真正开始于冯友兰所谓的四个主要观念，因为他认为自己的形而上学只对真际有所肯定。而他所说的四组命题，如第一组命题"凡事物必都是什么事物，是什么事物必都是某种事物，某种事物是某种事物，必有某种事物之所以为某种事物者"，用中国传统哲学的说法来概括就是表达"有物必有则"的含义。在这里，"有物"是逻辑分析的对象，但"有物"并不是冯友兰"新理学"形而上学的真正对象。而"有则"亦即所谓的"理"才是他的形而上学的真正的对象。如果这种分析是正确的话，那么逻辑分析方法在其哲学体系中也只不过是帮助他得到所需要的哲学的一种工具。既然所需要的对象已经得到，所以逻辑分析方法也就不再重要了。所以，我的结论是，逻辑分析方法是帮助冯友兰寻找其形而上学出发观念的工具或手段，而并不是他的

"新理学"哲学思想体系本身。他需要的是这一思想体系,逻辑分析方法是为这样的思想体系服务的。逻辑分析方法要完全服务于这样的思想体系的获得。或者说,逻辑分析方法必须围绕其"新理学"的思想体系的需要而不断改变其自身。当这样的方法与其哲学思想体系冲突的时候,他会毫无异议地站在思想的立场上改变方法论的内容。这也就能很好地解读为什么在他的"新理学"思想体系中,逻辑分析方法有着不同的甚或是互相冲突的解读。

在《新原道》一书中,冯友兰说道:"在西洋,近五十年来,逻辑学有很大的进步。但西洋哲学家,很少能利用新逻辑学的进步,以建立新底形上学。而很有些逻辑学家利用新逻辑学的进步,以拟推翻形上学。他们以为他们已将形上学推翻了,实则他们所推翻的,是西洋的旧形上学,而不是形上学。形上学是不能推翻底。不过经过他们的批判之后,将来底新底形上学,必与西洋的旧形上学,不大相同。它必须是'不著实际'底,它所讲底必须是不著形象、超乎形象底。新底形上学,须是对于实际无所肯定底,须是对于实际,虽说了些话,而实是没有积极地说什么底。不过在西洋哲学史里,没有这一种底形上学的传统。西洋哲学家,不容易了解,虽说而没有积极地说什么底'废话',怎么能构成形上学。在中国哲学史中,先秦的道家,魏晋的玄学,唐代的禅宗,恰好造成了这一种传统。'新理学'就是受这种传统的启示,利用现代新逻辑学对于旧形上学底批判,以成立一个完全'不著实际'底形上学。"①维也纳学派对于传统形而上学的批判给予冯友兰的启示就是,他要重建新的形而上学必须要绕开传统形而上学之种种不足。根据上述冯友兰的自述,我们可以得知,他真正用以构造自己"新理学"思想体系的方法似乎是传统的道家、玄学和禅宗的思想方法而挂上了"逻辑分析方法"的招牌。当然,我们不能据此就断定,"新理学"完全是依据道家、玄学、禅宗的思想方法。但是,我们却可以有充分的理由说,逻辑分析方法不是冯友兰构造其形而上学体系的主要方法或工

---

① 冯友兰:《新原道》,《三松堂全集》第五卷,第147页。

具。或者说,他表面所说的是逻辑分析方法,其实骨子里想到的却是道家的玄学的禅宗的思想方法。他没有西方分析哲学家对于逻辑分析方法的执着追求和强烈关怀。

冯友兰认为,他的《新理学》一书运用的主要是"正的方法"或逻辑分析方法,但是我们却看到,他通过这一"正的方法"却得出了负的结果。这负的结果就是"空"的命题,并进而凭借这样的命题达到了一种"空且灵"的境界。他的理解是,现代逻辑的分析方法就是不对实际有任何积极的肯定,正因为不断定任何事物,所以它才无往而不真。也正是因为它不断定任何事物,所以说它是空的。在冯友兰看来,形而上学所需要的命题必须是"一片空灵"的。于此,我们可以清楚地看到,他是通过所谓的"正的方法",达到一种负的或"空灵"的境界。他对逻辑分析方法的理解已经与分析哲学家的思想立场相距甚远。维也纳学派是在一种极其严格的经验现象的领域内来运用逻辑分析法的。他们的这一哲学立场叫做逻辑实证主义。而冯友兰则站在新实在论的哲学立场上,他不是运用逻辑分析方法来对任何事物作积极的分析,而是运用这种方法帮助他自己达到一种"经虚涉旷"的空灵境界。可见,他对逻辑分析方法的解读并不符合分析哲学家们的理解。冯友兰之所以对逻辑分析方法做出这种解读是与他的中国哲学史的知识背景密切相关的。道家、玄学和禅宗的方法论在有意和无意之间促使他对现代逻辑分析方法做出了倾向于道家、玄学和禅宗的解读。就是在其《新理学》一书中,他也是经常地运用道家思想资源来解读逻辑分析方法。当然在那时,道家的负的方法还未自觉地成为他构建形而上学的方法,但是道家的负的方法已经在影响着他的哲学思想方法。在写作《新知言》时,负的方法已经成为冯友兰形而上学方法论中一种很重要的方法了。他说道:"真正形上学的方法有两种。一种是正底方法;一种是负底方法。正底方法是以逻辑分析法讲形上学。负底方法是讲形上学不能讲。讲形上学不能讲,亦是一种讲形上学的方法。"①那么,什么是负的方法呢?他解释道:"讲形上学不能讲,即对于形上学的对象,有所表显。既有所表显,即是讲形上学。此种讲形上学的方法,可以说是'烘云托月'的方法。画家画月的一种方法,是在纸上烘云,于烘云中留一圆或半圆底空白,其空即是月。画家底意思,本在画月,但其所画之月,正在他所未画底地方。……用负底方法讲形上学者,可以说是讲其所不讲。讲其所不讲亦是讲。此讲是其形上学犹之乎以'烘云托月'的方法画其月者,可以说是画其所不画,画其所不画亦是画。"②他又说:"负的方法,试图消除区别,告诉我们它的对象不是什么;正的方法,则试图作出区别,告诉我们它的对象是什么。"③

这种负的方法在冯友兰从《新理学》的创立到《中国哲学简史》的撰写的十年间的思想演变过程中占有越来越重要的地位,发挥着越来越重要的作用。他甚至把负的方法看做是达到哲学的最后顶点的方法。他如斯说道:"一个完全的形上学系统,应当始于正的方法,而终于负的方法。如果它不终于负的方法,它就不能达到哲学的最后顶点。但是如果它不始于正的方法,它就缺少作为哲学的实质的清晰思想。神秘主义不是清晰思想的对立面,更不在清晰思想之下,毋宁说它在清晰思想之外。它不是反对理性的,它是超越理性的。"他又接着说道:"在使用负的方法之前,哲学家或学哲学的学生必须通过正的方法;在达到哲学的单纯性之前,他必须通过复杂性。人必须先说很多话然后保持静默。"④我们于此可以清楚地看到,在冯友兰的思想中,正的方法和负的方法对于真正的形而上学来讲都是不可缺少的。

但是,在建构形而上学的这两种方法中,冯友兰似乎更看重负的方法。他在《中国哲学简史》一书中这样说道:"我在《新理学》中用的方法完全是分析的方法。可是写了这部书(《中国哲学简史》——作者

---

① 冯友兰:《新知言》,《三松堂全集》第五卷,第173页。
② 同上。
③ 冯友兰:《中国哲学简史》,第378页。
④ 同上书,第394页。

注)以后,我开始认识到负的方法也很重要……现在,如果有人要我下哲学的定义,我就会用悖论的方式回答:哲学,特别是形上学,是一门这样的知识,在其发展中,最终成为'不知之知'。如果的确如此,就非用负的方法不可。哲学,特别是形上学,它的用处不是增加实际的知识,而是提高精神的境界。"①哲学不能向人提供任何积极的知识,而只能使人们进入最高的境界。这是冯友兰对于哲学的"一以贯之"的看法。正的方法告诉我们对象是什么,能使我们知道对象是什么,这就是一种知识。负的方法不告诉我们对象是什么,它不对对象作任何的区别,所以这样的方法显然也就不能向我们提供任何积极的知识。运用这种方法虽然不能使我们具有关于经验事实的积极的知识,但是它却能使我们进入一种最高的境界。所以,从冯友兰对于哲学性质的分析中,我们可以看到,在关于哲学的两种方法中,他更加重视的是负的方法。至此,他对逻辑分析方法的性质及其运用的看法已经与维也纳学派完全背道而驰。维也纳学派绝对不会承认既说不清又道不明的"负的方法"的,只承认能够给人带来确切知识的逻辑分析方法。

第二节 归纳法与科学

本节以任鸿隽科学观为中心探究"归纳法与科学"问题。任鸿隽(1886—1961),著名科学家、教育家,曾任北京大学教授、东南大学校长、四川大学校长、中华教育基金董事会干事长、中央研究院总干事、上海图书馆馆长、上海市科协副主席。他是中国现代史上主张"科学救国"的典范,积极地参与创建了"中国科学社"。据胡适回忆说:"他们有一天(1914)聚在世界会(Cosmopolitan Club)的一个房间——似是过探先所住——商量要办一个月报,名为'科学'。后来他们公推赵明复与杨铨、任鸿隽等起草,拟订'科学社'的招股章程。"②任鸿隽等当

---

① 冯友兰:《中国哲学简史》,第387页。
② 胡适:《追想胡明复》,《胡适文集》第4卷,第662页。

时都是在美国留学的学生。"中国科学社"是中国历史上第一个纯粹的学术团体。任鸿隽是"中国科学社"第一届董事会的会长,同时他也积极地参与编辑发行《科学》杂志几达 35 年之久。"中国科学社"和《科学》杂志在民间产生了极大的影响,发挥了积极的作用,在中国播下了科学的种子。任鸿隽的所有这些活动的唯一宗旨,便是要促进科学在中国的生根开花和繁荣发展。为了实现这一宗旨,任鸿隽可以说是无怨无悔、呕心沥血。他是中国现代科学的开路先锋,他的科学思想和科学工作理应引起我们的重视。究竟怎样才能使中国的科学发达起来呢?为什么科学在西方国家得到了长足的发展,结出了丰硕的成果,在中国却始终没有发展起来,其真正的原因是什么?为了要在中国发展科学,我们必须能够回答这些虽简单却很重要的问题。只有彻底地了解了为什么科学没有在中国发展起来的原因,我们才能够对症下药,解决问题,创造条件,使科学在中国生根,使科学在中国能够长足地发展。

一、 中国无科学? ——人文学者之回答

这个问题在中国近代以来的历史上并不是一个新问题,自从东西文化接触交通以后,中国的有识之士就始终在考虑和解决这个问题。对于这一个问题,站在不同的立场上就会有不同的看法,因此针对这一问题而提倡的解决方案也就不一样。考虑和解决这一问题的学者、思想家不少,但是真正能够从思想文化的较深层次上考虑这一问题的人还是少数,这其中比较有代表性的是梁漱溟、冯友兰、胡适等人。

梁漱溟在这个问题上的看法是很独特的。他认为,中国文化之所以没有走上科学和民主的道路是因为中国文化走的是另一条不同的道路。这就牵涉他所谓的文化三路向的理论。他指出,所有人类的生活大约不出如下的三个样法:(1)向前面要求,就是奋斗取得所要求的东西,设法满足自己的种种要求,遇到问题都是从前面去下手,其结果就是改造局面;(2)遇到问题不去求得解决,不去要求改造局面,而是只求自己的意欲的满足与调和;(3)遇到问题不但不去求得解决,

而是转身向后去要求，从根本上就想取消问题。西方文化、中国文化和印度文化依次走着上述的文化路向。他指出，民主和科学是走第一种路向的必然结果。中国文化走的是第二种路向，所以不管走得多远，也不可能产生出民主和科学。因为中国文化是关于人自身的问题，而不是关于外在自然的问题的。我们可以暂且不管梁漱溟这种理论是否符合东西文化发展的实际情形，也可以不管这种理论到底有多大的价值，这不是我们现在要讨论的问题，我们至少可以肯定他的说法是对中国之所以没有科学的一种解释。

冯友兰在这个问题上的看法，究其实，也大体上和梁漱溟的看法大同小异。他认为，中国没有科学是因为中国人不需要科学，因为中国文化走的路和西方的不同。他说，中国没有科学，是因为按照中国人的价值标准，他们毫不需要科学。中国所以从未发展出科学和科学方法，是因为中国思想从心出发，从个人自己的心出发。他又认为，中国哲学是最讲人伦日用的，中国哲学家爱的是知觉的确实，而不是概念的确实，所以他们不想也没有把他们具体的所见所闻翻成科学的形式，因此中国没有科学。他指出，如果中国人从一开始就走上墨子的善即有用或荀子的制天命而用之的思想的路子，那么中国有可能早就产生了科学。

胡适在这个问题上的看法与梁漱溟和冯友兰有所不同，他并不认为中国没有科学是因为中国文化走的路子与西方的不一样。中国之所以没有科学，在他看来，并不是因为中国学者没有科学的方法，他指出，清代学者用以考证的方法就是一种科学的方法或者说是一种归纳的方法，这种方法与西方科学家所运用的方法没有什么不同的地方。之所以中国不能产生出科学来，是由于中国学者的科学方法是完全地局限于文字的范围之内，而西方的学者则不同，他们运用科学的方法处理的对象是实物。用科学的方法或归纳的方法来处理文字，充其量，只能产生考据学。与之不同，把科学的方法运用于实物却形成了科学。总之，在胡适看来，中国没有产生科学的根本原因还是因为中国学者的科学方法所运用的对象不是实物。

关于中国为什么没有科学的问题在中国自近代以来曾有过很激烈的讨论，而梁漱溟、冯友兰和胡适的看法只不过是这许许多多的看法中比较有代表性的而已。那么他们的这些看法到底具有多少的合理成分在内呢？这是一个很难回答的问题。他们的看法不能说对，同样也不能说不对。但是有一点是很清楚的，这三位学者都是人文科学的学者，由于专业知识的限制，他们的看法有隔靴搔痒的感觉，总搔不着痒处。比如胡适的看法，不能说完全没有道理。但是他说清代学者所运用的方法就是西方学者所运用的科学方法便没有多大的道理。当然从事考据学必须有其方法，但是清代考据学家却很难说有什么方法论或什么归纳方法论，他们基本上没有自觉的方法论意识。而反观西方的学术界，从培根到穆勒(J. S. Mill)逐渐地形成了一套比较完备的关于归纳方法的理论。胡适说清代学者的方法就是科学方法或归纳方法，是他首先受了西方科学方法的影响，然后再在中国清代学者的方法中寻找归纳方法的影子。其实，这两者之间是有很大的区别的。而梁漱溟可以说根本上是对科学很隔膜的学者，他对中国为什么没有科学的解释是十分牵强的。冯友兰的学术研究着重的是人文方面，科学的思想当然也在其关注的范围之内，但那毕竟不是他的专业。所以，对于这一问题最有发言权的是那些学习和研究科学的学者。在这里，"中国科学社"的同仁关于中国为什么没有科学的说法应该引起我们的高度重视。

二、中国无科学？——"中国科学社"的回答

要促进科学在中国的发展，首先要回答中国为什么没有科学这样的问题。《科学》杂志创刊号的第一篇文章就是任鸿隽的《说中国无科学的原因》一文。文章认为，中国所以贫弱的重要原因之一就是没有科学，但是中国没有科学的原因又是什么呢？任氏指出，这一个问题十分重要。如果能够正确地回答这样的问题，那么就如治病必须治根一样，手到病除，"犹治病而扶其根，可以引针施砭，荣养滋补，奏霍然

之功而收起死之效不难也。"①。要回答中国为什么没有科学，那么我们就得首先明白究竟什么才是科学。

任文于是对什么是科学作了一个比较简洁的回答。他说："科学者，知识而有系统者之大名。就广义言之，凡知识之分割部居，以类相从，井然独绎一事物者，皆得谓之科学。自狭义言之，则知识之关于某一现象，其推论重实验，其察物重条贯，而又能分别关联抽举其大例者谓之科学。是故历史美术文学哲理神学之属非科学也。而天文物理心理之属为科学。今世普通之所谓科学，狭义之科学也。"可见，在他看来，所谓的科学就是自然科学；自然科学是对自然现象作分而治之的研究，而不是对自然作整体的研究；自然科学是实验科学，其理论是以实验为基础而建立起来的理论系统；从方法讲，自然科学的理论是从特殊的个案而得出一般的结论。知道了什么是科学，然后我们才能了解中国有没有像科学这样的学问。

在任氏看来，中国学术思想的历史是一部退化的历史。中国人求学知其然而不求其所以然，耽于空虚而避乎实际。他指出，神农之习草木，黄帝之演算术，墨翟公输之明物理技巧，邓析公孙龙之析异同，子思的天圆地方之说，如此等等，都与科学相去甚远。为什么呢？因为这些思想都缺乏"系统条贯"。他认为，中国之所以没有科学，并不是中国人不聪明，也不是社会对学术思想的过分限制。科学的本质不在物质，而在方法。物质的东西现在的与以前的没有什么不同，但是以前却没有科学，现在则有了科学。于此可见，科学之为科学，其关键在于方法。"诚得其方法，则所见之事实无非科学者。不然，虽尽贩他人之所有，亦所谓邯郸学步，终为人厮隶，安能有独立进步之日矣。"中国没有科学的真正原因是中国学术界"未得研究科学之方法而已"。他这里所谓的科学方法指的是归纳方法。中国学术界不知道所以也不会自觉地运用归纳方法，所以中国没有科学，而在西方，情形则截然相反，西方科学的发展主要就是得力于归纳方法的运用。

---

① 任鸿隽：《说中国无科学之原因》，《科学》第一卷第一期，1915年1月。

任氏从归纳方法论的角度来说明中国为什么没有科学,这一看问题的角度主要得自美国学者、当时的哈佛大学校长爱礼特(C. W. Eliot)。爱氏曾来东方游学,归而著书曰:我们西方人有一样东西是东方人所没有的,这就是归纳方法。西方近百年的进步完全得力于归纳方法的运用。东方学者未尝用归纳方法来进行实验,以求其真,所以驰骛于空虚不实之中。他接着指出:"吾人现救东方人驰骛空虚之病,而使其有独立不倚格致事物发明真理之精神,亦惟有教以自然科学以归纳的论理、实验的方法,简练其官能,使其能得正确之知识之于平昔所观察者而已。"任氏认为,爱氏的看法正可以用来说明中国为什么没有科学。根据这种看法,没有归纳方法,也就没有科学。无归纳法则无科学。所以从中得出的结论自然也就是,要建立和发展科学,首先就必须掌握归纳方法。于是他试图在文章中详尽地讨论归纳方法。

三、无归纳方法则无科学

为什么说,无归纳方法就无科学呢? 任氏对归纳方法在科学中的作用从两个方面做了说明。

第一,归纳方法是实验的方法。从逻辑学讲,由特例而得一般的结论谓之归纳;由一般的结论而到特例则谓之演绎。那么从科学方面着眼,演绎方法是先立一科学律例,再看事实是否与之相符。归纳法则不一样,它是在多数实验的基础之上抽出可以用来说明大多数事实的一般结论。可见,演绎法与归纳法之间的区别在于:"归纳法尚官感",而演绎法"尚心思";归纳法置事实于推理之前,演绎法置事实于推理之后。任氏指出,演绎法"执一本以赅万殊","非所以经始科学之道"。而归纳法则与之不同。要想得到正确的前提或理论就必须从事于实验。在实验的日积月累基础之上,事物之间的关系才能逐渐被我们认识,据此我们才能提出相应的假设。这样的假设是由于实验而形成的,也必须依靠实验而得到检验。如果假设与实验不符,就应抛弃假设。如果经过了实验的验证,那么这样的假设也就被确立为科学的律例。由此可见,假设是在实验之后,是得自于对事实所做的归纳,而不是依靠所谓的演绎。要从事于归纳就不得不重视实验。有了实验而后才有理论,而后科学上的公例或律例才得以成立。可见,无官感则无归纳,无归纳则无知识,无知识则不能知自然之定律。他认为,中国学者的弊病在于不依靠官感而专恃心能,一味钻研故纸堆高谈性理,如王阳明的格物、颜习斋的讲学,与科学相去十分遥远。这种研究学问的态度和方法当然不是科学研究的,这就是为什么中国没有科学的一个大原因。

第二,归纳法是一种不断使人进步的方法。科学是有系统的知识。因为科学是有系统的知识,所以可以借由归纳方法而得到知识系统的发达,也就是结合众多的事实而得到公例,而有了这样的公例又可以产生新的事实。在这样的新事实的基础之上又可以发现新的公例。如此循环不已,以至无穷。一部科学史上像这样的事例比比皆是。这种看法的理论上的根据,就是事物与事物之间是相互联系的,是处在普遍的联系之中。发现了关于某一事物的规律就有助于我们去发现其他事物的规律。但是,要做到这一点,我们必须要有某种方法。任氏指出,这样的方法就是归纳法。如果没有归纳法,那么事物之间的联系对于认识者而言是毫无意义的。运用归纳法虽有时有误,但亦有得。如物质不变定律发明之前,欧洲人热心于炼金术,以为可以通过这种方法而得到黄金,于是熔铸化炼,不遗余力,结果却事与愿违,黄金没有得到,而化学则由此诞生。所以如此之故,就是发现了事物与事物之间相互的关系。而所以能发现这种关系的主要的方法就是归纳法。要求得学术的进步,就得有能促进学术进步发展的方法,科学史表明,归纳法就是这样的方法。可见,归纳法是学术进步的利器。

我们可以看到,任氏文章的一个基本的观点是推崇归纳方法。他推崇归纳方法的原因在于,他认为只有归纳方法才能促进科学的建立和发展,所以他反复强调无归纳方法则无科学。在这篇文章中,任氏并没有把归纳法和演绎法截然分开,而是指出,"科学之方法,乃兼合归纳与演绎二者。先作观察,微有所得,乃设想一理以推演之,然后复作实验,以视其合否。不合则重创一新理,合而不尽精切则修补之。然后更试之以实验,再演绎之;如是往返于归纳与演绎之间,归纳与演绎既相间而进。故归纳之性不失,而演绎之功可收。斯为科学方法之特点。"但是在他关于科学方法的思想中,归纳方法显然要比演绎方法重要,而且我们在上面论述他关于归纳理论的言论中已可以清楚地看到,他有扬归纳法和贬演绎法的思想倾向。而在他的《科学方法讲义》中,他的这种思想倾向得到进一步的发展。

他的《科学方法讲义》刊登在《科学》第四卷第十一期上。在这篇文章中,他所谓的科学方法就是专用来指归纳方法的,他关于归纳方法的论述很是详尽系统。他首先指出了归纳方法大概包括如下要点:

1. 由事实的观察而定一假说;
2. 由此假说演绎其结果;
3. 以实验考查其结果之现象,是否合于所预期者;
4. 假说既经实验,合于事实,乃可定其为代表天然事实之科学规律。

这里所说的第一条的内容是强调,科学方法是从搜集事实出发的,这是从事科学研究的第一步。搜集事实的方法有二:一曰观察,二曰实验。

有了事实之后,还必须经过许多的步骤,才可以定一假说。具体的步骤如下:

分类 有了事实之后,就须找出事实之间的异同之点,然后就其相同之点对事实进行分类。分类的方法在科学上是极其重要的,因为只有在同类的事实中,我们才有可能找到事实之间的共同的规律。如果没有分类,那么事实就是一盘散沙,相互之间没有关系,而科学知识是有系统的知识,没有系统的知识不成其为科学的知识。科学知识的系统的性质就是由分类得来的。

分析 分类之后,我们就需要对事实进行分析,把复杂的事实分析成简单的事实,分析成复杂事实的组织成分。只有经过这样的分析的工作之后,我们才有可能对事实进行真正的归纳。

归纳 归纳的作用不是概括所有的事实。概括所有的事实是不可能的。所谓的概括是要由特殊以推到普遍,由已知推到未知。可见,归纳就是在事实的基础之上求普遍性的东西,这种普遍性的东西就是在事实里面寻找出来的,或者说是在经过分类的事实的基础之上寻找出来的。

假设 通过归纳所得到的这种普遍性的东西还不是具有确切性的理论,而只是假设,这种假设是理论性的,是用来解释事实的一种理论范式。假设在此时仅仅是一种还未经受过检验的理论,是一种猜测。但是这种猜测不是瞎猜,是有一定根据的,是根据事实而得出的。之所以叫它猜测是因为此时它还未得到检验。好的猜测必须具备这样的三个条件:1. 必须能够发生演绎推理,并且由推理所得的结果可以与观察的结果相比较;2. 必须与已知为正确的自然律不相抵触;3. 由假设所推得的结果必须与观察的事实符合。之所以需要这样的三个条件是因为:1. 要定假设的对与不对,仍需事实上的证明。所以有了假设之后,必须能够由假设中产生出许多问题来。由假设而产生出许多问题的过程本身就是演绎推理的过程。但是要解决这些问题,仍旧要通过实验,所以这种方法归根结底还是归纳方法;2. 我们所选择的假设在得到检验之前还是一种猜测,所以此种猜测的价值自然不能与已经证明为正确的自然律相比较,所以我们仍然需要由自然律来做我们的指导,而不能牺牲自然律的正确性来迁就我们未经检验的假设;3. 假设的作用在于用来解释事实,如这样的假设不能用来解释已经得到的事实,那么它就失去了作用。这时我们就须另立新的假设。

学说与定律 假设经过证明或证实之后,就可以转变为学说或定律了。学说或定律是已经经过证明的,它们可以被用来说明其他的种种现象,也就是说它们可以作为证据来使用。而假设则不一样,它们只能用来解释事实或现象,而不能用作证据。

以上便是任鸿隽对于归纳方法的极其详尽的论述。他对归纳方法的性质和效用的这种看法其实不仅仅是他本人的看法,完全可以看做是"中国科学社"同仁和《科学》杂志共同的看法。因为如果我们对

《科学》杂志前几卷关于科学方法的使用的文章仔细阅读一下就可以得知,提倡归纳方法、把归纳方法看做是科学方法的实质是他们共同的理论。比如胡明服在《科学》第二卷第七、第九两期所发表的《科学方法》一文中指出科学方法就是归纳方法。如此等等。

任鸿隽对于科学方法或归纳方法的大力提倡在中国现代社会中曾产生过巨大的影响。可以这样说,在中国现代社会中真正对科学方法或归纳方法做出这样系统的宣传和提倡的是《科学》杂志。当然,在《科学》杂志之前,严复是最早提倡归纳方法的学者。但是严复主要是通过翻译穆勒的《穆勒名学》和耶芳斯的《名学浅说》两书来提倡归纳方法的。穆勒和耶芳斯都是提倡归纳方法的哲学家。其中穆勒对于归纳方法的提倡更是不遗余力,他所谓的"穆勒五法"就是一种典型的归纳方法。在《穆勒名学》中,穆勒把归纳逻辑和演绎逻辑完全对立起来,并排斥演绎逻辑。他认为,亚里士多德的演绎逻辑是脱离"试验",脱离归纳逻辑。他指出,演绎逻辑只有放在归纳逻辑,特别是放在"试验"的基础之上,加以改造,才能变成有用的。而经过这种改造后的演绎逻辑也就成为归纳逻辑的一个部分了,丧失了其独立存在的价值和意义。而且他还进一步指出,归纳方法是认识事物、形成科学知识的唯一方法,科学的一切基本原理,甚至包括数学这样的科学的基本原理,都是靠归纳方法取得的。所以,《穆勒名学》的大部分是讲归纳逻辑的。但是严复在翻译《穆勒名学》一书时由于身体方面的原因只翻译了这本书的前半部分,即关于演绎法的部分,而关于归纳逻辑的部分只译出了一小部分。他在"按语"中表达了他个人对于演绎法与归纳法的关系的看法,但这些看法并不系统。他所翻译的耶芳斯的《名学浅说》的一个特点是,认为演绎法不能产生知识,所以此书根本就没有提及演绎法的任何原理,甚至连演绎法这样的字眼都没有出现,而是全力以赴地讨论归纳方法。所以这本书的译本在国内的影响当然也就是在归纳方法方面。经过严复的提倡,少数学者知道了归纳方法的重要。然而严复通过翻译倡导归纳方法而产生的影响是十分有限的,而且严复对于归纳方法的提倡也没有很明确地把归纳方法和科学方法结合在一起。总之,严复对归纳方法的提倡的影响是有限的,而《科学》杂志对归纳方法的提倡是与科学方法和科学精神紧紧地联系起来的,并对归纳方法作了系统详尽的论述,这在国内尚属首次。"中国科学社"的同仁提倡和宣传归纳方法或科学方法的真正目的是要解决"为什么中国没有科学"这样一个根本性的大问题。他们认为中国之所以没有科学,一个最为主要的原因是在中国归纳方法从来没有得到过发展。从中能够得到的结论也就是,要在中国发展科学就必须提倡和宣传归纳方法,归纳方法就是科学方法。

任鸿隽对于归纳方法与科学之间关系的看法对于当时社会产生过相当的影响。很多人受其影响而注重科学,这就使得很有一部分人格外地重视归纳方法。比如金岳霖就受了这种风气的影响。他在《论道·绪论》中这样说道:"在辛亥之后的几年中,因为大多数的人注重科学,所以有一部分的人特别喜欢谈归纳,我免不了受这注重归纳底影响。"于是他经常地考虑归纳方法的哲学基础问题。他感到归纳方法不像演绎法有一系统。如果归纳方法为客观知识的唯一的来源,那么归纳方法本身的基础又在什么地方呢?可以说,金岳霖以后的哲学生涯中的大部分时间是用来解决这样一个十分重要而又十分复杂的哲学问题。当然金岳霖研究归纳方法的角度显然不同于《科学》杂志。提倡科学的人不会怀疑归纳方法本身,因为一部科学史清楚地表明了归纳方法在促进科学发展和繁荣方面曾经起过的重大作用。而金岳霖是从哲学的角度来讨论和研究归纳方法的哲学基础的。这是休谟的问题,是关心科学发展的哲学家最为注意的问题。虽然关心的角度不同,但是金岳霖注意归纳问题的起因却是由于《科学》杂志提倡科学方法或归纳方法而造成的社会影响。当然,金岳霖仅仅是受当时注重归纳方法风气的影响的一例。除他之外,当时热衷于谈论归纳方法的还大有人在。

我们应该看到,《科学》杂志关于归纳方法的思想当然是完全地源于英美的哲学界和科学界。因为归纳方法首先是在英国发展起来的。在英国,从培根到穆勒,归纳方法有一个十分悠久的传统。正是这一传统孕育了英国发达的科学。以任鸿隽为代表的《科学》杂志的同仁早期都在美国留学,他们中的绝大部分人学的又是科学,所以他们也就理所当然地看到归纳方法在科学发展中的巨大作用和影响。这也使他们认识到中国之所以没有科学主要是由于中国没有归纳方法。这种认识使他们自然而然地高度重视归纳方法在科学中的作用和地位。对归纳方法的重视当然是正确的,但是由于过度地重视归纳方法又使他们往往贬低甚至排除演绎法。如任鸿隽在其《科学方法讲义》中曾对归纳方法和演绎方法作了对比。他这样说道:"1. 归纳逻辑是由事实的研究,演绎逻辑是形式敷衍。2. 归纳逻辑是由特例以发现通则,演绎逻辑是由通则以判断特例。3. 归纳逻辑是步步脚踏实地,演绎逻辑是全面凭虚构造。4. 归纳逻辑是随时改良进步的,演绎逻辑是一误到底的。"说"归纳逻辑是随时改良进步的,演绎逻辑是一误到底的",就将归纳逻辑和演绎逻辑完全地对立起来了。正因为如此,他在讨论归纳方法的时候很少甚至不谈演绎法。现在看来,这种看法趋于极端,有其片面性。而他们之所以有这种看法的一个根本原因就是因为演绎不产生新的知识,而归纳能够产生新的知识。这种看法在绝大部分的科学家看来是没有疑问的。但是,这是一个没有定论的问题。然而有一个问题却是十分清楚的,即归纳方法要成为一种科学方法论是根本不能没有演绎法的帮助的,而且事实上在归纳方法的运用中也不可能排除演绎法的运用。或者可以这样说,正是因为有了演绎法的帮助,才使归纳方法能够产生预期的结果。我们都知道,罗素是一个最注重在哲学领域运用科学方法的哲学家。他在《哲学问题》一书中就很清楚明白地指出,演绎法能够产生新的知识。所以不能随便地在科学方法论中排除演绎法的地位,否认演绎法在科学方法中的作用。

应该说归纳法是促进科学在西方长足发展的一个很重要的原因。在西方近代历史上英国哲学家培根首先倡导归纳方法,正因为此,他被誉为"整个现代实验科学的真正始祖"。也正因为此,"无归纳则无科学"的命题是正确的。归纳法是科学能够产生的必要条件。而且在任鸿隽等人看来，归纳方法也是科学产生和发展的充分条件。这就是说，只要把归纳方法引进中国，中国的科学也就能够发展起来。这样的看法实际上是把归纳方法看做是科学发展和繁荣的唯一原因。这是值得商榷的。任鸿隽及以后的学者花了不少的时间介绍、引进归纳方法，任氏本人对于归纳方法的看法应该说是相当完备的。以后的金岳霖可以说花了几乎20年的时间研究归纳方法，可以说提供了一套比较完备的归纳方法的理论。但科学在中国似乎并没有随着归纳法理论的立足而获得相应的发展。我们因此可以接着说，归纳方法可能并不是科学发展和繁荣的唯一的原因，而只是必要的原因。不仅在中国如此，在西方亦如此。西方科学的长足发展是在文艺复兴之后，是在人的意识觉醒之后，人并不是神的附属物，人意识到了自己的主体性，认识到自己是自然的主人，能给自然立法，有能力认识和改造自然。

我们在此也应看到西方文化中强烈的求真精神促进科学发展和繁荣的重要作用。科学或科学方法的唯一的精神就是求真。真善美三者统一的境界当然是一种极高的境界。但是，真善美三者并不是平等的，从认知的角度看更是如此。这三者一体的境界的基础应该是真。也就是说，真是第一位的东西。而不是相反。善的东西如果不同时是真的，那么善就成为一场骗局，一种幻景，一种自欺欺人的说教。站在科学的立场，在任何时候任何地点，真永远是至高无上的。我们可以说，求真的精神孕育了科学的态度和科学的方法。因此，我们也可以说，求真的精神催生了归纳方法。反过来，归纳方法作为科学的方法也加强了求真的精神。其实，求真的精神和归纳方法是互为因果的。可见，要促使科学在中国发展和繁荣，必须培育人们牢固的求真的科学精神。

由于以上种种要素，并且加上归纳方法的辅助，于是科学逐渐地在西方生根开花。这样的看法如果有道理的话，那么仅仅引进归纳方法也并不能促进科学在中国发展和繁荣。这一点也正好用来说明为什么任鸿隽在当时中国的条件下不能实现自己的目标。理由现在看来很简单,即单纯地引进归纳方法无济于事。科学在中国的发展和繁荣,需要人的素质的提高,需要一个运行良好的社会,需要整个社会制度的协调发展。

还需讨论的一个重要问题是,如果说无归纳则无科学,中国没有归纳方法,所以中国没有科学;那么,中国为什么没有产生归纳方法,西方又为什么能够产生归纳方法。我们看到,问题的形式变了,即现在问的不是中国为什么没有科学,而是中国为什么没有归纳方法。问题的形式虽然发生了变化,但问题的实质却并没有发生变化。实质仍然是:中国为什么不能产生科学,答案是:中国文化中缺少了产生科学的要素。这些要素是什么呢?

根据任鸿隽的看法,所谓的科学有如下几个含义:1. 科学指的是自然科学;2. 自然科学是对自然现象做分而治之的研究,而不是做整体的研究;3. 自然科学是实验科学;4. 自然科学理论是从特殊的个案得出一般的结论。于是,我们可以看到,科学是关于自然现象的知识体系,自然现象是自然科学研究的对象。那么研究自然现象的主体当然也就是人了。也就是说,科学活动所以能够进行的理论前提就是主体与客体在一定程度上的区分。没有这种区分也就相应地没有科学能够进行的前提。而人对自然现象的研究实质上是一种认知性的活动,这一认知活动是分析性的,即只是对个别现象的研究,不企图去认识整个的自然现象。从这个意义上说,西方哲学的认知方式引生了西方的科学。这种认知活动的目的很明确,就是要能够认识对象,我们怎么样才能够达到自然现象是认知活动关注的唯一焦点,于是从中就孕育出了求真的精神。因为所谓真就是主体的认知符合作为客体的自然现象。为了能够解决认识作为客体的自然现象,我们在认知活动或科学活动中必须要竭力寻求一种方法,或一种途径,或架设一座桥梁,使我们由此及彼。有的哲学家认为,这样的方法或途径或桥梁是有的,因此自然现象是可以认识的。还有的哲学家则在不同的程度上否认了这样的可能性。后者站在了怀疑主义的立场上,对前者的乐观提出了种种责难。这些责难极大地刺激了前者积极地去寻找认识自然现象的方法。哲学的或科学的方法论在历史中也就趋于完善。也是基于这一原因，西方文化中的认识理论和方法理论比起我们的要丰富、系统、有效。上面的分析的目的在于指出，中国近代所以没有能够诞生实验科学的主要原因是我们的历史上一直缺乏认知的传统，在我们的传统观念中自然与人是合一的，因此也无必要确立系统有效的方法论去解决如何认识作为客体的自然现象的问题，结果我们也就没有科学的方法，没有归纳方法，没有明确的求真精神，求善无论何时何地都是第一位的，都是至高无上的。过分发育或滋长了的求善意识压抑、窒息了求真精神。没有科学的方法，没有明确的科学求真精神，不重视以外在事物和生存环境为对象的认知活动，所以我们也就必然没有科学的知识体系。所以，如果有人要问，中国为什么没有发展出实验科学？那么答案应该是很明确的，即我们的传统文化中缺乏强烈的认知意识，没有认知方法，没有求真的精神。

第三节　怀疑论方法

一、怀疑论的挑战

法国哲学家笛卡尔（1596—1650）在哲学史上的主要贡献在于提出了系统的怀疑论的方法论。当然他本人还不能归于怀疑论者的阵营，因为在他的哲学思想体系中，怀疑或困惑只是作为方法或手段，而不是作为目的。他之所以要以怀疑论为方法，是因为他企图通过这样的方法论达到坚实可靠、确切无疑的知识。因此"怀疑一切"就成了笛卡尔哲学思想体系的第一个环节，当然也是他的知识理论的第一个环节。

可以说，笛卡尔是现代怀疑论的"始作俑者"。他这样说道："由于很久以来我就感觉到我自从幼年时期起就把一大堆错误的见解当作真实的接受了过来，而从那时以后我根据一些非常靠不住的原则建立起来的东西都不能不是十分可疑、十分不可靠的，因此我认为，如果我想要在科学上建立起某种坚定可靠、经久不变的东西的话,我就非在我有生之日认真地把我历来信以为真的一切见解统统清除出去,再从根本上重新开始不可……可是为了达到这个目的,没有必要去证明这些旧见解都是错误的,因为那样一来,我也许就永远达不到目的。不过理性告诉我,和我认为显然是错误的东西一样,对于那些不是完全确定无疑的东西也应该不要轻易相信,因此只要我在那些东西里找到哪管是一点点可疑的东西就足以使我把它们全部都抛弃掉。这样一来,就不需要我把它们拿来一个个地检查了,因为那将会是一件没完没了的工作。可是,拆掉基础就必然引起大厦的其余部分随之而倒塌,所以我首先将从我的全部旧见解所根据的那些原则下手。"①

从笛卡尔的上述引语中,我们至少可以清晰地看到如下几点:

第一,笛卡尔主张要把历来信以为真的一切见解统统抛弃掉,即便是那些稍有可疑的东西也不要轻易相信。但他并不是彻底的怀疑论者,因为在他那里怀疑不是目的。真正的怀疑论者是否定一切可能的知识,怀疑是其确定的目标。在笛卡尔的思想体系中,怀疑只是一种手段,一种达到真理性的认识的手段。可见,笛卡尔的怀疑论是消极的,而不是积极的。

第二,笛卡尔怀疑论确实是主张怀疑一切。通过这种怀疑一切的方法或途径,他要寻找的是"确定无疑的东西"。他认为,这种"确定无疑的东西"才是他所要寻求的目标,它们应该是知识大厦的基础,是科学的信念体系的坚实可靠的永久性的基础。

第三,这一基础是认识论意义上的。这就是说,科学信念必须确立在这样的信念的基础之上,这些信念在认识论的意义上讲是正当的或得到了证实的或无从怀疑的。他认为,所谓认识论意义上的正当性并不仅仅是指这些基础性的信念是真的,而且也是说这些信念是"确定无疑的"、确切的、无从怀疑的。不仅这些基础性信念具有认识论的正当性,而且建立在这些信念之上的其他信念也因此具有认识论的正

---

① 笛卡尔:《第一哲学沉思集》,商务印书馆,1986年,第14—15页。

当性，我们对此也应该无从怀疑。

笛卡尔认为，任何属于稍可怀疑之列的东西都不应该被看做是知识。能够被称作是知识的东西应该具有确切无疑的性质。知识论所追求的就是具有确切无疑性质的知识。因此知识论的要求显然应该是明白清楚、确切可靠、无从怀疑，而不仅仅可能是真的。于稍可怀疑之列的东西都不应该被看做是知识。能够被称作是知识的东西应该具有确切无疑的性质。更具体地说，在笛卡尔看来，知识的可靠性不是10%、50%，也不是99%，而应该是绝对的100%的可靠。当我们说某一信念是知识时，要做到让你想怀疑都无从怀疑，想否定也无法否定，因为你找不到任何理由来怀疑或否定。

这似乎还不够。因为达到这样信念的方法或手段或过程本身也必须是十分可靠、十分确定的。在笛卡尔看来，那些借助于经验性的方法得到的知识体现在方法论上都是十分可疑的，是不确切的。充满疑问的方法或过程绝不可能让我们得到确切可靠的知识，因为通过这样的途径得到的只可能是不确定的知识。不确定的知识不符合笛卡尔的要求，所以这样的知识属于可怀疑之列。一旦这样的方法论基础遭到责难，那么建立在这样的方法论基础上的一切知识体系也就相应地摇摇欲坠，早晚会坍塌。因此，在笛卡尔看来，我们必须要以严格的挑剔的眼光来审视一切知识。

笛卡尔认为，无可怀疑应该是认识论的目标。所谓无可怀疑在此不仅仅是说认识的主体没有任何主观理由来怀疑，同时也是说我们找不到任何外在的理由来反对或怀疑我们所保持的信念。这就是说，没有任何理由可以作为怀疑的基础。因此，如果一个信念是无可怀疑的，就是说对这一信念的怀疑是不可能的。笛卡尔企图通过"怀疑一切"的手段要找到的正是这样清楚明白无可怀疑的信念，并以此作为整个知识体系或科学大厦的永久的坚固的基础。

如果认识论的整个目标就是无可怀疑，那么我们必须要能够寻找到一种方法或手段或途径。而且这样的方法或手段或途径本身也必须是无可怀疑的。显然不完善的方法本身绝不能够帮助我们得到使我们无从怀疑的信念。因此，我们的任务就是要找到这样的完善的方法。

研究知识论，我们当然首先会碰到这样的两个问题：第一，究竟什么是知识；第二，到底有没有知识或者说我们是否拥有知识。如果你对第二个问题持否定的态度，那么你就是站在了怀疑论的立场上。在你看来，既然没有知识，所以什么是知识的问题当然也不在你的视野之中。但在这里，我们似乎不得不陷入一种理论的知识论怪圈之中。因为如果你否认知识这一事实，理论上就蕴涵着这样的一个前提，即你知道究竟什么可以叫做知识。因为如果你连什么是知识都不知道，你又怎么可能怀疑知识的有或无呢？如果你知道了究竟什么东西可以称作是知识，那么你也就无从怀疑到底有没有知识这样的东西。但知识论发展的历史却又十分清楚地告诉我们，要给知识下一个具有普遍性的定义是一个非常困难的问题。怀疑论者因此往往质疑知识论可能成立的理由。

我们的哲学教育很不重视怀疑论的作用，因为我们过度地坚持可知论的哲学立场，以为只要通过努力，我们一定能够掌握或了解世界的性质和事物运行发展的客观规律。由于过度地相信我们的认知能力，所以我们总是对怀疑论保持一种不满甚至批判的态度。说某某哲学家具有怀疑论的倾向，实质上就是对这位哲学家的哲学思想的批判或不满。其实，对怀疑论思想的这种态度是不公正的。

一切学术的进步发展都似乎要依赖于怀疑的精神或方法。如果对一切都熟视无睹、习以为常，那么思想就会陷于停顿，变成一潭死水。为学贵在有疑。疑则有进。这种怀疑精神当然是哲学研究的必要条件。没有怀疑精神，就不可能有真正的哲学思想，就不可能有真正的学术研究。可以说，怀疑的精神是哲学思想不断进步的基本动力。强烈的怀疑精神可以促使思想的解放和进步。

胡适在中国现代史上的新文化运动中是一个叱咤风云的人物。他所以能够成就一番大的事业就在于他首先系统地运用怀疑的方法来重新评判中国传统的文化。他发问道："（1）对于习俗相传下来的制度风俗,要问'这种制度现在还有存在的价值吗?'(2)对于古代遗传下来的圣贤教训,要问'这句话在今日还是不错吗?'(3)对于社会上糊涂公认的行为与信仰,都要问'大家公认的,就不会错吗?人家这样做,我也应该这样吗?难道没有别样的做法比这更好,更有理,更有益吗?'"对于历史、社会上公认的制度教训、圣贤遗训、行为信仰,他都要问一个为什么,都要重新拷问它们的合理性及其存在的价值,要"重新估定一切价值"。

他的方法论就是他终生服膺的实验主义的方法论。这个方法论可以概括为五个阶段:

第一阶段为困惑、疑虑的阶段;

第二阶段为决定这困惑和疑虑究竟出现在什么地方;

第三阶段假定种种解决疑难的方法;

第四阶段选择许多假设中的一种作为解决困惑和疑虑的可能的解决方案;

第五阶段要小心求证,把选择的假设加以证实,以求疑虑和困惑得以解决。①

胡适所理解的实验主义方法论的核心元素当然是疑难和困惑。这方法论的五阶段都是围绕着困惑和疑难进行的。所以他的方法论又可称之为怀疑的方法。

他对中国传统文化的批判,他在整理国故方面所取得的成就,可以说都是在这样虽简易却又切实可行的方法论的指导之下进行的。

胡适的怀疑方法对中国传统文化具有极大的破坏力。但在方法论上讲,他的这种方法还是极其温和的,是不彻底的,而且运用的范围也是极其有限的。如果与西方哲学史上的怀疑主义方法论相比,那么胡适的怀疑方法简直可以说是小巫见大巫。

其实,无论在研究领域内还是在日常生活中,知识与怀疑、问题、疑问总是相伴而行。姑且不论怀疑论在其他学科领域内的作用、意

---

① 参见胡适:《实验主义》,《胡适文集》第2卷,第208—248页。

义,它在哲学发展史尤其在知识论发展的历史上起着极其重要的作用。比如要研究知识论,我们碰到的首要问题就是究竟有没有知识。极端的怀疑论者认为,我们根本不可能获得任何真理性的知识。因为在他们看来,人的感官和心灵的任何印象都是不可靠的,因此他们的结论就是"我们谁都不知道任何事物,甚至于不知道'我们究竟是知道某物还是什么都不知道'"①。

如果极端怀疑论者的这一看法是正确的,那么知识论这一学科也就不可能存在。从理论上驳斥这种类型的怀疑论似乎是非常困难的一件事。

但是,极端怀疑论本身要站得住脚似乎也必须经受怀疑论的拷问。因为:第一,如果极端怀疑论者的看法是对的话,那么"我们谁都不知道任何事物,甚至于不知道'我们究竟是知道某物还是什么都不知道'"这一断语的正确性就应该受到质疑。因为如果它是正确的,那么我们至少就得到了一个正确的命题,因此结论就是"怀疑一切"的命题是不正确的,所以从逻辑上说,极端怀疑论的哲学立场是站不住脚的。第二,如果极端怀疑论者是对的话,这就意味着,在他们眼里是不存在所谓的具有确定性质的东西的。但是如果一切东西都是不确定的话,那么极端怀疑论者的论点也是不确定的。如果情形果真是这样的话,那么上述断语中的"我们""知道""不知道""某物"等概念也是不确定的。但是在极端怀疑论者的眼里这些概念的含义是明确的,它们都有所指。如果这些概念是不确定的,那么极端怀疑论者也就不知所云。如果他们明白他们在讲什么东西,这些概念至少在他们的心中是明白清楚的,那么他们的极端怀疑论也就不攻自破了,因为他们的"我怀疑一切"的论点不成立了。这使我想起了俄国著名作家屠格涅夫中篇小说《罗亭》里的一段对话,是在小说主人公罗亭与毕加索夫之间进行的。罗亭知识渊博、思想深邃、极富辩才,高谈雄辩惊四座。而毕加

---

① 《古希腊罗马哲学》,北京大学哲学系、外国哲学史教研室编译,商务印书馆,1961年,第341页。

索夫则对一切保持一种不屑一顾的鄙夷态度。当谈到论证和事实的关系的时候，对话是这样的：

"一般的论证！"毕加索夫继续说道，"简直是要我的命，这些个一般论证呀，评述呀，结论呀，等等！这些全都是根据所谓的'信念'的；每一个人都在高谈自己的信念，还要别人也尊重它，把它捧上天去……呸！"毕加索夫向空中挥了一拳。

"妙极了！"罗亭说道，"那么，照您这样说，就没有信念这类东西了？"

"没有——根本不存在。"

"您就是这样确信的么？"

"对。"

"那么，您怎么能说没有信念这种东西呢？您自己首先就有了一个。"

屋子里所有的人都忍不住要笑了，你看着我，我瞧着你。

毕加索夫的怀疑一切是建立在某种确定性的基础之上的。如果果真要怀疑一切，那么你就什么也怀疑不了，因为怀疑一切本身就必定要预设某种具有确定性的东西。我们的结论是，如果要采取极端怀疑论的哲学立场，那么你随之也就不能表述任何东西，当然也就必然地不能够进行哲学讨论了。当然更为重要的是，怀疑一切本身便是一种具有确定性的信念。我们的看法是，尽管怀疑论者对知识论的研究提出了种种的质疑，但这些质疑本身就是建立在知识的确定性的基础之上的。当然更为重要的是，怀疑一切本身便是一种具有确定性的信念。

而且科学发展的历史也表明，知识是可能的，人们对事物的认识总是从不知到知，从知之甚少到知之甚多，从不确切的知到比较确切的知。在人类几千年的文明发展史中，我们已经积累了关于自然、社会及人自身的极其丰富的知识。这就说明，知识是可能的。但是怀疑论却让我们在承认知识存在的同时也看到了任何知识并不具有确切无疑的性质。任何知识的构成、证实及其性质都是相对的。绝对确实明白的知识是没有的。

在知识论的研究方面,我们当然不会采取极端怀疑论的立场。因为知识论既然以知识为研究的对象,所以我们必须假定知识是存在的。设定知识的存在是研究知识论的必要条件。但是这一立场并不意味着极端的怀疑论是完全错误的,没有任何可取之处。

除了极端怀疑论之外,知识论研究在历史上还经常遇到相对温和的怀疑论的诸多挑战。我们会在下面分析这些挑战。本书认为,对怀疑论不应该采取不屑一顾、置之不理的态度。在历史上,知识论的研究与怀疑论的挑战形影不离、相伴而行,是一对不可须臾相离的伙伴。可以说,怀疑论者的思路就是知识论研究的思路,正是知识论的研究促进了怀疑论的兴起。同样怀疑论的勃兴也推动了知识论的不断进展。正是基于这样的考虑,我们应该重视对怀疑论的研究,考察怀疑论在知识理论发展历史上所扮演的角色和曾经发挥过的历史作用。

二、怀疑论的作用

在知识论的研究中,怀疑论同时起着两种不同的作用,一种是积极的作用,一种是消极的作用。

怀疑论的积极作用表现在如下几个方面。

第一,怀疑论在哲学发展的历史上是推进知识论研究的重要的和主要的力量。比如,对认识主体的知觉现象的研究就是因为怀疑论的逼问才不断地深入和细致。在生活中,我们格外看重亲眼所见的事物。所谓的"眼见为实,耳听为虚"就形象地表达了这样的看法。但是,怀疑论者挑战这样的看法。他们指出,眼见未见得是实。比如我正在阅读一本书。我们,至少我本人对此深信不疑。我在看书是我本人的阅读经验。对于他人的阅读,我们可能怀疑,因为他极有可能眼睛看着书,而心里却在想着别的事情。在这样的情况下,根据我们对阅读的理解,他不能算是在阅读。但对于我本人正在阅读一事,只要我的精神是正常的,我是深信不疑的。但怀疑论者并不这样看。因为我的阅读经验本身就是一件充满种种困惑的事情。因为极有可能这种阅读经验是在梦中获得的。梦中的阅读经验显然是虚假的、不真实的。它不同于清醒状态下的经验。既然名著《红楼梦》中的整个故事都是甄士隐所做的一场梦,那么我的当下的阅读经验为什么不可能是一场梦呢?于是问题变成了下述这样的,即我究竟该怎么来辨别清醒和做梦?梦和醒之间有无本质的区别?如有区别,我们又根据什么标准来进行划分?问题还在于,有没有这样的标准供我们在梦和清醒之间做出区别?如果有这样的标准,那么它们又是如何确立起来的?确立的过程是否是合法合理的?

我的阅读经验不仅仅可能是一场梦,而且也有可能是错觉、幻觉。如此等等。可见,眼见的东西未见得实。

当然怀疑论不只是对我们的知觉现象提出种种的挑战,可以说在知识论所涉及的所有问题方面,我们都能看到怀疑论者不断晃动的身影。如在什么是知识、知识的证实等问题上,怀疑论者也提出了不少有益的挑战,促使知识论的讨论更细致、更深入、更系统。

第二,知识论领域中的怀疑论化解了哲学研究和知识论探讨中的独断论和专断的作风。怀疑论的挑战清楚地表明,任何类型的知识都不可能具有清楚明白、确切无疑的性质,都不可能得到绝对的证实。知识是相对的。怀疑论的正确还表现在,它确认人的认识能力是有限度的,他绝对不可能把握关于世界、社会和人类发展的一切知识或所谓的绝对真理。"鹪鹩巢林,不过一枝;偃鼠饮河,不过满腹。"即便他能够把握到的那些知识体系也只具有相对确切的性质。任何认识主体如果声称自己绝对正确地把握了关于事物的绝对知识,那么他不是在痴人说梦,就是一个思想的专制主义者。在历史上正是休谟的怀疑论把康德从知识论的独断论的梦境中惊醒,促使他写出了不朽的哲学名著《纯粹理性批判》,推进了知识论的进步。

第三,我们可以清楚地看到,怀疑的进行并不是任意的,而必须要能够"说出道理",或者用我们惯常的说法就是,你要怀疑是可以的,但你必须给我一些理由,而且是充分的理由,让我能够相信你的怀疑是有理由的，而不是胡乱地瞎说一气。这就是说怀疑也需要充足的理由。比如笛卡尔说，所以要怀疑是因为有许多偏见妨碍我们追求真理，是因为我们的老师传授给我们的知识可能是不真实的，是因为我们的感官可能会欺骗我们。可以看出怀疑论的思路就是知识论研究的思路。其间的区别只在于，知识论的研究从正面说，知识是有的，知识应该是什么，检验知识的标准是什么，等等。而怀疑论者却从另一个不同的方面，或从负面指出，你们说的都不对，这不是知识。

第四，怀疑论哲学思想关注的焦点是认识主体竭力摆脱一切外在的束缚而回到主体自身。皮浪之所以提倡怀疑主义是要借助于否认关于外在事物的知识的可能性来达到"不动心"、不受干扰的理想生活状态，对外在事物采取冷漠无情的态度，目的是要人回过头来关心自己。笛卡尔怀疑一切之后，得到的是"清楚明白"的"我"。贝克莱否认物质实体的真实性，认为"物是感觉的复合"。但他却认为精神实体是不可否认的，上帝是确确实实地存在的。休谟则更进一步地指出，与物质实体一样，精神实体也同样是不存在的，存在的只是一束知觉之流。康德在休谟哲学思想的基础上百尺竿头更进一步，高扬认识主体的自我意识。罗素也同样指出，什么都可怀疑，唯一不可怀疑的是感觉材料。感觉材料是私人的。叙述至此，卡西尔的话情不自禁地在我耳边响起。他在其《人论》一书中说道："即使连最极端的怀疑论思想家也从不否认认识自我的可能性和必要性。他们怀疑一切关于事物本性的普遍原理，但是这种怀疑仅仅意味着去开启一种新的和更可靠的研究方式。在哲学史上，怀疑论往往只是一种坚定的人本主义的副本而已。借着否认和摧毁外部世界的客观确实性，怀疑论者希望把人的一切思想都投回到人本身的存在上来。怀疑论者宣称，认识自我乃是实现自我的第一条件。为了欢享真正的自由，我们必须努力打破把我们与外部世界联结起来的锁链。蒙田写道：'世界上最重要的事情就是认识自我。'"为了追求真理，我们必须要将所有可能怀疑的事物怀疑一遍。在哲学研究上，或者在其他的学术领域内，我们都应该采取这样的批判和怀疑的精神。但我们在此必须要注意的是，在生活中我们不能采取同样的普遍怀疑的态度。笛卡尔就这样规劝过我们,他说道:只有在思维真理时,我们才可以采用这种普遍怀疑态度。因为在人事方面,我们往往不得不顺从大概可靠的意见,而且有时我们纵然看不到两种行动中哪一种概然性较大,我们也不得不选择一种,因为在摆脱怀疑之前,往往会错过行动的机会。胡适也主张在学术研究上要采取严格的怀疑的态度,但在人事上"有疑处不疑"。这一点是很重要的。

怀疑论固然有推进知识论进步发展的积极作用,但却也起着巨大的瓦解或消解作用。知识论首先是关于经验事实的知识。这就是说,知识是认识主体通过一定的渠道或方法或途径所获得的关于外部世界的知识。但是,怀疑论者认为,外部世界不是我们能够直接达到的,我们所能够直接得到的是自己的感觉经验。因此贝克莱指出,"物是感觉的复合"。物质世界因此被化解掉了。主客体也因此而两橛化,留下了一道永远也不可能填平的鸿沟。而且认识主体的感觉经验也因为怀疑论者的挑战而变得问题丛生、遍地荆棘。如上所述,感觉经验的性质就是剪不断、理还乱的一团乱麻。又比如,对知识的定义,在很长的一段历史时间内是有定论的,即证实了的真的信念是知识。但怀疑论者指出,证实了的信念未见得是知识。如此等等,以至于我们现在可以说,由于怀疑论的挑战,知识论研究领域所有的问题似乎都没有定论,都充满着激烈的争论。正是怀疑论对知识论的这种破坏性作用使有的哲学家不无悲观地指出,知识论应该终结,只有知识论才能解决的问题,知识论却一筹莫展、毫无办法。

怀疑论上述的积极作用和消极作用都在提醒我们,对它不应该采取消极的不屑一顾的态度,而应该认真深入地研究它在历史上提出的种种难题,迎接它的诸多挑战。

第四节 直 觉 论

一、直觉方法在现代中国的流行

就中国现代哲学研究的现状来说,无论是关于宏观上的中国传统哲学与现代化的关系,还是关于微观上的西方哲学在中国产生过或大或小影响的流派,均有数量不等的研究专著出版,研究内容也已深入和系统化了。但是,也存在一些遗憾,其中之一就是对"直觉论"的研究比较薄弱,相关论著少得可怜,这与它在中国现代哲学领域曾经发生过的重要作用和巨大而持续的影响是不相称的。因此,有必要专门提出,加以申论。

只要稍加注意,人们就能发现这样一个事实,即中国现代哲学家虽然重视辩证方法、逻辑分析方法、归纳方法,以及其他的种种方法,但由于他们与生俱来的深厚的中国传统文化情结,其内心深处却似乎更钟情于直觉的方法。因为中国传统思想所强调的"悟"或"体悟""体验"等,与现代意义上的直觉有着"剪不断,理还乱"的密切而复杂的内在联系。

20世纪20年代,梁漱溟为了凸显中国传统文化与哲学的现代价值,曾经高举起"直觉论"的大旗,认为中国传统文化之所以不同于西方文化,是因为中国传统文化走的是直觉论的路向。他还进一步指出,直觉论要高于西方的理智方法或逻辑分析方法。[1] 正因为他的大力提倡,直觉论在当时的中国思想界、学术界产生了较大影响,不少学人紧随其后,以"直觉"或"本能"来解读中国传统文化。例如,冯友兰在《中国哲学简史》一书末尾就清楚地指出,逻辑分析方法(他称之为"正的方法")只能带领人们走到哲学殿堂的门口,而要达到哲学的顶点或人生的最高境界只有借助于"负的方法";熊十力也明确而坚决地

---

[1] 参见梁漱溟:《东西文化及其哲学》,《梁漱溟全集》第一卷,山东人民出版社,1989年。

排斥所谓科学的方法,其建构哲学思想体系的方法就是直觉的方法;贺麟等人则试图将直觉方法与辩证法、逻辑分析法结合起来建构哲学方法论系统;新儒家的代表人物如牟宗三、唐君毅等更是进一步认为,唯有直觉的方法才能引导人们进入道德理想的境界。

不过,这里需要说明的是,直觉方法在中国现代哲学家那里是有不同称谓的。例如,梁漱溟钟情于直觉或直觉方法,后来则改用"理性"替代,但他所说的"理性"与他早期所谓的直觉相似,而与西方哲学的"理性"是两回事;冯友兰则将与逻辑分析方法("正的方法")不同的方法称之为"负的方法";熊十力将自己的哲学探究方法称为"真的自己的觉悟",就是类似于直觉或直觉的方法。又如,方东美早年对法国哲学家柏格森的直觉思想有过浓厚的兴趣,他后来的哲学研究惯用的途径是与自然科学途径不同的所谓"人文途径";唐君毅哲学思想体系中的直觉方法是他所谓的"超越的反省法";牟宗三等哲学家更是直接用"智的直觉"来申说自己的哲学思想。总之,虽然这些哲学家对直觉方法的称谓不同,但心目中的指向却大致相同,即都指向了与人的内心生活密切相关的直觉或直觉方法。

就中国哲学研究的主要方法论而言,时至今日,逻辑分析法、归纳法、辩证法等仍居于支配性地位。客观而言,它们既具有不可否认的优点,同时也带有不可避免的缺陷或不足。由于它们都带有强烈的自然科学色彩,因此不得不借助于语言、概念或词语对研究对象做外在的、形式的、零打碎敲的研究。这样的研究越系统、越深入,也就越具有形式化的特点;于是,也就离实际存在的事物越远,离人们的内心生活世界越远。也是在这样的方法作用下,对象与研究对象的主体被打成两橛。尽管这样的研究方法也能在一定程度上反映客体的某些属性,但人们却不可能通过它们真实而全面地达到或直接进入被研究的对象。尤其是以这样的方法来研究人的内在精神生活、情感生活、精神信仰时,研究者感觉自己如同盲人摸象。所以,自19世纪中期以后,以心理学、生物学、人文学等学科为背景的哲学家试图抛弃上述研究方法,而积极地提倡直觉方法,认为只有此种方法方能引领研究者进入研究对象的内部,对研究对象做全面、深入、系统而直接的体悟或认识。特别是那些想进入形而上学所追求的最高境界并进一步实现自己道德理想的研究者,更是必须要诉诸直觉或直觉方法。也可以说,直觉本身在此已不只是一种方法,更是一种最高的道德境界。

就中国现代哲学而论,由于受到西方生命哲学的影响,20世纪20年代以来,有些哲学家已经自觉地意识到中国传统哲学的方法不同于西方哲学的逻辑分析方法。如果说西方哲学是以理智的、分析的方法为主的话,那么,中国哲学的方法显然与此不同。梁漱溟认为,中国传统的思想方法就是直觉方法。在他的影响下,此后的熊十力、冯友兰、贺麟、方东美、唐君毅、牟宗三等人都积极提倡此种直觉或直觉方法,其他如张君劢、钱穆等人也十分重视直觉或直觉方法。当然,与其他哲学方法论一样,直觉方法也不是万能的,它必须与自然科学的、逻辑分析的方法相结合,方能在思想的、哲学的和其他学科研究领域发挥积极作用。

加强对中国现代哲学直觉论的研究,不仅有助于推进生命哲学的研究,促进道德学科的发展,在人生哲学思想研究领域取得更大成绩,而且还有助于推进中、西、印文化和哲学的比较研究。因为中国现代哲学中的直觉理论来源,既有中国传统哲学的思想要素,也有西方康德、柏格森等人直觉思想的影响,还有印度唯识学的影响。例如,梁漱溟的直觉方法或思想就是柏格森、唯识学与儒家思想方法的融合;熊十力的直觉方法也是儒家思想方法与唯识学方法的自觉综合。所以,在研究中国现代哲学直觉论的过程中,需要厘清直觉思想的来龙去脉,从中比较中、西、印直觉论的异同。然而,要想真正弄清中国现代哲学思想中关于直觉的种种论述,首先需要做的,是将中国传统思想与西方古代哲学思想尤其是古希腊哲学思想及其方法论做一番对比。通过对比,既能清楚地看出中西哲学思想传统路向的不同,也能理解中国现代哲学思想中直觉或直觉方法的来源、特征及其局限性。

翻阅古希腊文化史、科学史著作,人们会发现,虽然"几何"最早是由泰勒斯从埃及引进的,但它成为一门关于经验的科学却是在古希腊学者手中完成的,古希腊的哲学家大多也是几何学家,如毕达哥拉斯、柏拉图、亚里士多德、欧几里得等。正是这样的学术背景,极大地影响了他们的哲学观,尤其是他们的哲学方法论——在讨论哲学问题时首先注重几何学方法。

就几何学的本性来说,它就是一门论证的艺术。它固然看重结论,但更重视得出结论的过程或推导、论证的过程。如果细读《柏拉图对话集》,几乎所有的对话都有这样五个特色:(1)强调的是论证的过程而不是结论,而且这样的过程如果完整而详尽的话,那么也就逻辑地包含着结论,所以结论也就不是很重要了;(2)讨论的问题要明确而清楚,重视的是"一"而不是"多",这里所说的"一"与"多"的理念,也是源自几何学的方法,因为几何学所说的"点"或"圆"永远是理想的"点"或"圆",它们就是"一";而经验世界中的"点"或"圆"永远就是"多",它们分有的是几何学上的点或圆,如此等等;(3)由于重视的是推导过程或论证过程,而从不涉及终极性答案,所以,大部分对话的结论都不是确切的、而是开放性的,从不提供终极性的真理性的结论;(4)对话的推导过程是明白的、清楚的,并且是充分的,人们极想获得的结论就蕴涵在思想的论辩或推导的过程中;(5)思想必须跟着论证走,而不是相反。所以,尽管后世的西方哲学家如罗素等人的思想屡有变化,前后不一致,但对逻辑分析方法的重视与贯彻却始终如一。《柏拉图对话集》中的五个特色反映出,将几何学论证方法应用到哲学领域,思想必然是借助于清楚、明确、系统的语言来表述、分析或论证,这使得思想的明确、清晰成为古希腊哲学的最大特色。

当然,古希腊哲学中也不乏神秘主义的色彩,但清晰、明确的思想与神秘思想可以同时并存于古希腊哲学系统中,从而使他们尽其所能,极力追求明确、清晰的思想,凡是能够讲清楚的,决不含糊。

由于首先能够得到清晰、明确的论证或表述的是自然万物,所以,自然科学就此得到长足的发展。而关于社会发展、演变的思想,虽然远不能像自然科学那样做到明确和精密,但人的理性的成熟和发展,却也构造出不少揭示社会性质和结构运行等方面的明确而系统的理论,于是,社会科学紧随着自然科学不断成长和成熟。20世纪以来,学者们积极提倡以数学模式来精确处理经济问题、金融问题,便是显著的例证。人文学科也同样是在理性的关注下慢慢地培育发展起来,先后滋生繁衍出了美学、人格学、情感学等学科。同理,在西方,即便是作为信仰对象的上帝,也可以是认知的上帝、知识的上帝。中世纪的神甫们为了给信仰奠定学理性基础,努力把古希腊的"知"与希伯来的"信"统合起来,试图借助学术的力量进一步发扬出信仰真理的力量,这尤其以托马斯·阿奎那为代表。他从事物的运动、因果关系、可能性与必然性、完善性和目的性等方面对上帝的存在做了尽可能详尽的理性论证。虽然他提出的论证在哲学理论上充满着困难,有的论证在今天看来甚至是荒谬的,但有一点却是非常清楚的,即他在积极地运用理性思辨来为上帝的存在寻找理性知识的根据。这也是罗马天主教会在中世纪所做的贡献——使理性与信仰结合起来。信仰引导人类的生命,理性则为信仰提供坚实的知识基础[①];成熟而健康的信仰不是任意妄为,而是以理性知识为基础的。

通过对古希腊以来西方哲学思想发展的简单回顾,不难看出,西方文化走的是一条充分理性化的道路,哲学家和其他研究领域内的思想家都在积极地提倡和努力运用理性来研究自然、社会和人生。尽管西方也有着不同于理性的逻辑分析方法的思想家,如柏格森对于直觉的不遗余力的提倡;但柏格森的困境在于,他在阐述直觉及其方法论的时候,也不得不利用清晰的语言来告诉人们,直觉及其方法论究竟是什么样的东西,它与自然科学的、逻辑分析的方法之间究竟具有什么样的性质上的差异。当柏格森如此思考的时候,他显然没有充分地意识到,自己也紧紧地贴在理性思考的边缘不断地行走。

在中国,自先秦以来的传统思想,走的是一条与西方哲学完全不同的路子。

---

① 参见邬昆如:《人生哲学》第4章"教父时代的人生哲学"、第5章"中世纪的人生哲学",中国人民大学出版社,2005年。

细读中国传统思想典籍,尤其是儒家、道家、墨家的代表性著作,很难找到与几何学或代数学相关的踪迹;即便是在后来程、朱等人的思想中,也是如此。朱熹等人虽然也反复强调"格物致知"等,但他们只是在极为宽泛而模糊的背景下来讨论此类话题,其论证、说理并没有成为中国传统哲学思想的特色。而标志着中国古代数学形成完整体系的《九章算术》,也缺乏学理方面所需要的明确、系统、充分的论证。这一点,在明末时已为徐光启所意识到。他在意大利传教士利玛窦的口授下,翻译了欧几里得的《几何原本》前几卷。译完之后,他写下一篇短文,比较了《九章算术》与《几何原本》的异同:"其义略同,其法全阙,学者不能识其所繇。"①意思是说,在结论性的论说上,两者似乎没有太大的不同,但《九章算术》仅仅停留在得出一般性的结论,而缺乏严密的推导过程,使后人对于为什么能够得出这样的结论不知所据。也正是因为中国古代思想家在论述问题时只关注结论,很少留意论证的方法与过程,导致他们的思想兴趣多集中于用一种充满诗意或散文式的文体,申说人生与社会及其相互关系之类的问题和意义。

中国古代哲学家如此,中国现代哲学家也同样如此。他们普遍认为,哲学就是人本哲学、生命哲学或人格哲学,这样的哲学显然不能运用逻辑分析方法或其他自然科学的方法来研究,而只能返身内求于人的生命本身,直接进入生命本体之内,借助于直觉及其方法,以达到至高的人生境界。于是,他们都在自觉而积极地提倡直觉方法。不仅熊十力明确主张哲学与自然科学各有不同的关注对象,应将它们区别开来;即便是早年在清华大学期间属于实在论哲学阵营的冯友兰、张岱年,也清楚地意识到,为了达到外在的实在或达致最高的人生境界,仅仅使用逻辑分析方法或自然科学的方法是难以奏效的。此种情形,用柏格森的话来表述就是,逻辑分析方法或自然科学的方法是围绕着物体在外面打转,这样的方法是绝对不能够使人们直接进入物体之内的。

---

① 转引自陈方正:《继承与叛逆——现代科学为何出现于西方》,生活·读书·新知三联书店,2009年,第9页。

在受柏格森影响的那些坚持直觉方法的中国现代哲学家看来，逻辑分析方法的另一弊端在于，它必须要用语言来表述所研究的对象。虽然好的作品的语言可以帮助读者进入作品中主人公的内心世界，与主人公同呼吸、共命运，但语言在此也仅仅是起到辅助或工具的作用而已，一旦进入主人公的内心世界，读者就不再需要语言或文字了。如果此时仍执着于语言或文字，那就不免在自己与主人公的内心世界之间筑起了一道不可逾越的墙。这就是说，得意必须忘象，得意必须忘言。

同样的道理，在自然科学的思想体系中用语言来描绘外在实在的做法也间隔了人们与外在事物的联系。原因在于，如果在这个世界中随便择取一件物品，就会发现，在它是圆或方的同时，它还是硬的或软的，还是有温度的，等等。更为重要的是，每一件物品还具有众多的物理、化学方面的特性。但当人们选取任何一种语言来表述该物品时，却发生了往往不曾注意到的性质上的根本改造。例如，当人们用"重"这一词语来表述某一事物时，那个事物本身无疑是重的，但用来描述这一事物的词语"重"本身却没有重量；而且，当用"重"这一词语来描述事物时，人们已经完全忽略了事物所具有的其他性质。由于语词的运用必须是一个一个叠加的，是一维性的，而被描述的对象恰恰与此是相反的，是多维度的，是在某一时空内立体的存在，这一困境使人们没有其他更有效的工具或手段来描述和表达事实上存在的对象。

运用语言描述外在事物尚且会出现上述困境，如果不得已而用自然科学的方法和语言来研究人类的生命，那将会面临着更多的问题。尽管这些问题或困境当时还没有为中国现代哲学家们充分明确地意识到，但随着康德哲学关于智的直觉的理论、西方生命派哲学的代表柏格森的直觉理论被译介引入，使得该理论在20世纪20年代的中国产生了广泛而深入的影响。尤其是梁漱溟在1921年出版的《东西文化及其哲学》一书中，运用柏格森的"直觉"来解读孔孟儒学思想，申说中国文化为什么不同于西方文化的理由，对该理论在中国学术界的持久发酵起了良好的带动作用。

柏格森的直觉思想之所以引起中国学术界的兴趣，与第一次世界大战这一背景有关。"一战"爆发后，欧洲学者率先对自然科学及其研究方法的局限性提出了尖锐的批判，于是"科学破产"的说法在中国不胫而走。恰逢此时，批判自然科学方法与逻辑分析方法的柏格森思想也处于强盛的势头，这就引起了中国学术界的强烈关注，其著述开始持续地被译成汉语并对中国学术界产生影响，也使柏格森的直觉思想成为中国现代直觉思想的主要源头之一。当然，柏格森的直觉思想并不是直接从法国传入中国，他的著述先是被翻译成英语，在英语世界产生影响后，才引起中国学者的重视，因而是绕道美国后转入中国的。

柏格森的直觉思想在中国的传播，也与杜威、罗素有关。1919年9月20日，美国哲学家杜威在北京大学法科大礼堂开始了他著名的"五大讲演"。其中，第四个话题是"现代的三个哲学家"。他在相互参照之下，分别介绍了美国的詹姆斯、法国的柏格森、英国的罗素的生平与思想，尤其强调了柏格森与詹姆斯两人的相近之处。之后，1920年来华讲学的英国哲学家罗素也在北京大学有过"五大讲演"。作为分析哲学的开创者，当罗素在世界范围内大力提倡逻辑分析方法的时候，柏格森的直觉主义及其方法也正处于鼎盛时期。在罗素看来，逻辑分析方法与直觉方法是一对冤家，要大力弘扬逻辑分析方法就必须将直觉方法置于死地。于是，他来华讲学前，在其文章、书籍中对柏格森的直觉思想及其方法都做过严厉的批评；在华演讲时，更没有忘记利用这一机会狠狠地批判柏格森的直觉主义。

其实，在杜威、罗素来华讲学之前，已有中国学者撰文介绍过柏格森的直觉思想及其方法。例如，1913年，钱智修在《东方杂志》发表了《现今两大哲学家学说概略》，可以说是最早介绍柏格森思想的文章，但这篇文章并未引起学术界的关注。而杜威、罗素则不同，他们当时已是享誉世界的哲学家，他们来华讲学所产生的影响是巨大而深刻的，持续性地支配了当时中国学术界、思想界的走向达四五年之久。尤其是美国哲学家杜威居然将柏格森列入三位世界性哲学家名单之中，这对当时的中国学术界无疑具有轰动的效应。

柏格森的直觉思想及其方法走俏中国学术界,还与他的哲学具有东方或中国式思维方式的特点有关。虽然不能说中国传统思想中就有柏格森的直觉思想及其方法,但不可否认的是,中国传统思想中含有类似于直觉思想的某些重要因素,只是还未形成较有系统的直觉理论而已。这也是为什么当罗素在中国严厉批评柏格森直觉思想及其方法时,梁漱溟就坐不住了(尽管他本人之前对罗素及其思想是很敬仰的),于是撰文《对于罗素之不满》①,发表于上海的《中华新报》。梁漱溟对罗素的批评当然也有不少偏颇之处,但却清楚地反映出他与柏格森直觉思想及其方法之间的默契与互通。其实,中国现代那些对于生命哲学思想有着强烈兴趣的学者,都会自觉地持守柏格森哲学思想的立场,而对罗素的分析方法很难理解,也就更谈不上去接受和运用了。

这一时期,在美国的冯友兰也关注着柏格森的思想。1921年前后,他就从英语论著中学习和研究柏格森的直觉思想,翻译和写过文章介绍柏格森的思想。方东美也在此段时间内接触到了柏格森的直觉思想,并表现出了极大的兴趣。他在美国威斯康星大学的硕士学位论文就是关于柏格森直觉思想的。他后来所积极提倡的"人文途径"的进路,就是源自柏格森的直觉思想及其方法。

需要特别指出的是,中国现代哲学家们对直觉方法的理解,彼此也存在着种种差异。例如,牟宗三的"智的直觉"显然不同于梁漱溟,也不同于方东美,而是得自康德。他是以康德的"智的直觉"为自己的道德形而上学奠基的。但康德认为,作为有限的人类是不可能具有智的直觉的,只有上帝才具有智的直觉,因为上帝是全知全能的。与康德不同,牟宗三却坚信,中国传统哲学认为人是可以具有智的直觉的。

牟宗三受到康德"智的直觉"的理论启发,认为儒家思想与"智的直觉"有着密切联系,这是他对康德"智的直觉"理论的误读和误用。首先,在西方哲学史中,直觉思想本来是与其他方法论尤其是逻辑分

---

① 梁漱溟:《对于罗素之不满》,《梁漱溟全集》第四卷,第651—654页。

析方法论对举的;通过不同的哲学方法论之间的激烈争辩和讨论,也就历史地形成了互补共进的态势——在逻辑分析方法获得长足进步的同时,直觉方法也随之走上了逐步发展的路途。其次,在儒家思想体系中,并没有西方这样强烈的方法论的学术背景,既没有逻辑分析的方法,当然也无所谓直觉方法论。人们最多只能说,儒家思想体系有着某些与直觉方法类似的要素,因为儒家思想对于生命的关怀经常运用的就是体悟、体验、反省自问的进路。

其实,不但儒家思想如此,道家的思想也是如此。老子说:"道可道,非常道;名可名,非常名。"(《道德经》第一章)可是,道之道不是永恒之道;同理,名之名也不是永恒之名。《道德经》开篇的这两句话,明确而清楚地点出了永恒的或最高的实体是不能言说的。或者说,任何言词都是有限的。人们不可能通过有限的言辞或语言,来进入最高的万事万物的本源之中。

佛家思想更是如此。为了矫正世人对文字或语言的迷思,禅宗南派创始人六祖慧能极力提倡"顿悟"成佛说,主张不立文字,专靠当下的领悟把握佛理。他的名言是:"一闻言下便悟,顿见真如本性。"[1]他所谓的"顿悟",即是凭自己的智慧或根器"单刀直入",直接地把握佛理。在他看来,佛性就是人性,"本性是佛,离性无别佛"[2]。既然人性即佛性,所以大可不必向身外去求,更不必长途跋涉去西天取经。"佛向身中作,莫向身外求。"[3]佛不在遥远的彼岸,而在自己的内心中。只需反身内求,当下体认,"自性若悟,众生是佛"[4]。

于是,也就无需念经拜佛,同样也不必立于文字。"真如佛性"不在语言文字之内,不必通过念经拜佛这些外在的形式表现出来。

要把握"佛法大意",只有抛却语言文字。义存禅师云:"我若东道

---

[1] (唐)惠能:"般若品第二",《坛经校释》,郭朋校释,中华书局,1983年。
[2] 同上。
[3] 同上。
[4] 同上。

西道,汝则寻言逐句。我若羚羊挂角,汝向甚么处扪摸。"①"佛法大意"本就不在语言文字中。如在语言文字中,那人们就可以循着逻辑的规则寻找摸索;但禅宗是坚决反对这种做法的,称之为"死于句下"。"佛法大意"本不在语言文字中,所以是不可以通过语言文字的迹象来求的。这就是所谓的"羚羊挂角"。日本研究禅宗的著名学者铃木大拙在《通向禅学之路》一书中写道:人们之所以不能突破知性的各种局限,因为它们已经非常强烈地控制了人们的大脑。然而禅宗却宣称,语言是语言,它只不过是语言。在语言与事实并不对应的时候,就是抛开语言而回到事实的时候。逻辑具有实际的价值,应当最大限度地活用它,但当它已经失去了效用或越出了它应有的界限的时候,就必须毫不犹豫地喝令它"止步"!当人们具有了发自本心的活动而锄头不再被当作锄头的时候,就赢得了完完整整的权利。② 不仅如此,按照禅者的看法,正是当锄头不必是锄头的时候,拒绝概念束缚的物的实相才会渐渐清晰地显露出来。

概念与逻辑的专制崩溃之日,就是精神的解放之时。因为灵魂已经解放,再不会有违背它本来面目使它分裂的现象出现了。由于获得了理性自由而完完全全地享有了自身,生与死也就不再折磨灵魂了。因为生与死这种二元对立已不复存在,死即生,生即死,虽死而生。过去,人们总是以对立、差别的方式来观察事物,与这种方式相应,人们又总是对事物采取了对立的态度,可如今人们却达到了能从内部来即物体察的新境界,于是,灵魂便有一个完整的、充满祝福的世界了。

英国哲学家维特根斯坦(L. J. J. Wittgenstein,1889—1951)曾经在可以言说的东西与不可言说的东西之间画下一道严格明确的界限:不可言说的东西,即神秘的东西。哲学的正当方法是:除可说者外,即除自然科学的命题外——亦即除与哲学无关的东西外——不说什么。也就是说,命题是可以言说的东西,外界的实在是不可言说的。对于

---

① (宋)道原:《景德传灯录》第16卷,海南出版社,2011年。
② 参见〔日〕铃木大拙:《通向禅学之路》第4章,葛兆光译,上海古籍出版社,1989年。

不可言说的,人们必须保持沉默。① 维特根斯坦的看法,与中国佛学禅宗的思想有着相似之处。

其实,在维特根斯坦之前,柏格森就以一种十分明确的方式突出了直觉方法的重要性。他认为,概念的分析只能停留在事物的周边、现象,而不能洞察事物的本质;概念只能运用于死的寂静的事物,而不能运用于生活和运动。要真正把握事物的本质,就不能仅仅运用理智的力量,还必须借助于直觉的力量。哲学的真正世界观是直觉,是生活。人的生活如同流动的活水;宇宙中充满着的创造精神是一种活生生的动力,是生命之流。生命之流是数学等自然科学知识所无法把握的,只能由一种神圣的同情心即比理性更接近事物本质的感觉所鉴赏,而哲学就是从过程、生命原动力方面来理解和把握宇宙的艺术。

正是基于这样的看法,柏格森反复强调,概念的思维模式属于自然科学的思维模式,是理智的模式,是哲学思维中的低级模式。哲学应该属于直觉的领域。哲学思维与概念思维虽然不是完全对立的,是可以统一起来的,但统一的基础应该是直觉。他这样说道:"科学和形而上学在直觉中结合起来了。一种真正直觉的哲学必须能实现科学和哲学的这种渴望已久的统一。它既使形而上学成为一种实证科学,即成为一种越来越进步的并且可以不断完善的科学;同时它又使真正的实证科学能意识到它们的真实范围远比它们所想象的要大,它会使科学越来越成为形而上学,使形而上学越来越成为科学。"②

当然,直觉并不反对概念的认识,而是以概念的认识为基础的。

由于概念不能使人们把握认识对象的整体和本质,所以只能在概念认识的基础上依赖于直觉。那么,人们是怎么样借助直觉把握事物的呢?柏格森说,直觉"是一种单纯而不可分割的感受"③。以阅读为例,读者显然不是想仅仅停留在语言、文字或概念式的认识之中,作家

---

① 参见韩林合:《维特根斯坦哲学之路》,云南大学出版社,1996年;韩林合:《〈逻辑哲学论〉研究》,商务印书馆,2000年。
② 〔法〕柏格森:《形而上学导言》,刘放桐译,商务印书馆,1963年,第33页。
③ 同上书,第2页。

在创作过程中也没有把语言、文字或概念作为自己的真正目的。他的目的是要借助语言、文字或概念来揭示出一定的境界或状态,读者通过阅读而进入这一境界或状态中。如果读者不能领会作家的意图,仅仅是停留在对语言、文字或概念的认识中,那么这显然是读者的过错,是对作家意图的误解。正如中国古代思想家王弼所说:"故言者所以明象,得象而忘言。象者所以存意,得意而忘象。"①言是得象的工具,象是得意的工具,而得到了意,就应该抛弃言和象。如果拘泥于物象,就会妨碍对义理的把握;如果拘泥于语言,就会妨碍对物象的表达。因此,要想真正把握住义理,就得忘象。如果拘泥于语言、文字或概念,那人们永远也不可能真正地进入境界、状态或义理之中了。

如果采取这种观点研习孔子的哲学思想,那么,就不能仅仅停留在对孔子用来表达自己思想的概念或语词的爬梳和分析之上,而是应进一步进入孔子思想的境界中去,与孔子本人进行对话或交流,使自己的心灵直接地与孔子的心灵相碰撞,领略他的思想妙处。用柏格森的话说,就是要与研习对象进行一种理智的交融,"这种交融使人们自己置身于对象之内,以便与其独特的从而是无法表达的对象相符合"②。这里所说的"无法表达的对象",就是思想,就是人格,就是生命,就是所要达到的境界。

逻辑思维固然重要,但逻辑思维并不是人们思想的全部,而且逻辑思维有其局限性,需要得到直觉思维的补充。在紧张的逻辑思维之后,直觉思维的能力就得到了展现。它产生一种勃发的、动态的顿悟境界,给人的思想灌注巨大的清新感和欢乐感,从而加速理性思维的运思,加大理性思维的流量;它使人能够在问题丛生的杂乱中找到摆脱思维困顿的突破口,从而明确前进的方向。一旦直觉思维处在紧张的运思过程之时,它就会呈现出一种特别的境界。在此境界中,直觉思维能以一种直接、整体的方式领悟和体认周围一切的奥秘。这时,

---

① (魏)王弼:《王弼集校释》,中华书局,1980年,第609页。
② 〔法〕柏格森:《形而上学导言》,第3—4页。

各种局部的形式及其界限消退了,它们形成了一个浑然融合的整体。在这样的境界中,主体与客体之间的界限消失,两者融为一体。这就是柏格森所说的"入戏"——观者进入了作品主人公的生命深处,仿佛自己就是主人公。

总之,中国传统哲学思想中不能说有着与柏格森等人类似的直觉思想及其方法的系统理论,但中国的禅宗与西方的直觉思想及其方法确实有相同之处,只是没有得到理论的升华或没有系统化罢了。这是因为中国传统哲学思想与西方哲学的文化或知识背景不一样。

由于西方哲学(无论是古希腊的,还是近现代的)具有强烈的自然科学背景,使得逻辑分析方法得到了长足的发展和广泛的运用;也正是这样的原因,促使思想家们一直在关注和思考这种方法的局限性。提倡直觉方法的思想家正是意识到了逻辑分析方法的局限性,于是奋起高扬直觉的方法,以弥补逻辑分析方法之不足。可以说,逻辑分析方法与直觉方法的尖锐对峙,既有利于逻辑分析方法的进步,也有利于直觉方法的长足发展。

二、 逻辑分析方法与直觉方法之辅成关系

中国传统哲学思想缺乏西方哲学的自然科学背景,所以,既没有自觉的逻辑分析方法理论,也没有强烈的直觉方法理论意识,但却具有类似的直觉方法的要素。于是,在这样独特文化思想传统中诞生的中国现代哲学家们,大多对直觉思想及其方法较为钟爱,而对西方独有的自然科学方法、逻辑分析方法时时处处表现出格格不入的隔膜。即使少数几位对自然科学方法、逻辑分析方法一度有着浓厚兴趣的哲学家,也最终转向了直觉或直觉方法。例如,冯友兰在思想发展的后期指出,要到达他所谓的最高的人生境界即天地境界,必须借助于"负的方法"。同样,曾经研习过数理逻辑的牟宗三也坚守这样的思想立场,即只有直觉才是他的道德形而上学的理论基石,只有这样的形而上学才能最终开出民主与科学的"外王"。这样的看法不免流于一厢情愿,但却清楚地表现出他们对直觉及其方法的青睐与持守。

另外一个值得注意的现象是，中国现代哲学家们虽正确地看到直觉论与其他种种哲学方法的差异，却过分强调了直觉方法的排他性，梁漱溟、熊十力、牟宗三等人都具有这样的倾向。例如，梁漱溟在其《东西文化及其哲学》一书中单挑出直觉来解读传统的儒家思想，进而纵论中国文化的特色，这种思想史的处理态度与方法不免流于偏颇。也有哲学家看到了不同哲学方法之间的不同，试图将各种方法综合融会在一个系统内，这样的尝试值得赞赏，但处理方式却值得商榷。

中国现代哲学家们尽管钟情于直觉方法，但对什么是直觉方法这一最为复杂也最为重要的问题，均未提供清晰而明确的解说。这当然也在情理之中，因为直觉或直觉方法本来就是针对逻辑分析方法而言的，如果将其讲得头头是道、清楚明白，那就不是直觉方法而成为逻辑分析方法了。但是，细读他们关于直觉的论说，还是可以将直觉或直觉的方法概括为以下几点：

第一，所谓直觉，是一种向内处理和研究人的精神生活或生命的取向、态度、途径。观察中国现代哲学家们的讨论，绝大多数是围绕生命哲学或精神生活而展开的。在他们看来，要处理生命、精神等问题，唯一可取的态度只能是体悟、感悟，也就是直觉。

第二，不能将对于生命的把握或认知看做对外在对象的认知进路。这样的认知进路隔绝了主体与客体，是完全与当下的生命不搭界的。还需注意的是，不能借助于其他种种非生命的手段，如言语的或分析的话语系统，而必须让自己直接地进入生命本身。这样的思维状态，是与中国传统思想的影响分不开的。例如，《论语·阳货》中就有"子欲无言""天何言哉？四时行焉，百物生焉"，《道德经》中有"大音希声"，《六祖坛经》有"一闻言下大悟，顿见真如本性"等。此类趋向，用现代话语说就是直觉。唯有依靠直觉而不必借助第二者为媒介，才能直接进入生命状态本身之中。

第三，不同于一般意义上的生命概念，任何个体生命都是一个整体。这样的生命，截然不同于用语言、概念或其他类似手段把握到的生命。因为它们是不能分割的，所以不能用自然科学的、逻辑分析的方法对之做零打碎敲式的研究，而只能对之做整体的把握或领悟。

第四，这种把握不是静态的，而是动态的；不是固化的，而是流动的。在这样流动的、动态的过程中，一个灵动的生命进入另一个活生生的生命之中。这是生命与生命的动态的融合。

第五，这种把握不是只借助于语言、语词、概念做形式的无内容的把握，而是对生命内容的深切体悟与直接切入。因为，任何语词都具有普遍性，而生命却是具体的、当下的、特殊的存在。语词所捕捉到的，不是真实的有血有肉的生命，而是将生动、具体、个性抽象后的一般，它过滤掉的正是生命本身。人们之所以不能轻信通过语言来观照到生命，缘于语言在这一过程中已偷偷变换了对象的本质。

第六，这种把握需要经过长期的努力、艰苦的摸索、百般的计较才有可能。例如，看戏时的"入戏"，是要求人们不能分神，全身心地投入；欣赏名画时的"入画"，是说情景融为一体、泯灭主客；听音乐或演唱曲目时的"入神"，是说听者或演唱者必须对作品有着深入的理解，才能进入曲目之中。

第七，在某些中国现代哲学家看来，直觉不仅仅是一种方法，而且更进一步，是一种境界。例如，贺麟就将直觉区分为"前理智的直觉"与"后理智的直觉"。他认为，后理智的直觉主要的已经不是一种方法，而更是一种境界了。在中国现代哲学家看来，如果依靠逻辑分析的方法，是不可能达到最高的人生境界的。进入这样的最高境界只有一条路，这就是直觉或"负的方法"或"真底自己的觉悟"。冯友兰在早年是坚持以逻辑分析的方法或"正的方法"来使中国哲学现代化的，但在构建自己的哲学思想体系时幡然醒悟，登堂入室还得用直觉的方法或"负的方法"。

在此需要注意的是，上述七点概括，是从整体上把握中国现代哲学家关于直觉及其方法的思想精髓的，但由于中国现代哲学家关于直觉及其方法有着不同的思想来源，他们对直觉及其方法也会有着不同的理解，因此，具体到某一位哲学家的直觉及其方法时，不一定完全具有上述七点内容，可能只有其中的某几点而已。

还需要认真面对的问题是，中国现代哲学家特别是新儒家的代表的直觉思想方法的主要缺陷在于，未能成功地将直觉方法与演绎、归纳、分析等方法结合融会起来。原因在于，他们的哲学观仍然偏重于心性之学，对于外在实在的研究不重视，在方法论上也就容易轻视分析、演绎、归纳诸种方法，而倾心于直觉及其方法。的确，人生境界或道德理想很难通过纯粹自然科学的、逻辑分析的方法达致，但如果不重视自然科学的、逻辑分析的方法，而完全将直觉及其方法抬高到一个不适当的地位，其结果也就既难达到"内圣"的境界，更开不出"外王"的业绩，尤其是将"外王"理解为科学与民主的话（科学、民主、法治、学理等均是理性化的果实）。从本质上说，现代化就是理性在制度和器物层面上的落实。翻看西方科学技术史，所谓的科学必须同时具有两个要素：一个是古希腊形而上的、抽象的、明确的、经过确证的理论系统，再一个就是欧洲文艺复兴之后兴起的精确的可控的实验技术。这两者在16世纪的欧洲结合而形成了"科学"，这两个要素都需要高度发展了的理性。由于这两个要素在中国传统内不具备，而新儒家们也没有真正地认识到这一点，更不知从何着手来开出"外王"，所以，结果免不了两头落空。

当然，理性本身也有着不可避免的局限或弊病，它也曾给人类带来不少灾难，但是反过来看，没有一种思想方法是绝对完美、没有局限或弊病的。正因为理性的方法有着这样或那样的局限，才诱发了柏格森等哲学家来积极提倡所谓的直觉及其方法作为补充。由于中国现代哲学家关于直觉及其方法、关于分析的方法主要是从西方引进的，因此没有能充分地认识到这两种方法之间互补的关系，而只看到了这两种方法之间排斥的关系。研究中国现代的直觉论和直觉主义，应该清醒地认识到，直觉的方法与逻辑分析的方法之间既有着不同或相互排斥的关系，也有着相互补充的关系。两者只有优长互补，才能将直觉论和直觉主义向前推进。

第四章

知识主义社会
视角下"自由之路"
的重建可能

第一节 "知识"的现代角色以及
知识主义社会的到来

当前,中国正处在从产业社会向知识社会过渡的阶段,而西方的学者指出发达国家已经或正在进入知识社会。知识在整个社会以惊人的速度全方位地蔓延开来,成为支配或主宰社会的力量或生产要素。知识社会的经济基础是知识经济。从经济学的角度来说,知识已经成为我们这个时代"最难获得或最难替代的生产要素"。因此,谁掌握了最先进的系统的知识系统,谁就有可能成为我们这个社会先进生产力的代表。

知识之所以能够成为现代社会的"最难获得或最难替代的生产要素"是由知识的性质决定的。下面我们就从知识的性质和知识在现代社会的作用这两个方面来展开讨论。

一、求知与人性

知识的形成和发展是为了满足人的生存和发展的需要。智慧属神,人通过求知而爱智/神,人类生存和发展的主要手段是知识。"哲学"的原意就是"爱智慧"。爱知识是古希腊哲学的一贯传统。无疑,人是伦理的存在,是道德的主体。但人的各种美德都必须建立在理性的知识之上才会有牢固的基础。正因为认识到这一点,苏格拉底才提出了"美德即知识"这一著名命题。他认为,勇敢是和自信一致的,而自信是建立在认识之上的,所以知识是其他一切美德的基础。一个人所以是节制的,是因为他知道,节制比之不节制,会给他带来更大的幸福、快乐和较少的不幸、痛苦;之所以是正义的、虔敬的、智慧的,也是出于同样的理由。罪恶只能来自没有知识。就这样,苏格拉底把人的道德建立在理性主义的认识论的基础之上。

古希腊哲学家亚里士多德在其《形而上学》一书的开头便指出："求知是人的本性。"显然在他看来,只有人才有求知的本性,动物没有。这样的看法是正确的,它反映出了人与动物之间本质的区别。

从孩提时代,人就不断地询问"为什么"这样的问题。动物,不管什么种类的动物,决不会提出这样的问题。从现象上看,这种询问最初似乎仅仅反映了人类特有的好奇的本性。然而对知识要素的分析告诉我们,正是对这种"为什么"的回答才构成了知识要素中最重要的部分。知其然不是知识,知其所以然才能够构成知识。这种形式的询问的冲动是形成知识的根本动力。显然,它本身还不是知识。然而正是这种形式的询问表现出来的好奇本性才是人类所具有的自我意识的表现。因为只有具备自我意识的人才能发出这种询问。可见,正是这种形式的询问才最终在人与动物之间划下了一道不可逾越的巨大的鸿沟。

从表面上看"为什么"的询问仅仅是出于人的好奇的本性。然而深入的分析却揭示出,这种好奇的本性本质上是人类求得生存的本能。动物天生就具有许多的技能,但一个儿童必须靠学习才能掌握动物所天生具备的一部分技能,并且即便是人类掌握的那些技能,也达不到动物所具有的灵巧、快速等程度。但是人的这种缺陷却被只有人才具有的另一种天赋所弥补,即人有求知的本性。正是这种求知的本性为人类开辟了只有人类才能拥有的通向知识领域的道路,开辟了人类文明生活的全新方向。人不只是凭本能、感官的功能去生活,而主要是凭借理智来适应环境以争取生存的机遇。人类适应环境的主要手段是根据不同的环境而相应地调整和完善自己的知识结构。知识结构越完善、越有普遍性,人类就越能适应环境、改造环境。知识结构的不断完善是人类不断进步的标尺。因此可以毫不夸张地说,人类的每一重大发展都是知识结构调整和完善的结果,知识是人的产物;而知识又反过来塑造人、诱发人更多的需要。动物的生存完全是依赖于自然形态的物体,人类却有能力根据自己的知识系统加工自然形态的物体来满足自己生存的需要。然而，在现代社会，只停留在对自然形态的物体进行加工已越来越不能满足人类发展的需要。于是合成材料应运而生。新材料的出现完全是人类知识结构或知识系统的物化，它们是知识产品，它们与自然形态的物体，与对自然形态的物体加工后的产品已有性质上的不同。人类不仅要求生存，而且还要求发展。人类求发展的可能性完全依赖于知识系统的完善的可能程度，人类文明的发展都是知识结构更新的直接结果。人类的发展主要是智力型的，而不是感官经验型的。而动物的发展（严格说来，动物没有发展，有的只是种的延续）的标志却主要是体格的强健有力、感官的灵敏发达、经验的丰富多样。人会主动地适应环境以求得发展，而动物只能消极地适应环境。

根据上面的分析，我们可以大体给人下这样一个定义，即人是求知的动物。在这里，知识不仅仅是指自然科学知识，也指伦理、艺术、神话、宗教等方面的知识。仅仅把人定义为道德主体是不准确的。因为道德主体不足以反映人的本质属性。理由比较充分的说法是，人是有道德意识的存在，自觉的道德意识与道德知识是同义语。

知识不是感性直观的产物。任何知识都是以命题语言表述的符号系统，因此，知识系统乃是关于自然、社会和人自身的普遍性原理。人们主要是根据知识系统去生活、去发展。不同的知识系统赋予人们不同的价值观和意义理论。文化的差异归根到底是知识系统的差异。

人生活在知识系统之内，而不像动物那样直接生活在物理宇宙之内。人类在思想和经验之中取得的一切进步都表现为知识结构的更为系统和更为精巧；而人的知识系统进步多少，自在的自然世界也就相应地退却多少。人是通过知识系统来看待一切的。人通过知识系统来看待外部世界时，实质上是在同自己打交道；人在反省、认识自我时，实质上是在运用已有的知识系统来认识、分析自我。因此人不能直接地认识自然，也不能直接地达到那个赤裸裸的自我。除非凭借知识这个中介，否则我们就不能看见或认识任何东西。在这种意义上，我们可以更进一步说，我们所掌握的知识系统的性质决定着我们对自然的性质、对自我的性质的看法。一个无神论学者所看见的一切显然不同于从一个虔诚的基督教徒的眼光所看到的世界。由于人命定地要从一定的知识系统来看待自然和自我，因此对人的自我本性的认识或研究也就必须以知识的本性为基础、为转移。

当我们来到这个世界时，我们并不是走进了一个空无一切的真空世界。毋宁说，我们走进了知识系统的世界。理性的成熟只不过意味着我们已经能自觉地意识到我们生活于一定的知识系统网络之中，只不过意味着我们已能自如地运用既定的知识系统来看待一切。当我们意识到自身理性的成熟时，我们已不可自拔地深陷于知识系统的网络之中。

自由是人的本质。其实，自由不过是人自觉地运用知识系统来说明自我及外在的一切并超越自我的种种限制和割断外在的一切束缚的能力的实现。自由并不是意志的任性。自由实现的程度完全依赖于我们所掌握的关于自然、关于自我的知识系统的深刻性和普遍有效性。如抟扶摇而上九万里，在庄子的时代只能是幻想。因为在那个时代，人类不可能有实现这一理想的知识系统，但在现在，抟扶摇而上九万里早已不是幻想，而成为现实。幻想成为现实的基础就是现在的人类已经掌握了直上青天的知识系统。从这个意义上说，我们当然远比古人能享受到更多的自由。一个毫无知识系统的人（如果有这样的人的话）是绝对享受不到真正的自由的。人的本性倾向于享受最大限度的自由。这种良好的愿望，实质是由我们关于人的本质的知识系统所激发起来的。

然而，任何人在现实中所能真正欢享到的自由永远都不可能是绝对的自由。因为我们所拥有的知识系统永远也不可能达到尽善尽美的程度，人类的知识系统处在进化的途程之中。这个进化的途程绝无终点可言，因为任何关于终点的知识都是一个有限的事实。而且我们只能凭借知识来获取某种程度的自由的情况也决定了任何自由都是相对的、有条件的。只要是人，就不得不生活在知识世界之内。这就是人类的不自由。然而，我们命定要在知识世界之内讨生活这一事实并没有从根本上否定人有选择知识系统的自由。然而,这种对知识系统的选择的自由也是渊源于某种既定的知识结构的。人类所拥有的知识使自身从自然、自我获得了解放和自由,但同时我们又被层层束缚于知识结构之内。人可以自豪地说自己是知识的主人,但又不得不承认,人同样也是知识的奴仆。

任何知识都是人的知识。知识不是任性的产物。知识系统的命运取决于它对外在世界及自我的适用性。如果一个知识系统缺乏普遍适用性,它就将为具有更广泛、更普遍的适用性的知识系统所代替,因此知识系统并不是一成不变的。

二、知识与力量

现在似乎很少有人会对英国哲学家培根的哲学思想产生很大的兴趣,因为它毕竟是过去时代的产物;但是,他的"知识就是力量"的口号在现在却已成为家喻户晓的至理名言。

培根的这一说法确实揭示出了知识在人类进步与社会发展中的重要作用。在现代社会中,越来越多的人们意识到了知识的作用;但一般的人只是从个人利益出发而意识到知识在谋取理想的职业、求得更高的社会地位方面所能起到的决定性作用,未必能认识到培根这一口号深刻的哲学含义。

"知识就是力量"这一思想无疑是正确的,但用现代的眼光来看,它显然过于宽泛、不够精确,不能充分地揭示出知识在当今及未来的世界的政治、经济生活中所起的巨大作用。在现代社会中,知识的作用不只局限在个人的生活方面,不只局限在对个别学科的影响方面。知识也不仅仅是培根所指出的主宰自然的力量。现在知识已成为在经济、政治领域乃至整个社会引起巨大的、根本性变革的主导因素。

我们现在正处在一个充满着剧烈变化的世界之中,一切看上去似乎格外地混乱、格外地无序。但在这混乱与无序之中却显示出一个十分引人注目的事实,这就是知识的急剧膨胀和极其迅速的传播。知识已渗透蔓延到了社会的各个方面,并把触角伸展到未来世纪之中。

美国新制度经济学派的代表人物加尔布雷斯在20世纪六七十年代首先注意到了知识在现代西方社会经济结构中权力重新分配过程里的决定性作用,提出了著名的"权力分配论"。其主要内容有:权力转移论、公司新目标论、生产者主权论、企业与外界关系转变论、阶级冲突变化论。他的这一理论的基石是他的权力转移论。而引起企业内部权力转移的根本因素便是知识。

加尔布雷斯认为,在任何社会中,权力总是与"最难获得或最难替代的生产要素"联系在一起。谁拥有这种生产要素,谁就拥有权力。在封建时代,土地是最重要的生产要素,地主是这一要素的供给者,所以地主便拥有权力。到了资本主义社会,资本代替土地成为最重要的生产要素,权力也就相应地转移到了资本家的手里。而在现代社会中,由于工业的不断发展和科学技术的迅速进步,需要的专门知识越来越复杂,专门知识已成为企业成败的决定性生产要素。于是,权力也就从资本家手中逐渐地转移到了一批拥有现代工业技术所需要的各种知识、技能的人手中。这些人被称作"技术结构阶层",它包括经理、科学家、工程师、企业经营管理人员、律师等。由于权力转移,现代公司的结构发生了重大的变化。

权力的转移又引发了如下几个带有根本性意义的变化:1."技术结构阶层"掌权之后,公司的目标已从过去追求最大限度的利润转变为追求"稳定""增长"和"技术兴趣"等;2.为了实现"稳定"这一首要目标,商品生产已由过去的"消费者主权"理论转变为"生产者主权"理论;3."技术结构阶层"掌权后,企业与银行、国家、工会、科技界的关系发生了重大的变化。如工业资本与银行资本不再融合,企业与工人的关系日益密切,企业与国家融为一体,等等;4.与上述的变化相适应,社会阶级关系也发生了变化,加尔布雷斯指出,现代资本主义的社会冲突,已经不再是穷人和富人之间的对立,而是有知识者和没有知识者之间的对立。没有知识者只能成为穷人,要成为富人就得有知识,就得接受高等教育,就得掌握最新的知识系统。

加尔布雷斯的"权力分配论"的新颖独到之处是他从"知识"这一

全新的视野来分析资本主义社会中企业内部结构所发生的重大变化,他看到了知识是现代社会中"最难获得或最难替代的生产要素"。从目前来看,新制度经济学派的理论在现代西方经济学界的影响有日益扩大的趋势。

在20世纪八九十年代,加尔布雷斯的理论不断地得到来自不同学术领域的学者的回应。一时间,以"知识"为核心范畴来描绘、分析现代世界范围内的政治、军事、经济、科技,以"知识"来构想未来世纪的社会总特征成为一种特别受人青睐的时尚。如80年代日本学者堺屋太一的《知识价值革命》一书就运用了"知识价值"一词来描绘未来社会的总体特征,堺屋太一把即将到来的未来社会干脆称之为"知识价值社会"。"知识价值社会"是由"知识价值革命"引起的。他认为,这种"知识价值革命"在日本、美国是由于80年代电子计算机技术和通信技术突飞猛进的发展和广泛的普及而产生的。他指出,比起物质财富的积累,"知识价值社会"更加重视创造"知识与智慧价值"。这样的社会将会减少对物质财富的数量方面的需求,而增加对取决于社会主观意识的"知识与智慧价值"的需求。

到了90年代,美国著名的未来学家托夫勒则完全从"知识"出发来分析和描绘现代及未来社会中的政治、经济的总体特征。

传统的政治权力概念有两大要素,即暴力和财富。在古代社会中,暴力在政治生活中起着主导作用。在一定意义上,权力即暴力。但暴力有着极大的弊端,即暴力的运用只能产生新的暴力。它的另一弊端在于它只能用来进行惩罚。所以以暴力为实质的权力是低质的权力。与暴力不同,财富则创造了优于暴力的权力,它既可以用于威胁或惩罚,也可以提供奖赏,因此它比暴力灵活得多。然而真正高质量的权力则源于知识的运用。因为知识可用于惩罚、奖励、劝说甚至化敌为友。知识也可以充当财富和暴力的增值器,可以用来扩充暴力和财富,也可以减少为达到某项目的所需要的暴力和财富的数量。知识本身不仅仅是高质量的权力之源,而且它还是暴力和财富的最重要的组成部分,即知识从暴力和财富的附属物变成了它们的精髓。此外，暴力和财富都是有限的，而知识的运用却可以产生更多的知识，因此知识具有无限的延伸性。更为重要的是，知识是最民主的权力之源。暴力和财富是富人和强者的所有物，而知识的真正革命性特征则在于弱者和穷人也可以掌握知识。从现代政治学概念来讲，暴力和财富变得越来越依附于知识。

由于知识在经济生活中的全面渗入，现代的经济生活也出现了革命性的变革。随着服务及信息行业在发达国家中比重的增加及制造业本身的信息化，财富的性质也随之发生了相应的变化。

尽管那些投资于落后的工业行业的人仍将工厂、设备以及财产目录这样一些"硬资产"视为决定性的因素，但那些在急速增长的最先进的行业中投资的人却依赖于完全不同的因素（知识或信息）来保证其投资效益。

知识在现代社会成了新资本形态。以实物形态表现的传统资本的一个最显著特点是它的时空有限性。知识资本却不同，它具有无限的延伸性。同一种知识可同时被许多不同的使用者应用。而且应用知识同时也是创造知识。也就是说，知识在应用中使自己增值。知识应用的频率越高，使用的人越多，增值的概率也就越大。知识不可穷尽、无法独占。我可以运用某一领域内的知识，你和他人也同样可以运用这一知识系统。这就是知识资本的革命性特征。由于知识减少了人们对原料、劳动、时间和资本的需要，知识已成为先进经济的主要资本。正因为如此，争夺知识的信息战、人才战才到处爆发。

经济的知识化或知识经济又被称为"超级信息符号经济"。其特点之一是知识密集型行业取代了那些主要依赖于原料和劳动力的制造业的地位而迅速崛起。另一显著特点是，知识的增长和淘汰以超速递增的速度同步进行。所以知识经济是一种快速运转的经济。在当今的世界，资本以前所未有的速度运转，财富以惊人的速度递增，时间成了越来越重要的生产要素。这就迫使经济不发达的国家必须在发展知识经济方面努力实现与发达国家同速运转。货币也日益信息化了。正如过去金银代替实物交易、纸币取代金银行使交换职能一样，储有大量信息的信用卡正在取代纸币的职能。总之,知识是现代经济特别是21世纪经济增长的关键因素,这一点已成了世界范围内政治家、经济学家、企业家和新闻媒介的共识。

随着知识信息通过越来越庞大的计算机网络、媒介、通信设备在全球范围内迅速传播,不但经济出现了飞速的运转,而且也加速了政治变革的速度。任何人想要通过封锁、控制信息知识来阻断民主的实现,实行专制统治,都注定是要失败的。知识在社会生活中的全方位的渗透已使社会发生了极大的变化,并将发生愈益巨大的变化。知识在现代及未来社会中的巨大作用,是培根始料未及的。可以断言,在现代社会中,知识已不仅仅是力量,它也是权力、是财富、是资本。知识成了全球范围内的K因素(知识在英文中为Knowledge)。要在未来的世纪中立于不败之地,求得更大的发展,我们必须不失时机地掌握世界范围内不断更新的知识系统。

通过上面的分析,我们可以清楚地看到,知识在我们的时代已经成为主宰或支配整个社会的力量。因此,结论也就是,我们的世界是知识的世界。我们的经济是知识经济。最新的知识系统是最大、最新的生产力。谁掌握了这样的知识系统,谁就是新的生产力发展的主体,谁就代表了先进生产力的发展要求。

第二节　知识主义社会中人的行动结构

本书认为,现代化进程本质上是理性化的过程。这一过程对于人的行动结构的决定性影响主要表现在两个方面:知识在很大程度上取代了经验成为现代人行动的基础,现代社会的行业分工也同样取决于知识的分类;伴随着人口快速迅猛地集中在大城市之内,公共空间也在快速而持续地吞噬着私人空间,于是现代人的一切行动不得不遵守公共生活准则。

一、 现代人的行动结构及其本质

由于几天前才收到由华东师大思想所寄来的杨国荣教授的大作《人类行动与实践智慧》,未及细看,只是大致浏览了一下此书的主要篇章,了解了此书基本的思想脉络。应该说此书比较系统而深入地讨论了人的行动与指导人的行动的智慧之间复杂又深奥的关系,可以说是汉语学术界较早讨论人的行动与智慧关系的著述之一。其实,西方学术界对于人的行动哲学的研究早有不少著述。尤其是 20 世纪中叶后,出现了大量的研究行为心理学或变态行为心理学的著述,并有专著详细论述社会行动的结构等问题。但是应该承认,国内学术界对于为人类行动做哲学解读的研究尚未引起足够的重视,所以在这方面很难看到系统而深入的著述。

这本书不同于一般行为心理学著述的地方在于它更注重所谓的实践智慧对于人的行动的内在的指向作用。行为心理学主旨在于从人类心理的角度讨论人类行动的特征,或者更具体地说是从人类行动表现出来的特征来探究行动背后隐藏着的动机。应该说,行为心理学更具有实证学科的特性。显然,《人类行动与实践智慧》似乎更注重人类行动的形上智慧的作用。

我本人由于各种各样的原因,比较倾向于这样的看法,即从人的行动特征来探究隐藏在行动背后的动机与从形上智慧的角度审视人类的行动都各有自己的重要意义。但不可否认的却是,对人的行动结构做深入的研究与详尽的解析,似乎来得更为根本,也可能更为重要。

而且我们在此尤须密切关注这样的现象,即现代社会中的人的行动已与古代社会有着很大的甚至是本质性的区别。如果忽视了这样的本质性的区别,我们将很难正确地解读现代人的行动结构及其本质。

笼统地说,这样的区别似乎主要有如下两种:1. 古人的行动主要依据于经验或对相关经验的粗浅概括,我们因此就很难用结构这样的词汇来描述和研究他们的行动。而现代人却完全不一样,他们的行动主要在以系统知识为基础的技术指导下进行。由于知识理论体系在现代社会获得了极其迅猛的发展，可以说知识在现代社会中起着主宰的作用。任何系统的知识理论体系都有其结构，正是这样的结构决定着技术的流程。而知识的结构与技术的流程规定着现代人的行动结构。又由于实用性的知识本就是对经验的概括和提升，所以现代人的行动与古人一样，也有着丰富的经验性的要素在其中。2. 古人基本生活在狭小的私人空间，与家族外的世界几乎没有交流。但是现代人却绝大多数生活在超大规模的公共空间之内。所以在解读人的行动及其动因的时候，我们尤须要注意上述的区别，否则将会出现不必要的误解。遗憾的是，目前学界似乎对古代社会与现代社会中人的行动的区别并未给予足够的重视，更谈不上深入系统地研究了。

人所以运动或行动本质上是生理学意义上的需要。人需要适度的行动来维持自己的生存。植物无需行动，因为它们有能力直接从土壤、空气和阳光中汲取有利于自己成长发育的养料。动物没有这样的能力，但是动物却具有植物所不具备的能力，即运动的能力。正是依靠了这种在广阔空间中的运动能力，动物才能够觅得食物，以便维持自己的生存。动物的运动能力主要依靠的是以视觉为主的感觉器官和运动器官，所以动物关于感觉器官和运动器官的神经也就比较发达，而且在广阔空间内的长期运动也极大地促进了脑神经系统的精确化与细密化。

如就行动或行为本身着眼，而不从行动的动机来观察，人与动物的区别似乎并不是很大。但如果从行动的动机着眼，人与动物则有本质区别。动物的行动主要受本能或情感、情绪等心理要素驱动，人却不一样。

正如绝大部分哲学家所明确地指出的那样，人的本质是由理性、情感、意志、本能等共同构成的。从这样的角度来审视人类的本性应该说是正确的，也是合乎人所具有的本质规定的。无疑，缺失了上述人性中的某一项，人就不可能是正常的和健康的。但正是在这里，我们需要特别注意的是，对人性的这一看法仅仅是就人之为人本身而立论的。

如果现在稍微换一个视角，那么我们对于人性就会略有不同的看法。这一视角要求我们就人与动物之间的本质差异来进行比较研究，来突出并审视人到底具有什么样的与动物相区别的本质特征。这样的比较使我们能够清楚地发现，动物与人一样，也同样具有本能、情感与意志等。而且动物的本能、意志与情感等很有可能较之于人类达到了更高的程度，如某些动物的嗅觉的灵敏度要远远地高于人类。

　　这样的比较也使我们明显地注意到，动物所以区别于人类的，就是它们不具有只有人才具备的高度发展了的理性。高等动物中那些最接近于人类的物种虽然也可能具有某些类似于人类理性的要素，但它们却根本缺乏只有人类才具有的概念思维的能力。可见，正是理性这一本质属性将人类与动物区别开来。也正因为有了理性，所以人的信仰、情感、意志、本能在很大程度上也就不同于动物的，或者说与后者已经有了本质的区别。审读心理学发展的历史我们就能够清楚地看到，心理学家就是不断地在运用人的理性来努力解读人的信仰、情感、本能、意志等。同样，历史上不少宗教学家也运用理性解读人对上帝信仰所涉及的重要理论问题。这就是说，人的行动及其结构不能仅仅从本能、信仰、情感、意志等角度来解读，而必须从理性的角度来审视和研究，只有这样的解读才能彰显人的行动的本质特点。如果舍弃了这样的本质特点，人也就与动物没有什么根本的区别了。

　　而且事实上，理性与激情、情感、意志等在人的行动中并不是毫无关系的。如根据苏格拉底的理解，哲学就是对神的智慧的追求。人不是神，不可能具有神的智慧，但苏格拉底等人却执着地追求着神的智慧。这一追求的过程无限而漫长，所以这样的追求不只是理性的，也需要高昂持续的激情与强烈的内在冲动，更需要坚强的意志。在这里，正像在任何其他地方一样，理性需要得到激情和意志的积极支持和密切配合。我们运用语言可以分开来说这三者，但是在实际生活中，它们却始终紧密地融合在一起，相互消长，共存共荣。

　　神的智慧不能用人的语言来解读，但是，人的理性却能够清晰地得到表达。可以说，正是理性的驱动，使人类的行动大大不同于其他动物的行动。我们似乎也只能够从这样的角度来比较清楚地解读人类行动的结构。

我的看法是,只有从人的理性的高度发展这一角度我们才能正确地解读人的行动与动物的行动或行为的本质区别。而且也只有从理性的角度,我们才能清楚明白地区分古代人的行动与现代人的行动;才能揭示出世界近二三百年来文明发展与进步的真正原因和本质属性。现代社会与古代社会如果有区别的话,那么其间的根本差异就在于现代人主要依据理性来行动。现代化的过程从本质上讲就是理性化的过程。知识及其进步本质上是理性的结晶。理性不够发达的民族绝对不可能在知识上有创新。而且以知识为基础的技术活动也主要是理性的。

如果说从这样的角度来解读现代人的行动及其结构有一定意义的话,那么我们现在必须要做的一件事情就是揭示我们通常所说的理性到底具有哪些含义。尽管学界几乎都在以理性讨论和分析重要的理论问题,但似乎并不是每个人都能解析清楚理性的确切内涵。本书作者虽然对于理性的确切含义也不能说有准确、完全的把握,但却有着这样一种冲动,即努力去说清楚我们文明人所热衷的理性究竟为何物。

理性的核心要素就是计算。正是计算的能力在人类与动物之间画下了一道明确的界线。只有人类才具备的这种计算能力在漫长的历史上得到了飞速的发展和提高。现在正在不断普及的计算机就是人类精确计算的结晶。计算机的出现极大地影响和根本地改变了人类的行动及其结构。这种改变和影响是全球性的,并将不断地延续下去。一个有趣的历史现象是古代人似乎并不热衷于计算,但是现代人的生活根本就离不开计算。可以说,计算是现代人生活中离不开的一项基本活动或生活内容。

理性的另一个含义就是对思想进行思想,或对思想进行反思。并不是每一个人都具有对自己思想进行反思的能力,只有理性得到高度发展和提升的人才可能逐渐地具有反思的能力。当然,所谓的思想的反思大致包括两个方面，即对自己思想的肯定和否定。当然，这种肯定和否定都不是随意进行的，而必须有系统有效的思维工具。理性的这一含义也就决定性地将现代人的行动与古人明确地区别开来了。

要能够精确地计算并有能力对自己的思想做反思的工作也就逻辑地预设了如下极其重要的一点，这就是思想必须有自己的工具。有没有这样的思想工具是衡量理性能力和水平的尺度。在两千多年前的世界文明系统中好像只有希腊的哲人发展和提炼出了此种系统深入的思想工具，这集中表现在亚里士多德的《工具论》中。有了这样的思想工具才能使人类的理性思维达到前所未有的高度。当然，任何思维工具都有自身的局限，但我们不能因此就否认亚里士多德的思维工具即逻辑学的创立对于人类理性发展的主要作用。比如对于思维的逻辑规律以二进制的计算方法加以代数学的运算就是计算机的原理性基础。

如果上面对于理性所蕴含的意义的解读正确的话，那么我所理解的理性也就必然包含这样一个含义，即能够将研究对象提炼上升为知识理论的系统，无论这里所说的研究对象是自然科学的，还是社会科学的，或是人文科学的。理性要能够将研究对象提炼上升为知识理论体系，就必须满足如下两个条件，这就是：1.研究对象必须是明确的清晰的；2.根据研究对象的不同性质采取分科治学的研究进路。此种分科治学的知识理论研究进路始于《柏拉图对话集》，而亚里士多德则更为明确地开启了这一传统。他建构了逻辑学、物理学、诗学、形而上学、伦理学、政治学、家政学、植物学、动物学等学科知识理论体系。对知识理论体系的分门别类研究实质上历史地规定了以后各学科之间的分化及其合作。

应该说，分科治学研究传统对于人类文明的发展具有决定性的影响，近代以来科学技术的飞速发展主要就是渊源于此。现代的大学和研究院的结构就是奠基于这样的分科治学的准则。但是知识理论体系要对绝大多数的人的行动结构起到制约作用必须借助技术手段。我们可以清楚地看到，文艺复兴后的西方知识分子对在知识理论体系指导下的、旨在寻求事物因果关系的实验有着极其强烈的兴趣。正是这样的知识与技术紧密结合的大背景遂使16世纪以后的科学有了迅猛的发展与繁荣,更使一般人意识到科学知识理论体系及技术在社会和个人生活中决定性的作用。英国工业革命之后科学理论与技术结合的产品被推广到了全球的范围之内。可以说,英国产业革命之后的每一次技术革命都是完全奠基于相关的知识理论体系之上的,于是科学的重要性引起人们的普遍关注。另外产业革命使进入其内的任何个人必须根据技术的要求操作机器或进行管理,而且产业革命使大城市的数量急剧增长,人们纷纷离开农村而走向了大城市。正是在这样的历史背景之下,不管愿意还是不愿意,我们都能意识到,现代人的行动结构已经发生了本质性的变化。

二、知识、技术与现代人的行动结构

上面的分析和讨论清楚地表明,我是将人的行动结构的讨论放置在现代社会结构之内来进行的。正是这样的讨论背景,遂使我认识到,要做到正确而清晰地认识和研究现代人的行动结构,我们必须始终要注意如下几点。

第一,人的行动可大致分为个人的行动和集体的行动,这两者之间有着性质上的区别。在现代社会中,行动的个体性正逐渐地消失在集体性或团体性之中。

谈论现代社会中个体的行动存在某种困惑或疑虑,因为现实生活中究竟有没有纯粹的个体行动是一个难题。不可否认,在私人领域内,我们可以遵循快乐的原则,比如随心所欲地抽烟。但是在公众场合,个人的行动要受到社会规则的制约。

问题在于,现代社会中到底还有没有纯粹的私人领域。人无疑都是自主的,毕竟我们有独立地利用自己理性思考的能力,可以为自己做主。但是如果纯私人领域内吸烟或酗酒等行为影响了身体健康的话,那么这类行动便超出了个人领域,而间接地进入了公共生活的领域。因为过度抽烟或酗酒的结果就是身体健康受损,这无疑会极大程度地影响家庭生活的质量,甚至会影响下一代的身体健康。从这样的角度来审视,那么在表面看来似乎纯粹是个体行动的抽烟或酗酒所导致的后果却已经是家庭的或社会的了。如此等等。

相较于个人的行动,集体的行动来得更为复杂。要使任何一个集体行动取得较为合理的目标,那么参与其中的每一个人就必须坚决地遵守为集体行动顺利进行而制定的规则或法规,为此就必须自觉地根据集体的意志去做必须做的事情。虽然这样的集体行动的规则或行动的动因往往只是某一个或几个人的意志,而不是团体中每一个人的意志。任何一个坚持自己的意志不服从集体意志者,不是选择自己出局,就是必将被淘汰出局。当然你可以选择不参加集体行动,但是在我们的文化系统内这种不参与集体行动的行为会有很大的负面作用。

集体行动往往通过家庭、学校、军队、企事业单位、政府机构、各种跨国公司及其他社会团体等实现。这种集体行动由于现代交通工具和通信工具的便利而变得越来越频繁,而且规模也越来越巨大。比如国际性的体育赛事,如奥运会、国际马拉松赛等涉及的个人数量就很巨大,仅一个北京奥运会场馆就能够容纳九万人。

在我们的社会中,很少或者几乎没有纯属个人的行动。个人的一切行动都在社会有意或无意的掌控之中。

我们现在对群体性事件的心理、哲学、政治学层面的研究不够,所以也就没有有效的办法来及时处理。现代社会可以动员好几十万人来参加大规模的战争,这其中有正义的战争,也有邪恶的屠杀人类的战争,尤其是后者,在20世纪曾经给人类带来巨大的灾难。一个人拿枪枪杀另一个人的行动大大不同于集体性的屠杀事件,如纳粹集体屠杀犹太人的事件、南京大屠杀事件。在集体屠杀的事件中,屠杀者的心理已经被极大地扭曲,可以不经理性的思考而集体无意识地进入一种疯狂状态,拿起枪刺杀任何一个对于他来说并不具有危害的所谓敌人。

第二,现代人的行动大大地不同于古代人的地方在于,他们的行动已经有了性质上的划分。这种划分主要取决于各种知识以及以这些知识为基础的技术分工。如果说古代人的行动依据经验，那么现代人的行动则有了本质上不同的基础。现代人的行动大致可以分为工业的、农业的、政治的、经济的、军事的、教育的、体育的、艺术的、法律的、交通的等等。现代人的行动的上述分工的基础无疑就是知识的分科性质。因为知识在现代社会迅猛发展的一个主要原因恰恰就是分科治学。而分科治学对于现代社会的巨大影响就是，社会这个大的系统是由根本不同但又紧密相连的各个部门或要素组合而成的。我们必须认识到，这是现代社会不同于传统社会的根本特点。这一特点决定性地影响了现代人的行动：如果你不具备上述领域内的相关知识及技术，你是绝对不可能在上述的领域或部门内获得一份哪怕是最低要求的工作。如果你具备了某一部门所需要的知识和技术而有幸进入其中工作，你也就必须遵守该部门所制定的一切行规或准则。知识及技术引导现代人的行动。比如现代社会大众体育项目中的篮球、足球等，凡有志于这些运动项目的人，都必须在某个年龄阶段在相应知识指导下完成动作的技术定型。音乐学习也有类似的在知识指导下的动作定型的必要阶段。医学更是如此，特别是外科手术中的眼科手术尤其需要精确精密的相关的知识和技术。现代军事更是完全奠基于相关的知识及其技术之上，凭感觉或经验从事游击战争的年代早已过去。其实，不只是体育、音乐、医学、军事等是如此，其他的行业，特别是理工科所涉及的各行各业，也都有着严格的知识的或精密的技术操作方面的训练。综上所述，我的看法是，要研究人的行动及其结构，首先要注意知识及技术对人的行动的指导作用。而在这种指导作用中，知识是最基本的，知识对于技术具有指导作用。如果相关的知识已经淘汰，那么与此相连的技术也就随之落伍。总之，我们必须真正了解知识及技术的现代作用，才有可能理解现代人的行动及其结构。

令我们不得不注意的是，知识及其技术对于社会分工的影响仅仅是现代社会的一个方面。另一个极其重要的社会面相在于，之所以需要上述的分工是因为现代社会是一个极其复杂的系统，任何个人或集团都绝对不可能完全掌控这样的复杂系统。由于这样的原因，社会各个部门的个人行动也就有意识或无意识之间落入了整个社会系统之内。由此着眼，现代社会中的无数个人行动组成了社会行动的结构。正是由于这样的原因，个人行动的正面或负面效应对于整个社会都有很大的影响。如个人选择自杀也许纯属私事，但在现代社会却具有不一样的意义，加上互联网的推波助澜，个人自杀现在成了一种具有极大社会影响的事件，富士康员工的跳楼事件就是如此。

当然，我并没有完全否认所谓的智慧或直觉的作用。经过严格和长期的专业训练的艺术家在舞台上进入角色后，肯定不会完全按照原定的知识性程序来理性地表演，激情或灵感也会在其中扮演很重要的角色，而先前的知识性的动作定型已经从有意识的行为化为了无意识的行动。当然，专业的体育赛事基本上也是遵循着同样的路径。其他行业中的行动也是如此。但不可否认的是，人的行动的知识基础及其技术训练是最为关键的，也是最基本的。

第三，在讨论人的行动结构的时候，我们尤需注意的是，现代人与古代人生活空间的区别。古代人绝大多数生活在极其微型的小社会内，以宗法血缘关系为基础的家族社会占据绝对的统治地位。在这样的社会中提倡美德、礼俗等就足以使社会稳定与和谐。与之不同，现代人，尤其在中国的大城市内，几千万几乎完全没有血缘关系的陌生人从四面八方聚集到狭小的空间内，于是形成了所谓的公共空间。公共空间在不断地吞噬着我们热烈向往的私人空间，私人行动的空间在迅速地缩小，结果是我们很难发现真正属于自己的私人空间。即便我们用私人的巨款购买的私人住宅也不纯属私人，因为它们紧贴着近邻。

我们习惯于非理性的行动模式，因为非理性的行动或许能够给我们带来快乐、快感或激情，所以我们很不愿意走入或融入这样的超大型的城市之内。但事实却是，我们不得不走进并长期生活在这样的令人极其不快的超大规模的城市内，因为我们国内的绝大部分资源过度集中于超大规模的城市中。于是，在城市内，私人行动与公共社会的准则经常发生冲突，违反公德的事屡屡发生。公正、正义、平等、依法治理等是公民社会基本准则,是每个公民必须遵守的,但是这些准则却使那些追求快乐原则的人们极其不舒服。不管怎样,要安全幸福地生活在现代城市内,要使公共空间有一定的秩序,我们首先要提倡的就是理性及依据理性制定的法律和规则。公共空间的行动准则本质上依据的是人的理性,公共安全、公共秩序、公共交通、公共卫生、公共绿化等公共生活必需的一切都必须依据于以理性为基础的法律制度或规则。如果说在纯私人的空间内还可以适度地依据自己的习惯或情绪或本能来生活,在上述的超大规模的公共空间内我们则不能让自己任性地由习惯或本能或情绪来支配自己的行动,而必须以理性来严格地遵守公共准则。遗憾的是,由于中国社会从传统向现代转变的过程过于快速,且此种转变的原动力并不来自于自己的文化传统,所以绝大多数的中国人完全不适应这一急速转变过程,更缺乏应对这一快速转变带来的各种严峻的社会问题的理性思考能力,所以出现了大量的社会问题。我个人的看法是,中国人的理性思考能力始终没有得到充分的发展,却总是陶醉于似乎充满诗意的浪漫的不适合现代社会生活的那种不确定性之中。

公共空间在很大的程度上漫无节制地吞噬着我们的私人空间,与此同时,团体的生活也在不断蚕食着我们的私人时间。生命的短促表现在我们每天仅有 24 小时,但就是这每天短短的 24 小时也不是我们自己能够随心所欲地支配的。因为其中的 8 个小时必须消耗在维持生计不可少的工作中。此外或许还有至少 2 个小时耗费在每天上下班的拥堵的路途中。现代企业又经常地要求自己的员工延长工作时间,即所谓的加班。即便一天三顿饭也与传统社会有了本质的区别,大家挤在一个公共空间内,不得不遵守一定的公共规则用餐。真正计算下来,一天中自己能够支配的没有几个小时,而那时的我们已经筋疲力尽,很难有闲情逸致享受富有浪漫情趣的诗意生活了。好在我们可以期许明天的生活可能与今天有根本的不同,于是我们只能期待明天了。但遗憾的是,对于现代人来说是没有什么明天的,因为明天与今天没有什么实质性的区别,仍然是那么单调乏味毫无意义的一天。

此外，我们还需注意的是移动互联网技术对于现代人行动结构的革命性改变。比如网络购物改变了绝大多数人的传统购物方式，使服装商店、电器商店等实体商店受到致命的冲击。网络家庭、网络银行、网络俱乐部等也使传统的家庭方式、金融系统和团体聚会模式等发生根本性的变革。同时，移动互联网技术也根本改变了个人与他人、社会、世界的关系。如此等等。数字化图书的出现对传统的阅读方式、出版方式等也构成了巨大的挑战。图书馆的功能也因此出现转折性的变革，阅读的方式变了，阅读的场所也已发生了根本的变化。总之，移动互联网技术对于人的行动结构已经产生越来越巨大的影响，这需要哲学界与科技界加强联系，共同探讨这一重要而迫切的问题。

第三节　知识主义社会生活中的逻辑分析与直觉思维

一、逻辑分析与概念思维

20世纪40年代前后，分析哲学曾经在学术界有过强大的影响。其时的维也纳学派就坚信逻辑分析方法是哲学研究的主要的或唯一的方法。尤其在知识论的研究领域内哲学家们运用的方法就是逻辑分析方法。现在看来，这样的看法自有其偏颇之处。但我们应该承认的是，逻辑分析方法是哲学研究的必要方法。具体说就是，如果没有逻辑分析方法，那么哲学研究确实会举步维艰，难有所获。然而我们同时也必须清楚地看到，光靠逻辑分析方法并不能真正地解决哲学面临的种种问题。在某些生命哲学家们看来，逻辑分析方法不仅不能解决任何哲学问题，却有破坏哲学的嫌疑，在他们看来，分析哲学走到哪里，哪里的哲学就死了。对分析哲学做如斯观，虽不免有失公允，走向了另一个极端，但也不是全无道理。在维也纳学派的哲学家们看来，哲学并不是与科学并列的一种学科，而仅仅是一种活动，一种分析科学命题究竟有无意义的活动。所以哲学如果有其存在权利的话，那么它也只不过是科学的一种工具。

众所周知,中国现代著名哲学家金岳霖是首先将数理逻辑从西方引进中国的学者,他十分重视逻辑分析方法在哲学研究中的重要作用,并自觉地以这一方法构造了自己庞大而精密的形而上学和知识理论体系。但他却明确地指出,逻辑分析方法本身是有局限性的。在进行哲学思考的时候,我们必须或者说不得不遵守逻辑分析方法的法则,逻辑分析方法的法则与思想的任性和随意是不相容的。于是,金岳霖这样说道:"希腊的 Logos 似乎非常之尊严;或者因为它尊严,我们愈觉得它底温度有点使我们在知识方面紧张;我们在这一方面的紧张,在情感方面难免有点不舒服。"①在其哲学思想体系中,他没有把逻辑看做是最高的境界,而是把逻辑置于中国的"道"之下。在他看来,"道"才是哲学中最上的概念、最高的境界。"道"得到了希腊逻辑的补充和加强,虽然不免多少带有点冷性,"可是'道'不必太直,不必太窄,它底界限不必十分分明;在它那里徘徊徘徊,还是可以怡然自得"②。

金岳霖本人也曾经这样说过:"哲学就是概念游戏。"所谓的概念游戏是说,哲学家的职责是对概念做精深细致的分析,揭示出被分析概念的种种含义及与其他概念的联系。金岳霖这种说法就是典型的分析哲学家的说法。德国哲学家莱布尼茨就说过,哲学有两种:一种是公布于众的哲学,这样的哲学的任务是对所使用概念做细致精深的分析;还有一种哲学是哲学家本人私下里所信奉的信念体系。其实在金岳霖的内心深处,哲学也有两种,所不同的则是,他将这两种哲学都公布了出来。他的知识论研究所运用的是分析的方法,而他的形而上学思想体系所运用的则主要不是分析的方法,或者说 Logos 在他的思想体系中并不是最高的。正是在这后一种意义上,金岳霖指出,概念越是分明,就越不能具有暗示性。因此他这样说道:"然而,安排得系统完备的观念,往往是我们要么加以接受,要么加以抛弃的那一类。

---

① 金岳霖:《论道》,第 16 页。
② 同上书,第 19 页。

作者不免要对这些观念考察一番。我们不能用折中的态度去看待它们，否则就要破坏它们的模式，这里也和别处一样，利和害都不是集中在哪一边。也许像常说的那样，世人永远会划分成柏拉图派和亚里士多德派，而且分法很多。可是撇开其他理由不说，单就亚里士多德条理分明这一点，尽管亚里士多德派不乐意，亚里士多德的寿命也要比柏拉图短得多，因为观念越是分明，就越不能具有暗示性。中国哲学非常简洁，很不分明，观念彼此联结，因此它的暗示性几乎无边无涯。"①

冯友兰也有着几乎同样的看法。他早年通过自学逻辑学而走上了学习和研究哲学的生涯。他认为"逻辑是哲学的入门"，是逻辑引导他走进了哲学的殿堂，所以他十分强调逻辑分析方法对于中国哲学的重要意义和价值。他说："就我所能看出的而论，西方哲学对于中国哲学的永久性贡献，就是逻辑分析方法……逻辑分析方法正和这种负的方法相反，所以可以叫做正的方法………正的方法的传入，就真正是极其重要的大事了。它给予中国人一个新的思想方法，使其整个思想为之一变……重要的是这个方法，而不是现成的结论。中国有个故事，说是有个人遇见一位神仙，神仙问他需要什么东西。他说他需要金子。神仙用手指头点了几块石头，石头立即变成了金子。神仙叫他拿去，但是他不拿。神仙问：'你还需要什么呢？'他答道：'我要你的手指头。'逻辑分析方法就是分析哲学家的手指头，中国人要的是手指头。"②

可见，冯友兰对于逻辑分析方法的重要性给予了极高的评价。他早期的哲学研究活动所运用的主要的或唯一的方法似乎就是逻辑分析方法。但在中年之后，特别是在创立了自己的哲学思想体系之后，他逐渐地意识到了，逻辑分析方法并不是哲学研究的唯一的方法。于是他这样评论道："我在《新理学》中用的方法完全是分析方法。可是

---

① 金岳霖：《论道》，第 16 页。
② 冯友兰：《中国哲学简史》，第 378—379 页。

写了这部书(《中国哲学简史》)以后,我开始认识到负的方法也很重要……现在,如果有人要我下哲学的定义,我就会用悖论的方式回答:哲学,特别是形而上学,是一门这样的知识,在其发展中,最终成为'不知之知'。如果的确如此,就非用负的方法不可。"或者说,负的方法对于形而上学来说或许具有更重要的地位。于是,他又这样说道:"一个完全的形而上学系统,应当始于正的方法,而终于负的方法。如果不终于负的方法,它就不能达到哲学的最后顶点。但是如果它不始于正的方法,它就缺少作为哲学的实质的清晰思想。神秘主义不是清晰思想的对立面,更不在清晰思想之外。它不是反对理性的;它是超越理性的。"①

在冯友兰看来,逻辑是哲学的入门,但要达到哲学的最高境界却不能依赖于逻辑分析的方法。这样的看法是冯友兰完成了自己的哲学思想体系的创建之后形成的。正是基于这样的看法,他反复地指出,哲学的功用并不在于使人获得更多的知识,而在于使人提高其境界。"新理学"认为其使命在于使人成为圣人,达到一种崇高伟大的精神境界。在此境界之中,人自觉到自己与宇宙为一。与宇宙为一,在冯友兰看来,也就是超越了理智,达到了一种形而上的境界。我们追求这一境界的过程始于分析经验事物,所以我们也就不得不依赖于逻辑分析方法。但是哲学所要达到的顶点却是超越经验的。冯友兰明确地说过:清晰思想不是哲学追求的目的,但它确是每个哲学家所需要的不可缺少的训练。这也就是说,逻辑分析方法是哲学的手段或工具或训练,而不是哲学的真正的目的。哲学的真正的目的是追求最高的精神境界,这样的精神境界不是借助于支离破碎的分析方法能够达到的。在达到这样的精神境界之前,我们要说很多的话,要写很多的书,做很多的讨论或分析。但这些仅仅是进入哲学顶点的学术性的预备功夫,它们本身还不是哲学。只有在静默中你才有可能领略到哲学

---

① 参见冯友兰:《中国哲学简史》,第394页。

的最高顶点或最高境界。①

如果沉湎于逻辑分析方法,把方法本身看成是哲学的目的或哲学本身,认为论证或分析是哲学的核心,无疑是误解了哲学的性质,误把手段当成了目的。这样做,诚如金岳霖所说的那样:"哲学家就或多或少地超脱了自己的哲学,他推理、论证,但是并不传道。"②如斯,哲学也就成为布满技术性的问题,掌握它需要时间,需要训练,需要学究式地全神贯注于技术性或方法论的问题。经过这样的训练之后,哲学工作者往往会迷失自己的方向,全然不知哲学为何物。维也纳学派的哲学家就是误入了此种歧途之中。严格说来,他们不能称之为哲学家,充其量只能叫做哲学工作者。因为真正的哲学家,在金岳霖看来,"从来不但是提供人们理解的观念模式,它同时是哲学家内心中的一个信念体系,在极端情况下,甚至可以说就是他的自传"③。把逻辑分析方法或论证看做是哲学的核心,就会使哲学和哲学家分离,这就改变了哲学的价值,使世界失去了绚丽的色彩。

上述的看法涉及概念思维的某些重要特点。

概念是反映对象本质属性的思维形式,它具有间接性、概括性、抽象性、离散性、排他性等属性。概念认识是认知主体通过事物现象把握其本质的认识,但它不能揭示作为认知客体的对象的整体属性,而且反映在概念认识中的事物的本质只是某一方面的本质,它与客观事物本身有着较大的差异,因为客观的自然界、社会生活是无穷无尽、极其复杂的,其中的每一事物都处在与其他事物的错综复杂的关系网络之中。而概念的认识为了要达到对某一对象某一方面的认识,就必须淡化甚至坚决地排除认识对象和其他事物之间的联系,也必须淡化或排除认识对象这一方面的性质和其他方面性质的联系。这就是认识上的排他性,其结果就使认识客体在一定程度上变了形。概念认识的这一特点决定了逻辑思维的性质,即它永远无法完整地描述和说明这

---

① 参见冯友兰:《中国哲学简史》,第387页。
② 金岳霖:《论道》,第20页。
③ 同上。

个无限的对象世界。

而且概念一经形成就具有稳定、静止、凝固的特性,而认识对象则不一样,它们处在永恒的运动变化过程之中。当然事物的运动变化也会呈现出一种相对静止的状态。然而这种所谓的静止是相对的,因为静止是运动的一种特殊状态,是相对的,而运动应该说是绝对的。所以作为认识对象的事物不可能是绝对静止的。但是概念一经形成,就具有普遍的性质,它们不可能随事物的运动变化而运动变化,正因为如此它们也就不能完全地反映和把握外在事物运动变化的全貌。就此而言,概念的认识常常使人的认识或思想倾向于僵化、停止、封闭。

此外,概念本身不包含矛盾,或者说概念不能反映客观事物自身所包含的矛盾,而客观事物是充满着种种复杂的矛盾的。

二、天地境界与直觉思维

现在的问题是,我们究竟如何才能进入哲学的最高顶点呢?冯友兰坚信,要进入这样的最高顶点,我们就必须要借助于静默或负的方法或他所谓的"直觉概念"。在这里所谓的"哲学的最高顶点"就是冯友兰境界理论中的"天地境界"。要进入这一境界,无疑概念的分析是必须要走的第一步,但它仅仅是入门的途径,而绝不是"天地境界"本身。如果说科学的宇宙是有限的话,那么哲学的宇宙是无限的。在冯友兰的哲学思想体系中,人要进入"天地境界"必须要能够与这样的无限宇宙同其广大。这就是他所说的"同天"。人有这样的境界,必须首先要有"觉解"。冯友兰指出,"解"是一种类似于概念的分析,而"觉"不必依赖于概念。在他看来,纯粹依赖于概念分析,我们根本不可能进入这样的境界。但如无概念分析,我们也同样不可能进入这样的境界。正如朱熹所说的那样,必须经过今日格一物、明日格一物的积累,我们才能最终达到"豁然贯通"的境地。他说:"盖人心之灵莫不有知,而天下之物莫不有理,惟于理有未穷,故其知有不尽也。是以《大学》始教,必使学者即凡天下之物,莫不因其已知之理而益穷之,以求全乎其极。至于用力之久,而一日豁然贯通焉,则众物之表里精粗无不到,而吾心之全体大用无不明矣。"①

禅宗南派创始人六祖慧能积极提倡"顿悟成佛"说,主张不立文字,专靠当下的领悟把握佛理。他所谓的"顿悟"大意是说要凭自己的智慧或根器"单刀直入",直接把握佛理,"一闻言下便悟,顿见真如本性"。所以禅宗反对念经拜佛,甚至反对坐禅。之所以如此行事,是因为在禅宗看来,佛性就是人性,这就是禅宗倡导的"本性是佛"说。"本性是佛,离性无别佛。"既然人性即是佛性,所以我们也就大可不必向身外去求,当然也就更不必长途跋涉去西天取经了。"佛向性中作,莫向身外求。"佛不在遥远的彼岸,而就在自己的内心之中。只需返身内求,当下体认,"自性若悟,众生是佛"。因为佛性就在人性之中,当然也就无需念经拜佛,同样也不必立文字。内在的佛性不能通过文字来求得全盘把握。"真如本性"不在语言文字之内,也不能通过念经拜佛这些外在的形式表现出来。更有甚者,禅宗思想中还有着大量的非逻辑的成分。如著名的善普大师的偈语:"空手把锄头,步行骑水牛,人从桥上过,桥流水不流。"其他又如"看!海中生红尘,大地浪滔滔,尽是聋耳人""昨夜木马嘶石人舞"等,这些说法显然是不符合常人所谓的逻辑思维规则的。可能是禅宗意识到,依靠逻辑思维方式或借助于语言文字不可能使人获得精神方面的无限的超越。

在禅宗看来,要真正把握佛法大意,只有抛却语言文字。于是雪峰义存禅师如斯说道:"我若东道西道,汝则寻言逐句。我若羚羊挂角,汝向甚么处扪摸。"可见,"佛法大意"不在语言文字之内。如在语言文字之中,那么我们也就可以遵循逻辑思维的规则寻找摸索。但是禅宗坚决反对如此的做法,直斥之为"死于句下"。"佛法大意"本不在语言文字之中,所以我们不可以通过语言文字的迹象来求索。这就是所谓的"羚羊挂角"。

基于以上的看法,日本禅学大师铃木大拙在其《通向禅学之路》一书中这样说道:"我们通常总是绝对化地思考'A 是 A',却不大去思考

---

① 语出朱熹《大学章句·格物致知补传》,转引自冯友兰:《中国哲学史》下,第 919 页。

'A 是非 A'或'A 是 B'这样的命题。我们没有能突破知性的各种局限,因为它们已经非常强烈地控制了我们的大脑。然而,在这方面禅宗却宣称,语言是语言,它只不过是语言。在语言与事实并不对应的时候,就应当抛开语言而回到事实。逻辑具有实际的价值,应当最大限度地活用它,但是当它已经失去了效用或越出了它应有的界限的时候,就必须毫不犹豫地喝令它'止步'! 从意识觉醒以来,我们探索存在的奥秘来满足我们对理性的渴望。我们找到的却是'A'与非'A'对立二元论即桥自桥、水自水、尘土在大地上飞扬的二元论。可是,随着期望的增长,我们却没有能够得到我们所期待的精神的和谐宁静、彻底的幸福及对人生与世界更靠近一步都不可能,灵魂深处的苦闷也无法表露。正好,这时光明降临在我们全部存在之上,这,就是禅宗的出现。因为它使我们领悟了'A 即非 A',知道了逻辑的片面性……"①

"花不红,柳不绿",这是禅宗的玄妙之处。在禅宗看来,把逻辑当作终极真理,就只能作茧自缚,看不见活生生的事实世界。当语言放弃了对我们的支配力,当我们具有了发自本心的活动,锄头也不再被当作锄头的时候,我们就赢得了完完整整的权利。不仅如此,按照禅宗的看法,正是当锄头不必是锄头的时候,拒绝概念束缚的物的实相才会渐渐地清晰呈露出来。

概念与逻辑的专制崩溃之日,就是精神的解放之时。因为灵魂已经得到了解放,也就再不会有违背它本来面目使它分裂的现象出现了。由于获得了理性的自由而完完全全地享有了自身,生与死也就不再折磨自己的灵魂了。因为生与死之间的二元对立已不复存在,死即生,生即死,虽死而生。过去我们总是以对立、差别的方式来观察事物,与这种观物方式相应,我们又总是对事物采取对立的态度,可是现在我们却达到了能即物体察的新境界。这正是铁树开花,正是处雨不濡! 于是,灵魂便是一个完整的、充满了祝福的世界。

禅宗上述看法的一个思想资源就是道家。道家的最高范畴是

---

① 〔日〕铃木大拙:《通向禅学之路》,第 36 页。

"道"。"道"是形而上的本源,"道生一,一生二,二生三,三生万物"。这种形而上的"道"是不可言说的,也不是语言所能够把握的。老子勉强地给它一个字叫做"道"。在老子看来,不可言说的"道"显然不同于可以言说的道。所以他说:"道可道非常道,名可名非常名。"这就是说,可以言说的道不是永恒的道,可以用语言表达的名不是永恒的名。反过来就是,凡是能够用语言表达的东西都不是永恒的或形而上的,永恒的或形而上的东西都不在语言之内。所谓的分析论证既然是对概念或文字的分析,所以道家的"不道之道""不言之辩""不言之教"当然也不在概念的分析或论证的范围之内。庄子则进一步发展了这一思想,他说道:"筌者所以在鱼,得鱼而忘筌。蹄者所以在兔,得兔而忘蹄。言者所以在意,得意而忘言。吾安得夫忘言之人而与之言哉!"(《庄子·外物》)

说到这里,我不禁想起了著名的哲学家维特根斯坦。他就曾经在可以言说的东西与不可言说的东西之间画下了一道严格而明确的界限。他这样说道:"诚然有不可言说的东西。它们显示自己,此即神秘的东西。哲学的正当方法固应如此:除可说者外,即除自然科学的命题外——亦即除与哲学无关的东西外——不说什么。于是,每当别人要说某种玄学的事物,就向他指出:他对于他的命题中的某些符号,并未给以意谓。对于别人这个方法是不能令人满意的——他不会觉得这是在教他哲学——但这却是唯一正当的方法。我的命题由下述方式而起一种说明的作用,即理解我的人,当其既已通过这些命题,并攀越其上之时,最后便会认识到它们是无意义的(可以说,在他已经爬上梯子后,必须把梯子丢开)。他必须超越这些命题,然后才会正确地看待世界。对于不可言说的东西,必须沉默。"①命题是可以言说的东西,外界的实在是不可言说的。对于不可言说的,我们必须保持沉默。只有在沉默中,我们才能把握它。冯友兰认为,维特根斯坦的"保持沉默"就是在以"负的方法"来讲形而上学。

---

① 转引自韩林合:《〈逻辑哲学论〉研究》,第595页。

其实早在维特根斯坦之前,柏格森就以一种十分明确的方式突出了直觉方法的重要性。他认为,概念的分析只能停留在事物的外围、现象,而不能洞察事物的本质。他指出,要真正把握事物的实质就不能仅仅运用理智的力量,还必须进一步借用直觉的力量。只有直觉才能够使我们从总体上把握事物内在的本质。概念只能运用于死的寂静的事物,而不能运用于生活和运动。他认为,哲学的真正的世界观,是直觉,是生活。人的生活是一种动态的流水;宇宙中充满着创造的精神,它是一种活生生的动力,是生命之流。生命之流是数学等自然科学知识所无法把握的,只能由一种神圣的同情心,即比理性更接近事物本质的感觉所鉴赏。他说:哲学是从其过程、生命推动力方面来理解和把握宇宙的艺术。

正是基于这样的看法,柏格森指出,概念的思维模式应该是科学思维的模式,应该是理智的模式,所以概念思维不应该是哲学思维的模式。或者说概念思维模式是哲学思维中的低级模式。哲学应该属于直觉的领域。当然他并没有将这两者完全地对立起来,而是认为它们是可以统一起来的,但此统一的基础应该是直觉。他这样说道:"科学和形而上学在直觉中统一起来了。一种真正直觉的哲学必须能实现科学和哲学的这种渴望已久的统一。"[1]根据这样的看法,直觉并不反对概念的认识,而是要以概念的认识为其基础。

由于概念不能使我们把握认识对象及其本质,所以我们只能在概念认识的基础上依赖于直觉。那么我们是怎样借助直觉而把握事物的呢?柏格森说,直觉是"一种单纯而不可分割的感受"。我们可以阅读为例来理解什么是直觉。在阅读中,我们显然是不能仅仅停留在文字或概念式的认识之中。作家在其创作过程中也显然没有把文字或概念看做是其真正的目的,而是要借助于文字或概念来揭示一定的精神境界或生活状态,帮助我们进入这一境界或状态之中。如果我们只是停留在语言文字或概念的解读或注疏之中,那么我们也就误解了作

---

[1] 〔法〕柏格森:《创造进化论》,商务印书馆,2004年,第233页。

家的创作意图。在此,我们应该意识到的是,语言文字或概念仅仅是一种工具或手段。正如中国古代思想家王弼说的那样:"言者所以明象,得象而忘言。象者所以存意,得意而忘象。"(《周易略例·明象》)他认为,言是得象的工具,象也只是得意的手段。因为言和象都是得意的工具,所以得到了意就应该抛弃言和象。如果拘泥于言与象,就会妨碍对于物象的表达,所以要想能够真正把握住义理,就得忘象。于是,他这样说道:"然则忘象者乃得意者也,忘言者乃得象者也。得意在忘象,得象在忘言。"(出处同上)这就是说,要能够真正得到义理或境界或状态,我们就应该通过语言文字或概念直接进入义理或境界或状态。相反,如果我们拘泥于语言文字或概念,那么我们也就永远不可能真正地进入义理或境界或状态之中。

三、逻辑分析与直觉思维之辅成补益

为了帮助读者进一步理解本主题意涵。我们以屠格涅夫的作品为例来做些说明。

屠格涅夫非常善于描写俄罗斯大草原的风光。他在《猎人笔记》中的《白净草原》一篇中有这样精彩的一段:

> 这是七月里晴朗的一天,只有天气稳定的时候才能有这样的日子。从清早其天色就明朗;朝霞不像炎热的旱田那样火辣辣的,不像暴风雨前那样暗红色的,却显得明净清澈,灿烂可爱——从一片狭长的云底下宁静地浮出来,发出清爽的光辉,沉浸在淡紫色的云霞中。舒展着的白云上面的细边,发出像小蛇一般的闪光,这光彩好像炼过的银子……但是忽然又迸出动摇不定的光线来——于是愉快地、庄严地、飞也似地升起那雄伟的发光体来。到了正午时候,往往出现许多有柔软的白边的、金灰色的、圆而高的云块。这些云块好像岛屿,散布在无边地泛滥的河流中,周围环绕着纯青色的、极其清澈的支流,它们停留在原地,差不多一动也不动;在远处靠近天际的地方,这些云块互相移近,紧挨在一

起,它们中间的青天已经看不见了;但是它们本身也像天空一样是蔚蓝色的,因为它们都浸透了光和热。天边的颜色是朦胧的、淡紫色的,整整一天都没有发生变化,而且四周都是一样的;没有一个地方酝酿着雷雨;只是有的地方挂着浅蓝色的带子:这便是正在洒着不易看出的细雨。

我们在阅读这一段文字时肯定没有感觉到任何的困难,所以很容易在心目中形成一幅关于俄罗斯大草原的极其美丽的画卷。我们可能没有去过白净草原,但通过阅读屠格涅夫的这篇散文,却能身临其境,仿佛闻到了俄罗斯大草原散发出的浓郁的芬芳气息。之所以如此是因为我们没有让自己停留在文字或概念之上,而是通过阅读屠格涅夫的文字在自己的内心深处直接地与所描写的对象达成了一种交融。这种交融就是我们在欣赏文学作品时经常说的"情景交融"。读者直接进入了阅读的对象之中,与对象融成一片。心理学的知识以及阅读经验告诉我们,在阅读的时候,一个优秀的读者,其注意力并不是完全投放在文字之上,他是在阅读文字时不经意间或无意识地直接进入作品对象之中,与对象打成一片。如果仅仅停留在文字含义的分析和理解之上,那么我们所注意到的景象是割裂成碎片的、不成片段的。举个例子,如果你对俄语不是很精通,那么你阅读屠格涅夫的上述描写时就绝对不可能进入俄罗斯大草原美好景色之中,因为那时的你全部注意力已经投放在了文字上了,尽管你通过词典对屠格涅夫的这段描述中的每一个概念或语词都有很精深的了解。

其实在学习和研究哲学思想的时候也存在着同样的情形。我们在此可以学习和研究孔子思想为例说明这一点。孔子在中国应该是一个尽人皆知的圣人。对孔子思想略知一二的人都知道,孔子的思想以仁与礼为其核心。孔子云:"克己复礼为仁",又说:"仁者爱人","夫人者,己欲立而立人,己欲达而达人。能近取譬,可谓仁之方也已"。《论语》中论及"仁"的语录不下 100 条。研究孔子思想的学者都热衷于罗列此书中关于仁的条目来分析和研究孔子的思想。这似乎是学界基本的做法。

这样的研究方法无可厚非。因为学术研究,尤其是哲学思想研究,对概念做"条分缕析"的工作是天经地义的事情。这应该是学术研究训练的基础,但却不应该是学术研究工作的全部。因为学术研究的本质是思想对思想的认识,哲学尤其是对智慧的追求,而智慧是精神的自觉,是自觉地追求无限和超越的境界。对语词或概念的条分缕析是达到这样境界的准备性的工作,而不是思想或精神境界本身。这样看来,过语言文字关是从事哲学研究的第一步,所以对哲学原典的注疏或诠释或解读是哲学研究不可或缺的训练。但绝不能代替哲学或学术思想本身。过了语言文字关后,更重要的还得过思想关。有的人擅长文字注疏,却过不去这道思想关。

如果采取这种立场来学习和研究孔子的思想,那么我们就不能仅仅停留在对孔子用来表达自己思想的概念或语词的爬梳和分析之上,而应该进一步进入孔子思想的境界中去。用法国哲学家柏格森的话说,你必须要能够"入戏"。用我们现在的说法就是,你必须能与孔子本人进行对话或交流,使自己的心灵直接地与孔子的相碰撞,或者还是用柏格森的话说,与孔子进行一种理智的交融,这种交融使人自身置于对象之内,以便与其独特的从而是无法表达的对象相符合。此处所说的"无法表达的对象"就是思想,就是人格,就是生命,就是哲学所要达到的精神境界。这就要求在阅读《论语》之时,我们既要细心地阅读经典,理解其中的每一字每一句,也要不断地掩卷思索玩味,感受孔子的为人处世,时时努力地进入孔子思想的深处,极力使自己成为孔子本人,与孔子的生命之流贯通融会在一起,仿佛身处孔子的时代境遇之中。这样长期的沉潜蕴含,体味深查,我们也就能够逐渐地进入孔子思想之中,领略他的思想妙处。学习和研究中国传统思想尤其要重视这一点,而不能只是停留在概念的演绎、分析之上。把研究的兴趣完全地投放在语言文字或抽象概念的分析演绎之上,往往使我们丢失了中国传统思想的精义和韵味。

我们并不像中世纪基督教的著名神父德尔图良那么极端,完全否认逻辑技巧的效用。他这样说道:"啊! 早已逝去的亚里士多德呀! 你为异端发现了辩证的技巧、破坏的技巧、可以论断一切却什么也不能完成的技巧!"逻辑技巧论断一切,但却什么也不能完成,这就是逻辑面临的困境。当然我们不会学德尔图良,我们承认逻辑思维的重要作用。但同时我们也要指出的是,逻辑思维并不是哲学思想的全部,它自有其不可摆脱的局限性,所以应该得到直觉思维的补充。在紧张的逻辑思维之后,直觉思维的能力就会逐渐地得到展现。它产生一种勃发的、动态的顿悟境界,给人的思想灌注巨大的清新感和欢乐感,从而加速理性思维的运思,加大理性思维的流量;它使人们能够在问题丛生的杂乱中找到摆脱思维困顿的突破口,从而明确前进的方向。一旦直觉思维处在紧张的运思之时,就会呈现出一种特别的境界。在此境界中,直觉思维能以一种直接、整体的方式顿悟和体认周围一切的奥秘。这时各种局部的形式及其界限消退了,它们形成了一个浑然融和的整体。在这样的境界中,主体和客体之间的界限消失,两者融为一体。这就是柏格森所说的"入戏"。我进入了作品中主人公的生命深处,仿佛我自己就是主人公。

第四节　知识创新
——知识主义社会的"自由之路"

本节认为,与传统社会的本质区别在于,几百年来的现代社会的发展与变迁完全奠基于系统的知识理论体系,而且知识理论在未来社会中将发挥更大的主宰作用,所以未来社会可以称之为知识主义社会。知识理论体系的创新更是中国文化复兴的真正的基石,舍此无其他道路。为了实现知识理论体系的创新,我们必须改变模糊笼统的传统思维方式,完全遵循学术思想发展自身的规则,在分科治学的前提下,对相关问题做严格精致的论证和辩护;在分科治学的基础上做跨学科的交流;按照知识理论创新的需要来加强和管理学术研究机构,等等。

一、知识创新引领社会发展

我们现在正处在一个充满着剧烈变化的世界之中,一切看上去似乎都格外地混乱、格外地无序。但在这种混乱与无序之中却显示出一个极为引人注目的事实,那就是知识在急剧地膨胀并极其迅速地传播。借助于电子计算机和现代通信技术,知识已渗透、蔓延到整个社会的各个方面,使社会及其性质发生了极大的变化。而且知识已把触角伸展到未来的发展和变化之中。

关于知识社会的图景,越来越引起哲学家的更大关注。这一趋势在知识论研究领域内,表现为"知识"这一概念的内涵在不断拓宽。人们现在更为关注实际渗透于政治、经济及科技活动中的知识现象。传统观念认为,知识是真的信念,知识是以真命题表达的;而现在,一些哲学家却从信息的意义上来定义知识,认为知识就是正确的信息。① 这就使知识论的研究具有了现代的意义。

由于中国文化中的逻辑意识与认识论意识素来不强,所以中国历史上从未形成过自己的严谨的逻辑学知识理论体系,也几乎没有关于知识理论的系统研究。正是这样的历史传统造就了中国学者对于经典注疏的过度关怀,对于上古三代的不切实际的迷思与留恋,遂使中国学界对知识论的研究历来不感兴趣,对知识的作用也不曾给予应有的热情关注与研究。

英国产业革命前人类历史发展依靠的主要是经验或经验性的要素。但是之后的世界历史却走上了一条性质完全不同的道路,亦即知识在整个人类文明的发展中占据着越来越重要的甚至是主宰的作用。近代以来西方发达国家的强盛主要受惠于两个因素:1. 古希腊时期以几何学、逻辑学为基础的科学知识理论体系的建构;2. 文艺复兴后以寻求因果关系为目的的可控的精确实验。前者是后者的理论知识基础,后者是前者的技术落实。

---

① 参见 Keith Lehrer, *The Theory of Knowledge*, Westview Press, 1990。

中国的传统文化没有这两个要素。近代以来,中国通过学习西方在可控实验及其技术方面有所进步,但是实验技术的基础即系统的知识理论的研究至今仍然未得到应有的重视,所以如何加强与推进知识理论体系的研究应该成为文化强国建设的核心内容。在此,我们建议中国政府应该组织相关人员研讨如何在知识理论体系的基础上发展自己的产业革命,走出新的路子,而不能仅仅停留于产品的模仿、加工、组装。只有在长期的和系统的知识理论研究的基础上,中国的整体实力才能不断进步,才能逐步建设为让世人刮目相看的文化强国。舍此绝无其他的道路可走。

二、 如何实现知识理论创新

分科治学曾在人类历史上极大地促进了知识的进步与发展。知识的急剧膨胀和迅速传播就最为鲜明地说明了分科治学巨大的历史作用。在过去的 10 年中,信息以数亿倍数增长、传播和淘汰。知识与信息淘汰或增长的速度在极大地改变着我们生活于其中的社会与世界的性质。

我们必须清楚地看到知识与信息的过度膨胀带来的负面效应。这就是,过于琐细的分科设置只能培养和造就大批的拥有某一领域内的专精知识系统的专家,但绝对不可能出现知识创新人才。早几年美国一些大学提出了跨学科交流的创意和计划。无疑,这样的创意和计划是符合学术进步和知识创新的新趋势的。但在中国高校,由于现实利益的考虑,却无人从理论上和政策上关注大学和研究机构的学科设置及构成。因此现在的大学和研究机构遵循的仍然是早期传入中国的过度的分科治学的原则。这样的学科设置至多只能培养知识面狭窄的专家或技术人员,不可能培养出具有知识创新能力的人才。因此,这样的学科设置必须逐渐改变。同样,教学模式不应是灌输式的,而应是对话式的、讨论式的、启发式的;要注重过程式的教学模式,不要过分强调结论或结果。要培养和爱护学生的想象能力和对熟悉的或不熟悉的事物的惊奇感或好奇心。

当务之急，就是要在分科治学的基础上力图打破各学科间的界限。此种学科综合的目标就是以知识理论体系为基础来综合人文学科与社会学科、文科与理科、理论与技术等；强调相近学科即人文学科（文史哲）之间的融合，可以考虑将这些相近的人文学科放进一个大学院的体制之内；突出文理之间的交叉，强调文科学生要自觉学习一门自然科学或科学史；理科学生也应该学习文科知识；重视跨学科之间的融合，如艺术与科学之间的交流与融合。音乐、绘画等本就与数学、几何学、物理学等有着天然的关系；促进理论研究人员与技术人才的交流与合作；加大对跨学科的研究项目与学术会议的投入与资助；提倡设置与建立跨学科的学会；加强与国外学术界的交流等。

但是强调跨学科研究不是完全否认分科治学的重要性，更不是说要回到传统的完全不分科的思维模式上去。分科治学是学术研究的基础。在此基础之上形成的各种深入系统的知识体系，才是未来跨学科交流与创新的基础。舍此，绝对不可能有任何思想或知识体系创新的可能。所以没有相应的分科治学，也就不可能有学科之间的综合与创新。

要根本改变目前高校和研究机构的投入方式。中国政府很重视高校以及研究机构的建设，但是目前的投入方式却难见成效，因为这种投入方式完全与知识创新的模式背道而驰。建议：1. 重视对基础学科、基础理论研究的投入；2. 基础学科、基础理论研究的投入不应采取课题或项目制，而是要普遍改善科研人员的研究条件，使科研人员的工资结构逐步趋于合理化。这种投入方式也可以极大地改善高校和研究机构内的行政过度干预学术研究的现状，给教师和研究人员宁静而安全的研究环境；3. 目前盛行的课题或项目制度已经弊端丛生，干扰了高校和研究机构的正常工作。而且课题或项目制只注重开题的审核，没有对课题或项目过程和终端成果严格审查的程序。其结果是，重大项目或课题虽有大量的经费投入，但其终端成果绝大部分毫无新意。而且这种制度也在很大程度上对研究人员的心理、道德等造成极大的负面作用。所以，应尽快改进这种课题或项目制；4. 不能将教学和研究人员人为地分为三六九等如长江学者、跨世纪人才、新世纪人才、特聘教授等。这种等级模式不但无益,反而有极大的弊端。

近30年来,由于大学及研究机构的合并,中国目前的大学和研究机构规模不断扩大,研究人员与学生数量也随之激增。另一方面却是大学及研究机构的管理能力及水平的滞后。这两者之间已经形成了极大的张力。此种情形极其不利于中国学术的繁荣与知识的创新。根据目前中国大学及研究机构的超大规模,要完全去行政化根本就是行不通的。但过分的行政化确实严重地干扰了学术研究。因为毕竟学术研究与高校管理之间是有着一定区别的,一味地强调教授治校恐怕不现实。现在急需的是改变高校及研究机构行政管理的模式,即大学及研究机构的管理必须要逐渐完全而严格地奠基于促进学术发展和繁荣的基本规律,遵循思想自由、学术至上的原则。而且更要认清的是,目前大学及研究机构主要是意识形态的管理模式。此种主导模式强调的只是思想上的统一,以为思想上统一了,行动上也就统一了。殊不知,这种以意识形态为主的管理模式阉割的是自由思想的能力及知识创新的可能性。知识创新就是对主导思想的背离,就是对传统文化的反叛。所以高校及研究机构内的意识形态管理模式必须逐步地退出,让位于以促进学术思想研究为主导的管理模式。

结 语

知识主义宣言与自由之路

本宣言认为,求知是人的本性,是人类区别于动物的根本属性。知识是人类认识世界的产物,人类文明的进步源于其具有的认知能力,每一进步都表现为知识的进步和发展。当然,人的认知是有限度的,但是人本能地具有认识无限的冲动,这种冲动同样源于人的求知本性。知识在人类发展的历程中作用越来越重要,具体可表现为它是今日社会"最难获得或最难替代的生产要素",是社会变革的新动力,并且成为一种新的资本形态。正是鉴于知识在现代社会和世界中这一巨大作用,我们可以断言,未来的社会可以称之为知识社会。知识更是中国社会未来发展和繁荣的新的原动力,为了促进中国社会不断走向繁荣和富强,我们要加强知识的研究,要积极提倡知识主义。

我们正处在从传统的产业社会逐渐向知识社会过渡的崭新阶段。只要稍加注意,我们就能发现这样一个事实:知识正在以惊人的速度在世界上迅速地传播和全方位地普及,以至于在那些发达的国家中知识正在或已经成为支配甚或主宰社会、世界的力量或要素。在知识社会中的经济基础是知识,知识社会中的政治基础也是知识,知识社会中的军事也必定是以知识为主导的军事。知识社会中其他一切也无不如此。总之,在知识社会中一切都决定于知识要素能否得到充分而广泛的运用。

不管我们愿意还是不愿意,知识已经成为我们这个时代"最难获得或最难替代的生产要素"。因此,谁掌握了最先进的知识系统,谁就有可能成为我们这个社会先进生产力发展要求的真正代表,谁就能够代表社会发展的未来要求和方向。如果谁对知识在现代社会中的主宰作用视而不见,那么他们终将被历史无情地淘汰。西方发达国家已经步入以知识为主导的社会,其政治、经济、军事等均已知识化了。作为发展中的国家,我们的社会也逐渐面临着知识的作用不断增大、知识逐渐地成为我们社会中支配性要素的前景。鉴于知识在现代社会和现代世界中所起的越来越巨大的作用,也更是为了中国社会获得快速发展寻求新的原动力,我们在此积极提倡和热情宣传一种新的主义即"知识主义",旨在唤醒国人对知识创新的高度重视,以期在知识研究领域取得令世人瞩目的成就。只有如此,我们才能在这个充满激烈竞争的世界中取得发言权或主宰作用。

知识之所以能够成为现代社会"最难获得或最难替代的生产要素"是由知识的性质决定的。下面我们就从知识的性质和知识在现代社会的作用这两个方面来展开我的讨论。

一、 知识的性质与人的本性

如果认为知识的形成和发展仅仅是为了满足人的生存和发展的需要,知识仅仅是工具或手段,那就大错而特错了。因为这样的看法没有清楚地意识到,求知就是人的本性,更是人区别于其他种类动物的本质属性。其他高等动物差不多具有人类所具有的一切,但是唯独不具有人类才具有的知识和获取知识的能力。正是在知识和获取知识能力这一点上,人类与其他高等动物开始分道扬镳,人类获取的知识越多,我们与其他高等动物的本质差异也就越大。

历史上曾有过关于人性含义的种种讨论。如孟子就主张,人性是善的,因为人生而具有"恻隐之心""羞恶之心""辞让之心""是非之心",他并且进一步指出,人与禽兽之间的差异极其微小,人先天地具有上述的"四心",而动物没有。因此,在他看来,这就是人与动物之间的本质差异。孟子的人性论在中国历史上影响深远,支配着后来思想史的发展方向。此种人性论无疑有其深厚的理论基础。但是,问题却在于,孟子讨论人性善的理论并不具有终极性的意义。因为,这一讨论预设了一个逻辑前提,即我们已经清醒地意识到自己内心先验地具有了"四心",否则我们很难断定自己的人心是否为善。这就明确地提醒我们,与所谓的人心善的讨论相比较,知或求知才应该是更为根本的或终极性的。如果你没有求知的本性,那么人性的善恶也就无从着手讨论。后来的荀子就深刻地意识到了这一问题,指出人具有的认知本性更为根本。于是,他这样说道:"凡以知,人之性也;可以知之,物之理也。"遗憾的是,荀子的致思方式始终不是中国思想史的主流。与荀子几乎同时的希腊哲学家亚里士多德也具有同样的看法,在其《形而上学》一书的开头就这样明确地说道:"求知是人的本性。"他当然清楚地知道,如果他没有这样强烈的求知欲,哪来他自己的形而上学理论体系呢?不但如此,如果人类没有了求知的本性,也就不可能有任何的理论思想体系,也就不会具有我们现在所能够看到的灿烂辉煌的文明。所以,求知才是人更为根本的本质属性。

无疑,人是伦理的存在,是道德的主体。但是,人必须首先是求知的主体,他具有求知的本性和能力。人的各种美德都必须建立在理性的知识之上才会有牢固的基础。正因为认识到这一点,苏格拉底才提出了"美德即知识"这一著名命题。他认为,勇敢是和自信一致的,而自信是建立在认识之上的,所以知识是其他一切美德的基础。一个人所以是节制的,是因为他知道,节制比之不节制,会给他带来更大的幸福、快乐和较少的不幸、痛苦;他之所以是正义的、虔敬的、智慧的,也是出于同样的理由。罪恶只能来自没有知识。就这样,苏格拉底把人的道德建立在理性主义的认识论的基础之上。

当然,人的理性是有限度的,人的认知能力是有限度的,所以结论也就是,人的知识世界在任何时候都是有边际的。我们不可能穷尽关于宇宙的一切,而且宇宙中的绝大部分或许有可能不是我们人类所能够认知的。但是,人类本性中天然就具有一种冲出有限、越向无限的冲动或本能倾向。我们应该清醒地认识到,此种冲动或本能倾向源于人求知的本性,以有限的知识来追求或认识无限,其手段或方法本身也是认知性的。

二、知识在现代社会的作用

(一)知识是今日社会"最难获得或最难替代的生产要素"

我们现在正处在一个充满着剧烈变化的世界之中,一切看上去似乎格外地混乱、格外地无序。但在这混乱与无序之中却显示出一个十分引人注目的事实,这就是知识的急剧膨胀和极其迅速的传播。知识已渗透传播到了社会的各个方面,并将其触角伸展到未来世纪之中。

(二) 知识将引发新的社会革命

在20世纪八九十年代,加尔布雷斯的理论不断地得到来自不同的学术领域的学者的回应。一时间,以"知识"为核心范畴来描绘、分析现代世界范围内的政治、军事、经济、科技,以"知识"来构想未来世纪的社会总特征成为一种特别受人青睐的时尚。如在80年代,日本学者堺屋太一的《知识价值革命》一书就是运用了"知识价值"一词来描绘未来社会的总体特征。而且他把即将到来的未来社会干脆称之为"知识价值社会"。"知识价值社会"是由"知识价值革命"引起的。

(三) 知识作为新的资本形态

由于知识在经济生活中的全面渗入,现代的经济生活也出现了革命性的变革。随着服务及信息行业在发达国家中的增长及制造业本身的电脑化,财富的性质也随之发生了相应的变化。尽管那些投资于落后的工业行业的人仍将工厂、设备以及财产目录这样一些"硬资产"视为决定性的因素,但那些在急速增长的最先进的行业中投资的人却依赖于完全不同的因素(知识或信息)来保证其投资效益。

总之,知识是现代经济,特别是21世纪经济增长的关键因素。另外,随着知识信息通过越来越庞大的计算机网络、电视媒介、电话通信设备在全球范围内的迅速传播,不但经济出现了飞速的运转,而且也加速了政治变革的速度。任何人想要通过封锁、控制来推迟民主的实现,实行专制统治,都注定是要失败的。

三、 知识是高质量权力之源

知识在社会生活中的全方位渗透已使社会发生了极大的变化,并将发生愈益巨大的变化。知识在现代及未来社会中的巨大作用,是培根所始料未及的。可以断言,在现代社会中,知识已不仅仅只是如培根所说的空泛的力量,它也是权力、是财富、是资本,更是促进社会不断进步与发展的最为重要的动力。于是,知识也就成了全球范围内的K因素(知识在英文中为Knowledge)。如果我们要在未来的世纪中永远立于不败之地,要取得更大的发言权和主宰权,要求得更大的发展,我们必须不失时机地掌握和创造不断更新的知识系统,并努力将这些新的知识系统尽快地转化为可精确操控的技术。

  知识理论不只是引领着工业革命的历程,也对社会的发展起着重要的推动作用。如果社会科学与人文科学不只是口号或标语式的表达,那么就得上升提炼成为知识理论体系。文明发展的历史清楚地告诉我们,正是在17世纪和18世纪的西方,学者们对于法治和民主政治理论的研究逐渐地形成了系统化的知识理论体系。他们充分讨论了人性、人的自然权利、自然法、财产权等重大的社会问题。他们也曾深入而系统地讨论如何通过契约建立政府、如何管理政府等重大的理论问题。斯宾诺莎、笛卡尔、培根、霍布斯、洛克、卢梭等人就上述的问题进行了系统深入的讨论和详细充分的论证,分别就这些问题形成了自己的知识理论体系,在当时及以后的世界历史上产生了巨大的影响。如英国哲学家洛克的政治哲学理论。他的《政府论》尤其对美国的建国起着奠基性的作用。美国《独立宣言》和美国宪法的撰写者都很精通洛克的相关著述。《独立宣言》与美国宪法的某些段落或篇章就是取自洛克的《政府论》。其实早在美国建国之前的经典文献《"五月花号"公约》中就这样写道:"以上帝的名义,阿门。吾等……敬畏的陛下詹姆士王的忠实臣民们……谨在上帝的面前,彼此庄严地订立本盟约,结成公民团体(a civil body),即政府(politick),以便更好地建立秩序,维护和平……并随时按照最适宜于殖民地普遍福利之观点,制定正义平等之法律、条例、法令、宪法,并选派官吏实施之。对此,吾等誓当信守不渝。"①这段在历史上曾经被反复引用的经典名言的思想基础正是来自于洛克的社会契约论。洛克认为,政府是在拥有自然权利

---

① 转引自〔美〕爱德华·S.考文:《美国宪法的"高级法"背景》,强世功译,生活·读书·新知三联书店,1996年,第65—66页。

的个人之间通过签订社会契约的基础之上建立起来的。根据洛克的看法,自然状态下的个人完全无法使他们的天赋权利获得普遍的尊重和保护。他们无法凭借自己个人的努力来保护自己应有的东西,即自己的生命安全、财产安全。正是基于这样的认识,人们也就普遍同意将自己的部分权利转让出去,建立政府以保障自己的生命安全、财产安全等。由此可见,政府完全是凭借人民转让的权利,通过人民相互之间订立的契约而建立的。但是需要我们注意的是,契约具有相互的制约性。人务必要通情达理,因为只有理性的人才能成为政治上的自由人。自由不是一种随心所欲的无政府状态。自由是无需他人强迫的行动。只有理性、负责任的人才能使自己真正地履行契约。同样,契约也对政府施加有一定的义务。倘若政府毁弃契约,倘若政府威胁天赋人权(这本是政府要保护的唯一对象),倘若政府未经本人同意就夺取个人的财产或威胁人身安全,那么人民大众就有权重新考虑他们为创立这一政府所做的一切,最后甚至可以揭竿而起,反对这一政府,以建立新的政府。洛克的上述思想后来又不断地出现在美国的《独立宣言》等其他的建国文献之中。正是基于上述的认识,不少历史学家、政治学家们指出,在西方现代国家的形成过程中,美国被看成是唯一按照社会契约论原则建立起来的国家,有的历史学家甚至断言,美国政府就是奠基于洛克的《政府论》,这也不是没有道理的。美国建国的这一历程清楚地表明了这样一个历史事实,即比较合理而有效的政府体制必须建筑在经过充分而合理论证的相关的知识理论体系的基础之上。美国建国的历史不到三百年,但美国早进入发达国家的行列,在教育、科学技术、军事、艺术、经济等领域遥遥领先。应该说,任何政府体制都有自己的局限,世界上根本不存在什么完美无缺的政体。但是一个合乎理性的国家或政府绝对不可能建筑在经验或想象之上,任由感觉经验或短时间的情绪支配,制定国策、推举领导人。合理的政府机构及其运作必须建筑在奠基于系统而周密的理性思考的相关知识理论体系之上,才能持久,才能有效运作,才能得到人民大众的真正的拥护。我们的结论就是现代国家的建立必须首先以相关的知识理论为其真正的基础。舍此,没有其他的道路。世界近代史也清楚地证实了上述的看法。要不走弯路,就必须首先以客观的理性的态度来研究国家或政府运作所需的相关知识理论体系,然后再来合理地设计政府体制及其运作模式。只有如此运作,一个国家才有可能最大程度地避免不必要的社会动荡和混乱,而逐渐走上文明国家的道路。

蔓延了几千年的传统农业社会中人类行为模式或结构基本是以感性经验为基础的。一般而言,人们是通过观察并模仿前人的行为模式而形成自己的行为模式。这样的行为模式是极其简单的,缺乏系统性的结构。进入现代社会之后,农业社会流传下来的这种行为模式逐渐被淘汰了。现代人的行为模式或结构必须要以相应的知识理论体系为指导。此外所谓的知识理论当然指的是经过周密思考和系统论证而形成的关于自然、社会、人文等领域的知识理论体系。

关于中国古代究竟有无科学是一个颇有争议的大问题,中外学界对此有过较多的讨论。英国学者李约瑟就曾组织不少学者撰写了七卷本的《中国科学技术史》。此书的一个基本观点是,中国古代的科学技术从公元前1世纪到15世纪就领先世界其他国家。此书出版后在世界汉学界引起了轰动。但国外的很多科学史研究者并不同意李约瑟的观点。李约瑟本人也很感困惑,既然中国的科学技术在世界上领先那么长的时间,为什么在15世纪后就突然不行,且远远落后于西方了呢?也正是出于类似的困惑,1953年3月初美国科学史家斯威策曾写信给当时世界上最为著名的科学家爱因斯坦,询问他对这一重要问题的看法。爱因斯坦在给他的回信中是这样说的:"西方科学的发展是以两个伟大的成就为基础的,那就是:希腊哲学家发明的形式逻辑体系(欧几里得几何学中),以及通过系统的实验发现有可能找出因果关系(在文艺复兴时期)。"[1]正是基于如此的看法,他认为中国古代似乎没有他所谓科学发展应该具有的上述两个要素。他没有明确说中国古代没有科学,只是委婉地指出中国似乎没有西方所谓的科学发展

---

[1] 《爱因斯坦文集》第一卷,第574页。

应具的两个要素。他所谓的形式逻辑体系,其含义是说以逻辑理论方法为基础建立起来的各种知识理论体系。知识理论就是现在所谓的科学(science)。而他所说的实验技术(technology)形成于意大利文艺复兴时期。实验技术必须以相关的知识理论为基础或依托。正是知识理论与实验技术的结合才催生了18世纪后的多次工业革命或技术革命。在此我们必须注意的是,与多次工业革命相关的知识理论体系与实验技术的结合跨越了漫长的时间峡谷。如爱因斯坦所说的古希腊的抽象的逻辑理论体系与意大利人的实验技术之间就相隔了近两千年。

四、 知识理论引领现代人文艺术、体育

在此我们不得不注意的另一个历史事实是,近现代以来,知识理论的重要历史作用不只是表现在工业革命、社会发展等领域中,也与人文艺术的进步密切相关。譬如声乐学习,19世纪前学习声乐的过程是经验性的,学生跟着老师面对面地学唱。老师唱一段,学生跟着唱一段。但1855年之后,声乐的教学模式发生了根本性的变化。西班牙歌唱家加西亚由于长期的练唱,可能是过度劳累,嗓子哑了。虽然以后不能再唱歌了,但他却将自己的精力用来研究声带发声的原理。1855年他在总结前人及自己歌唱生涯的丰富经验的基础上,发明制造出了"喉镜"。将此仪器放进歌唱者的喉部,就能通过反光镜清楚看到唱歌时声带震动的状态。这就为后来的声学理论奠定了基础。而且通过喉镜也能比较准确地确定歌唱者歌唱时的声部,即低音、中音或高音等。在此基础上,第一部声学理论著作发表于1873年。之后声乐学习的模式发生了变化,学习者首先要学习关于声乐的知识理论,然后才是学唱某些歌曲。而且学习唱歌的基础流程有其固定的结构,即将口腔打开、声带震动、腹式呼吸等环节紧密结合在一起。如要将口腔打开则要求歌唱时面带微笑,面带笑容时,嘴角会向两侧上方张开,脸两侧的肌肉就会上扬。口腔内就像含着一个球,分为上嘴、下嘴、前嘴与后嘴。唱歌时腹部和胸腔的气流通过声带从下嘴、后嘴,再

到上嘴,然后通过前嘴出声。经过鼻咽腔的加工后的声音就呈现出美妙的泛音或和声。

同样近现代以来的体育锻炼也不只局限于经验性的,而是必须以体育数学、体育力学、体育生理学、体育心理学、体育美学等相关知识理论体系为基础。正是在上述种种理论知识的指导之下,体育运动呈现为一套独特而复杂的行动结构,必须经过严格的训练才能达标。比如体育比赛中的跨栏项目,表面看起来很简单,但却涉及很多相关的知识及以此为基础的训练。两个栏之间奔跑的步数、跨栏时腿部运作、奔跑时左右胳膊摆动的姿势都会影响跨栏的动作。如此等等,不能在此细说。可见,这里所谓的严格训练的基础就是相关的知识理论。

现代的舞蹈艺术也呈现出同样的结构性变化的特点。如芭蕾舞演员的身材必须满足"三长一短一小"形体要求,即胳膊长、腿长、脖子长、脸小、腰短。但此处所说的长、短、小,仍然有更精细的比例要求,太长了不行,太短了也同样不行。长或短等必须合乎严格的数学方面的比例。如果以肚脐为界,上、下身身段的黄金比例应是 5∶8。这一黄金比例是古希腊数学家毕达哥拉斯根据数学原理推导出来的。当然,"脖子长、腰短"等也有精确的比例方面的要求。当然,除了身体上的严格要求之外,芭蕾舞演员的动作有着更为严格而精确的要求。我曾于 2017 年夏天在圣彼得堡皇家剧院观看过由皇家芭蕾舞团演出的《天鹅湖》,舞台上芭蕾舞演员的动作都经过精心的设计、严格而精细的长期训练。

五、 建筑、设计等知识理论是美化城市的基础

我们还必须注意的是,工业革命之后,人们的生活方式、社会结构也发生了极大的变化。最为显著的变化就是大城市或超大城市的出现,人口密集、楼房密集、道路交叉层叠等,这就使得市民生活及其行动结构发生了极大的变化。比如楼房、道路设施的建构必须按照建筑力学、建筑材料学、建筑设计学、建筑美学等相关学科的知识理论为基

础进行精确而严格的施工。整个城市更需要有整体的设计,如俄罗斯的圣彼得堡市就是根据著名的设计师沃罗尼欣的设计方案建立起来的。其间某些政府领导曾想对这个设计方案加以干涉,做些改变;但是沃罗尼欣坚决地拒绝了这样的干涉。正是出于建筑专家的精心设计,圣彼得堡整体的景色确实美观。相比之下,莫斯科却缺乏这样的整体设计。这一城市建造了太多的高架桥,把整个城市的景观切割得零零碎碎,远远比不上圣彼得堡的城市美景。

又如我们现在出行的方式或结构早就有了本质性的改变。我们可以开着汽车、坐着地铁或高铁或飞机去远途旅行。众所周知,这一类的交通工具的发明和制造都必须有相关的科学知识理论体系为其基础,并经过严格、精准的实验而制造出来。即便我们在城市的道路上行走,为了保护自己生命的安全,也首先要清楚并遵循安全出行的相关知识。由上所述,我们可以清楚地看到,与传统社会相比,现代人的行为模式已经发生了巨大而根本性的变革,即知识理论引领并决定着人类的行为模式。近代以来,中国通过引进的途径在可控实验及其技术方面有所进步,但是对实验技术的基础即系统的知识理论的研究至今仍然未得到应有的重视,所以如何加强与推进知识理论体系的研究应该成为文化强国建设的核心内容。所以,鉴于上述的认识,我建议政府应该组织相关人员研讨如何在知识理论体系的基础上发展我们自己的产业革命,走出新的路子,而不能仅仅沦落为产品的模仿、加工、组装。同样的,我国的政治制度改革与法治建设也必须奠基于相应的知识理论体系之上。西方启蒙运动之后的政治学理论为西方现代国家的建设提供了学理性的基础。尤须注意的是,法治也必须以相关的知识理论体系为指导。历史上的许多法典也大都奠基于知识理论体系之上。中国历来重视德治,但由于缺乏相应的知识理论体系作为支撑,所以也就易流于空泛的口号或高大上的标语,无法在现实社会中得到有效的落实。因为良好的德治必须有知识理论体系作为基础,道德基于知识,真道德必须基于真知识,"道德即知识"是西方两千多年来的传统。道德必须与知识携手才能引导社会走向美好的未来。

总之，只有在长期的和系统的知识理论研究的基础上，我们国家的整体实力才能逐步提升，才能逐步建设成为让世人刮目相看的文化强国。舍此绝无其他的道路可走。

通过上面的分析，我们可以清楚地看到，知识在我们的时代，已经成为主宰或支配整个社会、整个世界的力量。因此，结论也就是，我们的世界是知识的世界，我们的经济是知识的经济，我们的政治是知识的政治。我们生活其中的社会就是知识社会。最新的知识系统就是最大、最新的生产力，就是最强、最有说服力的政治权力，就是战无不胜攻无不克的军事力量。谁掌握了这样的知识系统，谁就代表了最先进的生产力，就是社会的新生力量，就能够主宰和支配这个世界。

附录一

胡军教授的学思历程及其反省[*]

---

[*] 作者张永超为上海师范大学哲学与法政学院教授。

胡军教授经由在农场自学逻辑而入哲学之门,其研究历程由金岳霖的《论道》《知识论》文本而进入"知识论、形而上学领域"并进一步拓展到"方法论"审察及中国现代哲学的诸多问题,最终由纯粹的学理研究进而转向探讨"传统与现代之张力"问题,其具体模型为:"金岳霖—知识论—形而上学—方法论拓展—传统与现代张力。"对于"传统与现代张力"问题,他从"现代社会"之解读入手,认为关键不在于时间(古今)、地域(中西),也不在于意欲(三路向),而在于几百年来现代社会的发展与变迁奠基于系统的知识理论体系,由此提出了"现代社会—现代化—理性化—产业革命—古希腊知识溯源"解释模型,此种模型回到了"人性—理性"自身,独特且内在,是对前辈学者研究的推进。基于此种分析,他对"传统与现代之张力"的化解方式落实在了理性化思维方式的培养上。从反省层面看,他对学理之注重、对现代性与信仰之关系均有进一步考量之余地。

引言:撇开"业余光芒"回到"专业特长"

熟悉胡军教授的人往往提到他的两点傲人业绩:其一,"他唱歌好":作为严谨的学者他却极有唱歌天赋而且是曲高和寡的男高音美声唱法;其二,"他会书法":在读大学时,书法作品曾获学校的奖励。前段我去上海出差,有个黑龙江大学的教授对我讲"早就听说他英语很好",他"英语好"的传说大约源自 1985 年他考北大哲学系研究生时英语成绩第一的美谈,没想到三十年后当地学者还保留这样的记忆。考虑到他出身上海"穷苦"家庭①,男高音歌喉是在黑龙江嫩江农场做

---

① 关于胡军老师生平,部分依据《胡军:探究学理 立己达人》、胡军《嫩江农场生活随想录》,未刊稿,下引同此;公开发表部分参见北京大学学生记者对他的专访,发表于北京大学新闻网"君子志道"系列专栏,详见 http://pkunews.pku.edu.cn/zdlm/2016-04/28/content_293581.htm。

"知青"时无师自通①,没上过高中的他学英语更多是自学成才②,上述关于胡老师的"传说"便往往令人浮想联翩:他是怎么做到的?是天资卓越还是天道酬勤?

然而,那些只是他的"业余兴趣",介绍一个人总要介绍他的"专长"而不能只注重他的"业余兴趣"(尽管他的兴趣在有些人看来就是难以企及的专长,比如美声唱法不是感兴趣就可以玩的)。胡军老师兴趣广泛,在政界、文艺界均有不同程度的涉猎与交往,再加上他的学问(比如知识论研究)并不易懂,所以不同领域的人常将他的"业余兴趣"作为他的标签,这在我看来是有些遗憾且不以为然的:若业余兴趣的光芒掩盖了他作为严谨学者的专业成就,是令人遗憾的;在我看来,他唱歌固然近乎专业水准,但首先他是个哲学家而不是歌唱家。所以,我坚持认为,学者才是他的首要身份。

基于这样的事实,若想了解胡军教授,还要回到他北大哲学教授的身份上来。他在北大攻读硕士、博士而后又从地方调至北大做教授,这里面自然有很多故事,但是,这里不谈他师从名师汤一介先生,也不谈他如何从地方院校被征调到北大服务,同时也不谈《道与真》出版后斯坦福大学墨子刻教授主动发来贺信表示赞扬和钦佩。在我看来,最能够代表一位学者的是他的思想及其论证,其他还在其次。因

---

① 胡老师1969年主动响应"上山下乡"号召离开上海时带了一本汤雪耕写的《怎样练习唱歌》,表明唱歌爱好较早就有,他还擅长吹笛子、写书法,喜欢运动体操。他的业余爱好往往玩到专业水平,所以我总是担心别人拿他的业余爱好做标签反而掩盖了他学术上的光芒。

② 似乎很少人知道胡军教授第一部公开出版的作品是译著,而且,很难想到,竟然是翻译杜维明的《人性与自我修养》(中国和平出版社,1988年),考虑到他对新儒家的思路多有批评,这是很有趣的现象;这本书我以前并未留意,本次整理胡老师论著索引时引发了好奇心,订购的书尚未寄到,但是书目信息显示是"胡军 于民雄"合译的;另外胡老师还有两篇译文:《自由人的使命》《哲意的沉思》,百花文艺出版社,2000年,第291—299页)、《自然与人》(《新哲学》第一辑,大象出版社,2003年)。以上译著我未读过,无力置评。另外依据我手边目录他还有2篇日文论文(《关于冯友兰新理学方法论批判》及与人合著的《儒教之可能性问题》)和3篇英文论文(2篇关于金岳霖论道,1篇关于中国哲学合法性),推测是据中文论文翻译而成。

此,本评传主要在他关注的问题域、论证方法、在前辈基础上有何推进以及他的问题所在等方面予以展开。现代学者的思想往往通过其论著来展示,因此,本评传的依据在于胡军教授出版的十部专著、近二百篇论文。我们评价一个学者常用"著作等身"来赞誉,这似乎蕴含"多就是好"的成见,其实"多不一定就是好",有种说法"量变到质变",学问上很多时候低层次"量多"的重复还是无法引起某种高层次的"质变"。就论著数量来讲,胡军教授在北大哲学系里不是最多的,但是,考虑到他研究领域的难度与深度,从研究路径及其推进的"质"上讲,其学术贡献令人钦佩。下面我们就审视一下他的学术专业及学思历程:

一、胡军教授的主要研究领域及问题意识

依据最近我对胡军教授论著的系统研读及其公开出版论著目录的整理①,可以看到,他的研究领域集中在如下几个方面:

(一)作为学术起点的金岳霖专题研究

这是他从 1985 年开始师从汤一介先生在北大攻读硕士学位以后专业研究的领域,发表的论著以金岳霖的《论道》《知识论》为研究对象,代表性作品有《金岳霖》《道与真》②,这两部著作涵盖了胡军对金岳霖的"形而上学""知识论"的主要研究成果。可贵的是,尽管这两部著作以"金岳霖的学术思想"为研究对象,但是,其研究路径有别于 20 世

---

① 依据胡军教授提供的《北京大学哲学系胡军教授著作目录》底本我整理编辑了《北京大学哲学系胡军教授论著、译作编年目录索引》(依据公开刊发论著原本核对),对其专著、论文、译著、摘引、书评等做了分类;在编年基础上我还整理了"专题研究分类索引";记得罗素当年说张申府对他的作品比他自己都熟悉,我不敢如此自夸,论著目录我确实很熟悉,但是其内容有些地方我感觉还是不熟悉,反复研读还是感觉吃力。

② 胡军老师的《金岳霖》(20 万字,台湾东大图书股份有限公司,1993 年)被收入傅伟勋、韦政通主编的"世界哲学家丛书",出版较早,大陆学界不太了解。胡老师关于金岳霖的研究成果主要通过论文较早为大陆学界所知,其专著代表作为《道与真——金岳霖哲学思想研究》(人民出版社,2002 年,墨子刻正是看到此书后给胡老师发来表示钦佩与赞扬的贺信)。

纪八九十年代的"人头个案研究"模式。他固然对金岳霖文本有着极为熟悉的研读，但是，他针对的却是"形而上学"与"知识论"领域的问题，这里"个案"与"文本"只是个切入点，其关注点则是其"问题域"：比如现象与实在的关系问题、"所与"问题、真理标准问题。由此可以看出，胡老师的研究没有依据中西国别、民族地域、时代特色来进行，而是一种"学理"层面的探究，换句话说这样的研究与国际学界是打通的，任何关注知识论的学者，都要处理这些问题。

而且，关于知识论的研究，胡老师并没有限于金岳霖的《知识论》，而是接续着《泰阿泰德篇》的知识追问进一步广泛引用休谟、康德、洛克以及近代牛顿、伽利略等物理学家的看法予以讨论，由此认为金岳霖的"所与是外物及外物的一部分"难以成立，而且认为其知识论处于康德以前。胡军教授称金岳霖的《知识论》一书只使他成为中国现代哲学知识论领域的"开拓者"而非"中国哲学认识论转向的奠基者"，因为，金岳霖认为"玄学是统摄全部哲学的"，"知识论还是要以形而上学或本体论为基础，所以形而上学才是哲学的核心或根本，形而上学或本体论才是知识理论可能的基础或根本"①。尽管胡军教授对金岳霖的批评是严厉的，但是，正是通过对金岳霖的研究，他进一步深入到了"形而上学""知识论"领域并尝试在金岳霖的基础上有所推进。

（二）由金岳霖文本而深入知识论、形而上学专题

在知识论方面，有别于金岳霖，胡军教授进一步关注当代知识论中的"证实"问题；金岳霖的《知识论》体大思精②，不乏洞见，但是其关注问题域限于传统认识论范围，对于"证实"问题少有讨论，胡军教授则更进一步，在《知识论引论》以及《知识论》中重点讨论了"证实"问题。就此而言，与金岳霖的《知识论》相比，固然胡老师《知识论》一书介于"教材与专著"之间③，对于证实理论也以翔实之介绍为主，但是对

---

① 胡军：《中国哲学的现代转型》，北京大学出版社，2013年，第81页。
② 参见陈波：《金岳霖的〈知识论〉》，《江海学刊》2001年第3期。陈波老师这篇书评赞誉有加而批评有所保留。
③ 胡军：《知识论》前言，北京大学出版社，2006年，第12页。

于知识论有系统之见解①,比如对于"知识之定义""现象与实在""证实"问题,介绍的同时往往不乏洞见,由此可以看出这是对于金岳霖"知识论研究"的一种推进。金岳霖先生在《中国哲学》一文中说"中国哲学的特点之一,是那种可以称为逻辑和认识论的意识不发达"②。胡老师评价金岳霖的研究正是要弥补中国传统的不足,金岳霖是"改变中国哲学中逻辑、认识论意识不发达状况的第一人"③。若此种说法可以成立,我们可以看到,胡军教授也在做着相似的工作,他对金岳霖学术工作的批评、承继和延续是自觉的。

在形而上学方面,对于金岳霖运用逻辑分析方法重建形而上学的另种尝试,胡军教授评论道:"在金岳霖的形而上学体系中,逻辑不只是一种方法或工具,而且具有一种本体论的地位。它具有形而上学的终极意义,是整个宇宙或一切可能的世界不得不遵循的模式。"④这里胡老师对于金岳霖有个有趣的定位:"当代新道家"⑤,而且在对冯友兰自觉重建形而上学的"新理学"体系进行论述时,他敏锐地发现冯友兰对逻辑分析法的误用以及对于道家、禅宗等传统方法的重视,他也考察了"新理学与道家"的关系⑥,这些都是很值得留意的提法。记得余纪元先生说过:"道家的好学生不是整天讨论'道'是一种什么样的形而上学实在,而是去践履老庄所倡导的生活方式。"⑦这种说法很有趣,也很有道理,不过问题在于若对"老庄所倡导的生活方式"无相当的认

---

① 胡老师《知识论》的前身是《知识论引论》(23万字,黑龙江教育出版社,1997年);《知识论》较前版明显的改进是第一章专门讨论了"知识与怀疑论",这里可以看出他试图在回应怀疑论对知识的质疑基础上再去讨论"知识的定义",这明显更为合理;比如波伊曼《知识论导论》(洪汉鼎译,中国人民大学出版社,2008年)同样也重视怀疑论的讨论,但是放到第二章,感觉就有些不妥。
② 刘培育选编:《金岳霖学术论文选》,中国社会科学出版社,1990年,第352页。
③ 胡军:《道与真——金岳霖哲学思想研究》,第13页。
④ 胡军:《中国哲学的现代转型》,第309页。
⑤ 胡军:《金岳霖——当代新道家》,《道家文化研究》第二十辑,生活·读书·新知三联书店,2002年。
⑥ 胡军:《新理学的道家精神》,《道家与道教》,广东人民出版社,2001年,第579—602页。
⑦ 〔美〕余纪元:《亚里士多德伦理学》前言,中国人民大学出版社,2011年,第3页。

知,何以践履呢?尤其是"以道观之"的说法,是否需要某种认知?正是在此种意义上,我们看到胡军教授将金岳霖的"论道"体系提升到"以道观之"的角度并界定为"新道家"是独特的,或者可以为道家之当代研究转型提供某种启示,"以道观之"若仅停留在想象层面恐怕终是"幻象"。除了金冯二人的形而上学体系,他另外关注了熊十力的新唯识论体系,并且撰写了《中国现代哲学中的形而上学建构理路》①等论文。

(三) 由知识论、形而上学研究而深入方法论省察

胡老师的研究,固然有种种机缘巧合,但是,可以看到他的研究路径是在步步深入的。如果说对金岳霖的研究最初是出于汤先生的学术指引的话②,入门之后胡老师的研究则步步推进,由金岳霖而深入知识论、形而上学,由知识论、形而上学诸问题而审察这些领域的研究方法。这方面可以《中国现代哲学中的方法论意识》③等论文以及《分析哲学在中国》④《中国现代直觉论研究》⑤专著为代表。胡军教授详细讨论了逻辑分析方法在现代中国哲学领域的自觉及其误用,比如冯友兰曾经说道:"就我所能看出的而论,西方哲学对中国哲学的永久性贡

---

① 胡军:《中国现代哲学中的形而上学建构理路》,《本体诠释学》第二辑,北京大学出版社,2002 年,第 212—236 页;胡军:《为中国现代哲学中的形而上学辩护——兼认金岳霖〈论道〉的现代意义》,《现代中国》第七辑,北京大学出版社,2006 年。

② 参见胡军:《汤师引领我走上学术之路》,《追维录》,北京大学出版社,2017 年;在对汤先生的缅怀与感恩追忆中胡老师提到他当初硕士选题是想做"禅宗顿悟说"的,但是汤先生建议他做金岳霖研究(与汤的另一学生要做金岳霖研究但出国有关),很难想象若不是这样的机缘巧合,胡老师若真是做了"禅宗顿悟说"研究,会做到何种程度,但是他对禅宗方法、道家及直觉方法的敏锐认识值得留意。

③ 胡军:《中国现代哲学中的方法论意识》,《中国哲学史》2000 年第 3 期;胡军:《逻辑分析方法的中国式解读》(上),《学术月刊》2010 年第 2 期;胡军:《逻辑分析方法的中国式解读》(下),《学术月刊》2010 年第 3 期。

④ 胡军:《分析哲学在中国》,首都师范大学出版社,2002 年(这部书是应汤一介先生主编的"20 世纪西方哲学东渐史"邀约而写,2007 年收入中国出版集团的"中国文库"系列)。

⑤ 胡军:《中国现代直觉论研究》,北京大学出版社,2014 年(这部书严格来讲是胡老师应杨国荣教授邀约主持教育部人文社科重点基地重大项目 07JJD720038 结项成果,算是合著,里面收录了赵嘉关于柏格森直觉论、刘颖博士关于方东美直觉思想、刘爱军博士关于牟宗三"智的直觉"以及马亚男博士关于唐君毅直觉思想的研究成果,自然胡老师撰写了一、三、四、五、六章共一半以上的篇幅)。

献,是逻辑分析方法"①,其新理学体系在他看来就是用逻辑分析法建立起来的,但是胡军教授论证到冯友兰误用了逻辑分析方法,而且"他既误解了传统形上学命题的性质,同时也误解了逻辑实证主义者拒斥形上学的真正的理由",他的重建形上学的努力是不成功的。② 胡老师对于冯友兰、金岳霖是敬重的,但是,在学理研究上,他服从了自己的论证。除了逻辑分析法,他对于中国现代思想领域《科学》杂志同仁对"归纳法"的提倡、胡适的"实验主义"方法以及张申府、张岱年兄弟解析法与唯物论之结合均有可贵之研究。这些与胡老师对于逻辑学以及分析哲学的兴趣有关,他是一个极为注重理性的人,随着这些方法论省察,他逐渐又深入到了当时他们的问题语境,比如"为何中国没有科学?"这一点后面再训。

我们接续方法论省察,他竟然又写了一部直觉论研究,这是出乎意料的。这样一位注重理性方法的学者却较早关注了"直觉"问题③,这很有趣,一般来讲"直觉"更多属于"负的方法"(如冯友兰所说),而且更多属于"不可言说"的领域,但是,恰恰是一位注重逻辑分析法的学者为中国学界提供了第一部关于中国现代直觉论的研究专著④,这是很有趣的现象。记得 1919 年胡适的《中国哲学史大纲》出版,蔡元培先生给予了"四种特长"的高度评价,而据冯友兰的回忆,大家之所以重视这本书是因为当时有种看法:提倡白话的人"大概都是不会写文言文,甚至不能读古书的人。像胡适这样提倡白话文的人,竟能读古书,而且能读最难读的古书"⑤。似乎出人意料。在目前的学界似乎

---

① 冯友兰:《中国哲学简史》,第 378 页。
② 胡军:《中国哲学的现代转型》,第 224—229 页。
③ 同样令人惊奇的是他对禅宗、道家及直觉方面的学术敏感,比如他提出冯友兰"新理学与道家"的关系;另外他最早发表的论文之一便是关于直觉的,参见胡军:《试论中国传统哲学中的直觉思维方式》,《北方论丛》1990 年第 2 期;而且,他竟然真主持出版了这方面的专著,参见胡军:《中国现代直觉论研究》(后记中有他关于直觉关注兴趣的介绍)。
④ 中国现代哲学家对"直觉"问题的关注现象值得留意,我们知道或许是受柏格森的影响,梁漱溟、冯友兰、贺麟都有这方面论文,而牟宗三"智的直觉"提法更是引来不少争议;但是,这样的现象却没有专著讨论,就我目力所及,胡老师这部著作是第一部。
⑤ 冯友兰:《三松堂自序》,第 222 页。

也有这种看法,对于哲学更多需要"体悟",尤其是对于中国哲学仅仅通过"理性分析"是无法入乎其内的,比如"直觉"问题,通过文字恐怕很难进入,人们常举维特根斯坦的说法"对于不可言说的应当保持沉默"(《逻辑哲学论》哲学命题之七),只是我们也要留意"对于可以言说的应当尽力说清楚",对于冯友兰正负方法的划分恐怕也需要这样的理解,冯友兰在《中国哲学简史》末章末句的原话是"人往往需要说很多话,然后才能归入沉默"①。对于"直觉"方法,若要了解,还是需要合乎理性的研究,仅仅靠体悟不行;正如对于非理性的东西也要通过理性来表述一样。在此意义上,胡老师的《中国现代直觉论研究》具有某种典型意义,套用冯友兰的话来说,注重正的方法的人不仅能理解"负的方法",而且能研究最难的"负的方法"②。这里顺便提及胡老师在"直觉论"研究中对新儒家牟宗三一派的评价,他说:"如果不重视科学分析方法,而完全将直觉及其方法抬高到一个不合适的地位,其结果就是既很难达到内圣的境界,更开不出外王的业绩,如果这里所谓的外王是指科学与民主的话。"③这种评价很不客气,其实,他对冯友兰的批评、金岳霖的批评,包括对胡适"争取学术独立十年计划"的批评都是很不客气的,胡师常讲研究不能跟着圣人走、不能跟着书本走、不能跟着权威走,只能跟着论证走,他是这样说的,也是这样做的;但是,于情感上,这丝毫不影响他对冯友兰、金岳霖、胡适的敬重。对于学者而言,真正的敬重恰恰源自此种真诚的学术批评。

(四)基于逻辑分析方法拓展到中国现代哲学之广阔领域

就学思历程来讲金岳霖研究是胡军教授研究的起点,由此而拓展到知识论、形而上学及方法论研究;就人生际遇来讲,1998年他从哈尔

---

① 冯友兰:《中国哲学简史》,赵复三译,新世界出版社,2004年,第302页。
② 在对"直觉"问题有了系统研究之后,我感觉胡军教授对于逻辑分析方法与直觉方法及其关系有了更合理的认识,这比冯友兰以"正负方法"概述更有助于理解两种方法的使用域及其互补融合作用,以"直觉"为镜,他反省了逻辑分析法的限度,并且尝试将两种方法结合起来,这在以前的文本中是见不到的。参见胡军:《中国现代直觉论研究》导论;另他刚应刘梦溪先生之约写了《生活中的逻辑分析与直觉思维》一文,也可以看出他对两种方法的重视。
③ 胡军:《中国现代直觉论研究》,第20页。

滨师范大学调往北大使他的学术视野、问题意识更进一步拓展。1998年以前,他的研究领域具体而明确,主要围绕"知识论"展开,形而上学方面主要是金岳霖的"论道",自然也涉及对冯友兰"新理学"的批评,间或也有对传统思想的少许研究。但是,1998年以后,他的学术光彩大为展现。① 如果说在黑龙江农场时期他就在勤奋积累的话,那么此后近二十年的努力,到北大之后,可谓厚积薄发;在中国现代哲学研究领域上,他逐渐由金岳霖而侧重研究冯友兰,进而研究贺麟、梁漱溟、陈独秀、熊十力、方东美、张岱年、张申府;对于"为何中国没有科学?""新文化运动""中国哲学的合法性问题""北京大学的精神""儒家传统与现代的张力""哲学与人生""知识与社会""中西思维方式之差异"等问题他均有深度思考。这些问题,从某种意义上讲,正是中国学界的前沿问题,而胡军教授基于自己深厚的知识论研究背景,对于中国现代哲学领域之熟悉、逻辑分析法之擅长,对于上述问题往往能发人所未发,洞见迭出;这固然与他的刻苦勤奋、学术兴趣有关,我们也要看到上述问题的讨论需要专业的学术训练,并非人人皆可置喙,而胡军教授不但有类似的专业训练,而且,毋庸讳言,他正是在相关领域研究起家的。这里我们可以看出,分科治学传统让现代学问变得门槛很高,并非人人都可以发言讨论,有些问题需要专业训练方可进入,比如知识论、形而上学、逻辑分析法,许多学者看懂都难,谈何研究呢?② 胡

---

① 胡老师公开刊发论著目录可作为此种判断的参照:论文总数 183 篇,1998 年以前只有 23 篇而且多集中在金岳霖研究上(占一半以上,14 篇);专著 10 部,1998 年以前只有 2 部,分别为《金岳霖》(东大图书公司,1993 年)和《知识论引论》(黑龙江教育出版社,1997 年)。

② 这里我可以举个例子,崔伟奇教授在给胡老师《知识论》(北京大学出版社,2006 年)写的书评里提到"这突出表现在作者对知识论的核心问题———真理问题的研究态度上。一方面,作者对证实论、符合论、联贯论等现代知识论的真理论进行了'务实'分析",这里他有个误解:误把"证实"问题作为真理论;胡老师《知识论》与金岳霖《知识论》的不同在于胡老师更关注知识论当代研究中的核心问题——"证实"问题而非真理论(金岳霖则详细讨论了真理论);另外他题目中提到"中国知识论",这也是一种误解,无论金岳霖还是胡军,他们的知识论都是讨论知识论领域的普遍问题,与国别无关(参见崔伟奇:《建构中国知识论当代形态的理论创新——读胡军教授〈知识论〉》,《北京大学学报》2007 年第 6 期,第 147—148 页)。

老师常批评中国哲学界"不争气",老是做些"注解整理"的工作,他是研究知识论的,应该知道,一代人的知识结构与训练模式决定了一些人只能做某一领域的工作,随着专业划分的细致,做学问变得专业而又专门,没有相应训练是无法入门的(这倒是需要反思我们现在的哲学教育模式,比如很多大学的哲学系竟然没有开设知识论、形而上学、方法论课程);传统学问的做法,既是一种安身立命所在,也是一种饭碗,没人乐意饿着肚子去唱一首自己不熟悉的歌。相比之下,胡军教授的训练及其研究专长使他在中国现代哲学研究领域游刃有余、成就斐然。

接续他研究金岳霖的成果《金岳霖》,《道与真》出版;接续他原有的《知识论引论》,大部头的《知识论》出版;而且借助北大百年校庆、"五四运动"八十周年、北大哲学系九十周年庆典,胡老师关于北大精神、大学理念、新文化运动反省等研究推陈出新,这在他的学术生涯前期是看不到的;关于知识论研究,他也有所拓展,不仅仅是知识之理的探讨,而且逐渐关注"知识与人生""知识与社会""哲学与人生"这些议题。在此期间当感谢其夫人杨书澜女士的邀约,他写了《哲学是什么》一书,他从一个书斋里的哲学家落地为一个"美好生活的向导",这是一个很有趣的转向。在2006年《知识论》出版以后他更多关注的似乎不再是"知识论"而是"论知识及其在未来社会中的作用"[①];不再是形而上学及其方法论批判而是"儒学传统与现代社会的张力"[②]以及"中西思维方式之差异"[③],当然还有对蔡元培大学理念的继承与研究,比

---

① 参见胡军:《跨学科交流是实现知识创新的必要条件》,《科学时报》A3版,2011年12月8日;胡军:《论知识及其在未来社会中的作用》,《徐州师范大学学报》2012年第5期;胡军:《知识创新的文化基础》,《宜宾学院学报》2012年第7期。

② 胡军:《儒学传统与现代社会的张力》,《孔子研究》2013年第2期;胡军:《如何化解儒学传统与现代社会的对峙》,《现代中国》第十五辑,北京大学出版社,2014年。

③ 胡军:《试论中西思维方式之差异》,《广东社会科学》2017年第5期(另参《试论中国传统哲学的直觉思维方式》,《北方论丛》1990年第1期,第16—21页)。

如"北大精神与大学理念"①。如上所述,1998 年服务北大哲学系之后,其成果颇丰,在贺麟"西化观"、冯友兰"新事论"、梁漱溟"直觉论"、陈独秀"儒家观"等方面均有原创性的研究推进。②但是,在这些散篇研究背后我们看到胡军教授的学术有所转向,由纯粹的学理研究进而转向探讨"传统与现代之张力"问题,这是百年来学界的困境之所在,从某种层面讲,"中国哲学合法性问题""中国哲学研究范式问题""中西思维方式差异问题""新文化运动反思问题"以及对于陈独秀、胡适、冯友兰、贺麟等研究,若进一步探索其渊源的话,我们会看到贯穿其中的线索便是"遭遇西方之后,中国何去何从?"这里皆蕴含着"传统与现代之深层张力"。那么如何化解呢?这构成了胡老师学术转型的问题意识,准确来讲,他并非是"学术转向",而是"更进一步",基于他的知识论与方法论训练,以此来审视何谓现代社会?传统思维方式有何特点?传统与现代之张力何在?进一步,如何化解?

正是在此意义上,我们看到一个书斋里的学者,看似不食人间烟火的学理研究,在回答百年来中国思想界巨大困惑方面,其见解是独到的,把我们拉到了问题起点上。他让我们看到学理研究的"根本"性作用③,记得冯友兰讲哲学是"无用之大用",似乎在强调"境界"。但是,胡军老师对于"学理"根本性作用的看重,似乎没有停留在个人境界提升上,而是去回应现代中国生存境遇的症结与危机所在。如果说,1998 年以前,对于金岳霖的研究奠定了胡军教授的专家地位的话,那么 1998 年以后,他则自觉运用逻辑分析方法一方面拓展研究领域,另一方面也自觉不自觉地回到了中国思想界的困境问题上来。如果说知识论研究他是承继金岳霖弥补"中国逻辑和认识论意识不发达"、大学精神研究他是承继蔡元培"学问至上思想自由"的话,那么在"传统与现代张力"的化解上其问题意识则接续了冯友兰困惑终生的"两

---

① 胡军:《北京大学精神的一种解读》,《北京大学学报》2007 年第 4 期;胡军:《蔡元培大学理念的现代意义》,《民主》2014 年第 3 期。
② 参见胡军:《中国哲学的现代转型》。
③ 胡军:《学与术,孰轻孰重》,《北京日报》2012 年 7 月 9 日。

种文化"的矛盾,而此种矛盾也同样是陈独秀《孔子之道与现代生活》、李大钊《宪法与孔教》、胡适《新思潮的意义》、梁漱溟《东西文化及其哲学》、贺麟《儒家思想的新开展》等共同面对的困境;再向前追溯的话,李鸿章奏折里那句"三千余年一大变局也",我们常常引用,如果当时他是出于海防的考量而有那种敏锐危机感的话,一百多年来,我们对于此种"三千年之大变局"的危机意识还是淡了。了解近现代中国历史的人大致了解到"师夷长技"的艰辛、"制度改良"的多舛、"行为模式"的惰性,但是器物制度的学习还在其次,尤其是技术因其实用反而容易普及,行为模式方面"放脚""剪辫"等都可以完成,真正难的还在于"价值观"与"思维方式"层面,由此来看,胡军教授接续胡适、陈独秀、冯友兰此种深层困境意识,具有某种薪火相传的意味。那么,在一个对知识论深有研究并且对逻辑方法有所训练的学者眼里,传统与现代的张力何在?又有何种化解之道呢?

二、传统与现代之张力及其化解

(一) 从冯友兰的"终生困惑"谈起

1982年,冯友兰在哥伦比亚大学授予他名誉博士学位仪式上致答词时说:"我生活在不同的文化矛盾冲突的时代。我所要回答的问题是如何理解这种矛盾冲突的性质;如何适当地处理这种冲突,解决这种矛盾;又如何在这种矛盾冲突中使自己与之适应。"①1983年冯先生在《三松堂学术文集》"自序"中再次提到:"我从一九一五年到北京大学中国哲学门当学生以后,一直到现在,六十多年间,写了几部书和不少的文章,所讨论的问题,笼统一点说,就是以哲学史为中心的东西文化问题。我生在一个不同文化的矛盾和斗争的时期……"②这里我们可以看出,冯友兰所讲的两种文化就是"东西文化"或者说"中西文

---

① 《冯友兰学术精华录》,转引自陈来:《现代中国哲学的追寻:新理学与新心学》增订版,生活·读书·新知三联书店,2010年,第300页。
② 《三松堂学术文集·自序》,转引自陈来:《现代中国哲学的追寻:新理学与新心学》增订版,第301页。

化",在当时也被称为"旧文化"与"新文化"之冲突,这构成了冯友兰毕生学术努力的问题意识,他在《三松堂自序》谈及此问题时说:"这两个天地是有矛盾的,这是两种文化的矛盾。这个矛盾,贯穿于中国历史的近代和现代……从1919年,我考上了公费留学,于同年冬到美国,次年初入哥伦比亚大学研究院哲学系当研究生。我是带着这个问题去的,也可以说是带着中国的实际去的。"①由此我们可以看出,冯友兰先生那代学人固然在形而上学、知识论等领域有所建树,但是他们真正关切的还是中国的出路问题,如上面所说"遭遇西方之后,中国何去何从?""传统②与现代之深层张力"蕴含的问题是遭遇现代化之强势压力的有着古老传统的中国将如何走向自由之路?这种危机意识从魏源、郭嵩焘、郑观应的"盛世危言"中就显露了,李鸿章"三千余年一大变局也"也表明他在军事上感到了某种巨大的压力。但是,我们知道此压力源自军事背后的文化。

由此来看"传统与现代之张力"问题可以说是近两个世纪以来悬在中国思想界头上的"达摩克利斯之剑",冯友兰从青年时代直至晚年似乎都纠结于此种矛盾中,然而这并非冯友兰一人之困惑,实乃当时之共性问题。民国学者令人敬重的一点在于他们对这个问题的思考是自觉的,比如陈独秀在《吾人最后之觉悟》(1916年2月15日)中将中西文化之冲突视为中西之争的根本③;梁漱溟在其代表作《中西文化及其哲学》一书中在谈及中西文化之争时,基本沿用了陈独秀对此问题的看法④;梁启超在《申报》五十周年纪念时应约撰文《五十年中国进化概论》,明确提出了中西文化遭遇后经由"器物—制度—文化"之"三期说"⑤。但是,他们是如何化解的呢?我们知道鲁迅有"弃医从文"回

---

① 冯友兰:《三松堂自序》,第207—208页。
② 这里"传统"的含义主要集中于"儒家思想及其形成的思维方式",参考了陈寅恪的说法:"故二千年来华夏民族所受儒家学说之影响最深最巨者,实在制度法律公私生活之方面。"参见陈寅恪:《省察报告三》,冯友兰:《中国哲学史》下册,第336页。
③ 陈独秀:《吾人最后之觉悟》,《陈独秀著作选》第一卷,第179页。
④ 梁漱溟:《东西文化及其哲学》(修订版),第13页。
⑤ 梁启超:《梁启超史学论著四种》,岳麓书社,1985年,第8页。

到"国民精神"上来的转变,而蔡元培所带领的同仁则投身到了教育救国中来,这或许是他们对前辈李鸿章、张之洞"中体西用"思路的深化与推进。

接续这样的问题背景,胡军教授的研究有所推进,比如他对冯友兰关于"中国为何没有科学"的看法不以为然而更赞同《科学》杂志同仁从归纳法与科学的关系来解释中国缺乏科学之原因①;对于冯友兰《新事论》中"中国到自由之路"的看法也提出了质疑,比如此种注重实业救国的思路其实是对晚清民初文化层面思想启蒙的偏离,仅发展实业很有可能流于官僚资本主义,而且冯友兰没有看到现代产业革命以来实业的学理基础。② 这些看法是深刻的,如果与同类文章比较一下的话,③胡老师的批评与反省,于根本上还是与他对现代社会的界定与理解有关,由此所看到的"传统与现代之张力"反而更深刻,换句话说,我们是被迫拉入现代社会进程的,若对此不了解,如何明白与传统的张力呢?对于现代实业发展、技术革新、政治外交、大学教育乃至于学术规范,我们如何能摸着门径呢?那么到底应如何理解现代社会呢?

(二)现代社会之特质及其与传统张力何在?

关于现代社会的理解胡老师接续了陈独秀的解读,陈独秀将现代社会界定为"法制的""进步的""科学的""个人独立的""民主的""人权平等的",胡老师大致认同这种描述式的看法④,而且他也提到陈独秀

---

① 胡军:《中国现代科学史上的〈科学〉杂志》,《诠释与建构——汤一介先生75周岁纪念文集》,北京大学出版社,2001年;另外《分析哲学在中国》第一章第二节"无归纳法则无科学"有更详细论述。

② 胡军:《中国走向自由之路的哲学思考——冯友兰文化观解读》,《西南民族大学学报》2008年第2期;此文收入《燕园哲思录》(北京大学出版社,2010年)一书中。

③ 陈来老师敏锐地看到了冯友兰的问题意识并且给予了详细梳理,详见《冯友兰的〈新事论〉及其文化观中的现代性与民族性》,陈来:《现代中国哲学的追寻:新理学与新心学》(增订版),第299—339页;另外,最近我收到西南大学高秀昌教授的论文,恰好也是关于冯友兰新事论的,因字数限制展开有限。陈老师的论文内容翔实、材料丰富,但是缺乏推进和批判维度。

④ 胡军:《传统与现代之间的张力——论陈独秀对儒家思想的批判》,《北京大学学报》2009年第4期。

明确留意到了"孔子之道与现代生活"之间的张力,并认为陈进一步提出一种新人生论:"陈独秀所倡导的此种人生论实质上便是现代社会所需要的基本的人的品性,是现代社会所需要的真正的基础。"①但是,我们也知道陈独秀对于知识论、科学方法并无专业研究,他的许多提法只是一种口号式的倡导,包括民主问题(直到晚年经历种种坎坷之后其反省才是深刻的)。所以,胡军教授提到:"但在此我们又不得不承认,陈独秀本人对于科学及其方法毕竟没有深入和系统的研究,在述说其新人生论的时候,对于科学思维模式也只是一笔带过,且他的相关思想也主要是间接地从日本引进的。"②这里我们可以看出,胡老师此种思路是试图在"法制的""进步的""科学的"等现代社会的描述中寻找其"一本源泉",这种思路与梁漱溟当年的考虑如出一辙(我不知道是否受梁的启发),但是却"貌合神离",梁漱溟基于"意欲"(will)而提出文化三路向说,但是胡老师的思路则从"现代化""现代性"之探讨入手归于"理性化进程",他审视了产业革命,康德关于"什么是启蒙"、韦伯关于"理性精神与资本主义"的看法,尤其是探讨了产业革命与理性化的关系,而且,他追根溯源,回到了古希腊关于知识的讨论及其理性方法上。③ 因此在这一问题上,我们可以自信地说,胡老师的看法比陈独秀、梁漱溟等人更进一步,是一种质的提升。

与陈独秀相比,胡军教授对现代社会的解读不再是描述式的,而是借助学界关于"现代化""现代性"的研究,一针见血指出:"与传统社会的本质区别在于,几百年来现代社会的发展与变迁奠基于系统的知识理论体系。"④在上面我提到胡军教授对于知识论的研究有所"转向"或者说"更进一步",他关注"知识与现代化""知识与未来社会""知识

---

① 胡军:《试论中西思维方式之差异》,第44页。
② 同上书,第45页。
③ 胡军:《儒学传统与现代社会的张力》,需要留意的是此种"现代化—理性—产业革命—古希腊知识溯源"思路在胡老师最近几年的论文中多次出现,并不限于此篇,但这篇是典型,讲得不落俗套、淋漓尽致(我印象中本论文原本是提交给深圳大学国学会议的,但胡老师后来因故没参加,《孔子研究》编辑独具慧眼,约稿刊发)。
④ 胡军:《知识创新引领未来社会的发展》,《科技导报》2016年第4期,第22页。

与人的行动结构"等问题,可以看出借助他知识论研究的专长,他对现代社会的解读很切要害,他由此看出现代与传统社会的张力,最深层次的根源恰恰在于中国社会不重视的"知识理论"研究,我们的致命短板在这里。这些年,胡老师之所以忧心忡忡,有时候不惜对国学研究及只注重文献梳理注解的"研究"放狠话,认为"中国学或国学却不是严格意义上的学术研究。因为中国学或国学缺乏最起码的明确清晰的定义或研究对象,也更无可以用来操作的具体的学术流程或系统有效合理的思想方法论"①。仅梳理文献则偏离哲学越来越远了;无论是"接着讲""照着讲"还是"讲自己",若没有回到"问题与方法"之论证上来,都是一厢情愿;对于抢夺话语权的说法,他更是感到困惑,对于现代知识体系根本不了解,于学理上毫无推进,处在拾人牙慧阶段,连话语权是什么都不知道,还抢什么呢?② 大家多以为"软实力"当然要以"硬实力"为基础,胡老师却说那是"舍本逐末","术"当然要以"理"为本③;这些话在许多学者看来或许有些"情何以堪",大约是常得罪人的;但是,胡老师近二十年来之所以在坚持做这"不中不西"的学问,并不愿意投人所好迎合学界,正在于他服从于自己的论证,而且,我们不要忘了他正是研究知识论起家的,他所看到的是他所相信的,那正是他的研究专长呀。一百多年以来,自魏源一代至严复而蔡元培,他们念兹在兹的恰恰正是此一"古今中西"问题,冯友兰令人敬重的地方也正在于他用毕生精力来思考这一"两种文化的矛盾问题"。胡军教授的研究若止步于《道与真》《知识论》的话,他只是位学院派的专家,但是近些年来,他更进一步由纯粹学理而转向思考这一百年来学界之"巨大困惑",并进一步提出"知识主义与未来社会"的发展问题,尽管表述尚不如《道与真》《知识论》系统,但是,这是一个跨越。

(三) 现代社会与传统之张力如何化解?

胡军教授基于知识论体系基础来解读现代社会,保守一点讲,至

---

① 胡军:《知识创新引领未来社会的发展》,《科技导报》2016 年第 4 期,第 24 页。
② 同上。
③ 胡军:《学与术,孰轻孰重》。

少让我们看到现代社会与传统的张力不在于时间(古今)、地域(中西),也不在于意欲(三路向),关键还在于"几百年来现代社会的发展与变迁奠基于系统的知识理论体系"。由此再来看产业革命、技术更新以及政治外交、大学教育、分科治学都与此种"知识论体系"之基础有关,若溯源的话,其根底在古希腊。这里我想澄清一个误解,有人看到"古希腊"可能会提出"你们还是又回到了唯古希腊之马首是瞻的老路",这不是全盘西化么?"现代社会—现代化—理性化—产业革命—古希腊知识溯源"这一模式,固然涉及时代与地域因素,但是并不依赖于地域和时代。举个例子,关于"知识是什么"会追溯到《泰阿泰德篇》,但是对于"知识是真信念之证实"之说法并不依赖于苏格拉底或者柏拉图,那是从知识定义的普遍性着手的,再比如我们的"分科治学"模式固然会追溯到亚里士多德"理论—实践—创制"科学三分[①],但是他的此种分科是基于人的"心智"功能或者知识体系自身的性质,并非限于古希腊。所以,中国的现代化进程固然还有漫长的路要走,并且还要深度向古希腊以来的西方文化学习,但这并不是西化,只是我们基于人性自身的完善充分利用不同时期地域的思想资源自觉发展自己的现代化进程而已,亚里士多德的形而上学、伦理学恰恰是不分中西的,讨论的是最一般的、普遍性的问题。所以,上面我提到把胡军老师的《知识论》冠名为"中国知识论"是一种误读,他的讨论是就知识论的一般问题展开的,无关地域。这里,第二个澄清是"西化"的说法,我们喜欢用"西方"的称呼,由此而产生"中西之别",这里面有很大的误解,冯友兰在《新事论》里有所澄清;但是,真正的问题还在于,我们用"西方"的说法是基于一种"想象"(与天下之"中"国的想象类似),是基于原有模糊思维方式上对外来文明的笼统说法。记得我在辅仁大学交流时,德国汉学家顾彬提到对于中国学者用"西方"来称呼他们所有欧美诸国,很不理解,他受不了,因为他说英美德法等差异太大了,

---

① 〔美〕余纪元:《德性之镜:孔子与亚里士多德的伦理学》,林航译,中国人民大学出版社,2009年,第16页。

怎么能用"西方"一锅炖呢？他若了解中国传统思维方式的话，或许不会这么反感，不要忘了，我们不仅用"西方"称呼他们，我们还有"西戎""西域"以及印度佛教"西方极乐世界"①之称，利玛窦来华时文质彬彬，我们以"西儒"称之，这里有"美化"但更多是"想象"。

　　现代社会是一个理性化进程，进而言之便涉及胡军教授所提及的知识论体系及理性化思维方式，他说："要形成特定的知识理论或科学知识理论体系，我们就必须将思考对象聚焦在具有极其明确特性的东西或对象身上。如果仅仅满足于笼统模糊的思维方式是不可能得到相关的知识理论或科学知识理论体系的。当前我们的中等及高等教育机构面临的紧迫任务就是必须首先改变我们传统的思维方式。"②由此我们看到他对"传统与现代之张力"的化解方式是落实在了理性化思维方式的培养上。陈康先生有类似的表述，在谈到"是论"时说，这不仅是引进一个新译名，同时也是为国人提供一种新的思维方式，传达一种本土所没有的思想。③ 上面提到话语权问题，胡军教授分析："我们丢失话语权的历史原因在于我们自古以来就没有明确或相对明确的问题意识或研究对象，而长期以来始终迷失于模糊笼统的思维方式之中。"④因此，我们能做的是"要促进中国知识理论体系的思辨能力及知识理论体系的创立与发展，必须诱导学者与学生将自己有限的人生用来思考和讨论那些相对明确的问题或研究对象，而不能够将自己有限而宝贵的人生完全埋没在模糊笼统的思维模式之中"⑤。关于儒学之发展、大学教育模式，他均沿着此种思路展开："我们正处在一个以知识为基础不断前进的时代，因此如何将传统儒学思想与现代知识社会结合起来是儒学未来走向必须要解决的问题！这一问题解决得

---

① 沈清松：《从利玛窦到海德格尔》，华东师范大学出版社，2016年，第19页。
② 胡军：《试论中西思维方式之差异》，第45—46页。
③ 陈康：《巴曼尼得斯篇序》，宋继杰主编：《BEING与西方哲学传统》，河北大学出版社，2002年，第8—9页。
④ 胡军：《试论中西思维方式之差异》，第46页。
⑤ 胡军：《知识创新引领未来社会的发展》，第24页；另可参见胡军：《论知识及其在未来社会中的作用》。

好,儒学就有未来,否则就步履艰难!"有了属于自己的核心理论体系,我们才有可能拥有专属于自己的核心技术、核心设备、核心人才,否则,我们也就只能人云亦云"拾人牙慧"!"必须加强以分科治学为基础的现代性大学的建设,传统的书院制实质上不符合现代知识理论发展和创新的基本要求!"① 而且,他还敏锐地提出:"世界学术发展的历史表明,知识理论体系的进步和发展有其自身的规律,要能够真正地促进知识理论的持续进步,不断创新,我们就必须自觉而坚决地遵循学术发展的基本模式,不能随意加以干预。干预的唯一结果只能是扼杀思想创新,断送学术生命。"② 这里我们可以看出他对蔡元培先生大学理念、陈寅恪先生"独立之精神自由之思想"之自觉传承,他们的不同在于胡军教授是基于自己的知识论研究以及对现代化的深切解读而得出的。

三、小结与批评

小结部分我想向读者检讨一下自己本篇的布局思路,同时对于胡老师的思路提出一些批评。

(一)以"传统与现代之张力"作为线索的合理性

第一,依据胡老师的研究领域,我原初尝试以"哲学—中国哲学—中国现代哲学"模式展开思路布局。毕竟他于"哲学何谓""中国哲学与philosophy",尤其是"中国现代哲学"都有所探讨,他也多次提到"哲学源于惊讶"之类,很明显先从"哲学"的定义讲起具有优先性;但是,后来我没有采取此种路径就在于,从胡军老师的研究历程来看,他首先关注的恰恰是中国现代哲学领域的"金岳霖"研究,由此而进一步展开了"知识论""形而上学""方法论"层面的探讨,而与哲学的结缘,也不是从"哲学是什么"开始,而是从阅读南开大学哲学系温公颐教授编写的《逻辑学》教科书开始(嫩江农场时期)。所以他很认同冯友兰

---

① 胡军:《儒学传统与现代社会的张力》,第25页。
② 同上;另可参见胡军:《知识创新的文化基础》。

"逻辑是哲学的入门",不仅是方法论层面的认同,更在于学习经历上的类似。

第二,不沿用"哲学—中国哲学—中国现代哲学"模式原因还在于,通过对胡老师论著的研读,我发现,他固然也写过关于中国哲学的论文,许多论文也冠以"中国现代哲学"之名,但是,就其内容来讲则与地域性无关,他讨论的是"知识论""形而上学""方法论"领域的普遍性问题,换句话说这些讨论与国际学界是打通的,并非仅限于"中国"的"知识论"或"形而上学",所以前面一个注解里我对崔伟奇教授将胡老师的研究冠以"中国知识论"感觉是不通的,这正如给金岳霖的研究冠以"中国知识论""中国的形而上学"一样是不恰当的,他的"论道"用的自然是汉语、传统术语,但内容是普遍的问题,所以胡老师才从逻辑普遍性的角度去解读,而且认为是"以道观之",这恰恰不是地域、时代、民族的视角。所以,胡老师学术起点是金岳霖研究,但不同于当时学界流行的个案研究,他只是将金岳霖作为切入点,关注点则是知识论领域的共性问题,尤其是现象与实在的关系问题,他的看法不限于金岳霖且有所超克。

第三,选用"金岳霖—知识论、形而上学—方法论拓展—传统与现代张力"此种线索,一方面大致符合胡老师的论著发表线索,另一方面,坦白讲也有我的思路添加。研究性论文一般都有研究者思路的融入,这是无法避免的,出于学术关切,此种布局是自觉的。所以,胡老师是否由金岳霖入手慢慢步步推进,如我在第一部分的梳理,或许事实不完全是那样,有很多偶然因素,比如 1998 年他被调到北大就影响很大;《分析哲学在中国》的写作主要是汤先生邀约,而后来《哲学是什么》写作主要是北大出版社杨书澜老师的策划,缺少这些外在机缘,大致他不会写《哲学是什么》类的作品,他写完也说自己不适合写,其实这本书反响很好①。他是否同意上面我的提法:他在《知识论》之后有

---

① 参见龚焘:《"难得糊涂"说哲学——评胡军教授的新作〈哲学是什么〉》,《全国新书目》2003 年第 1 期,第 11 页。

所转向,自觉融入"传统与现代张力"的化解中来,是否有这种明确的过渡,我不能确定,可能只是我的个人观感还有期待,我们知道一个人的想法很难分界;其实,研究领域侧重上,有很多偶然因素,一般不会有这么整齐的线索与目标朝向。所以,"金岳霖—知识论、形而上学—方法论拓展—传统与现代张力"和"现代社会—现代化—理性化—产业革命—古希腊知识溯源"两种线索,是我的总结。但是,依据近些年胡老师的公开论著,如同第二部分分析的,本文布局也确实依据他的论著,所以,自认大致不差。

第四,还需要向读者检讨的是,用"传统与现代之张力"的说法似乎不太严谨。胡老师一直主张研究对象的明晰性,但是"传统""现代""张力"其实都不太明确,这似乎有些反讽的意味。所以,尽管胡老师有两篇论文用类似的题目,但是,他的讨论是明确的,读原文便知道。我最终还是选择了这个看似很大的题目,因为在我看来,这个题目虽有其含混性,但是自晚清以来张之洞、蔡元培、陈独秀等关注的正是这个问题,冯友兰直至晚年还在纠结这个问题,所以想回到这个大的问题源头上来,至于具体的学科规范、大学建设等诸问题则需专业研究,在我看来二者并不冲突。正是在明确这个问题源头的意义上,我们看到胡军老师的回应有所推进,思路上他认同梁漱溟"一本源泉",但是答案则截然不同,他采取了"现代社会—现代化—理性化—产业革命—古希腊知识溯源"这一模式,在我看来是深刻的。由此他批评国学研究、书院教育、注疏模式,并且明确提出胡适的"争取学术独立十年计划"不可能实现[①],此种分析发人深省。若我们进一步考虑目前的大学发展模式,"世界一流大学""一流学科"等提法,便会感到胡老师的批评有种釜底抽薪的意味。进一步讲,他的"现代社会—现代化—理性化—产业革命—古希腊知识溯源"模式不仅可以评判传统的特点,而且指向了"知识与未来社会"的问题,所以,我们再次看到他的学问路径及其解释力,其对问题的回答不是停留在"古今中西""民族地

---

① 胡军:《胡适"争取学术独立十年计划"之现代解读》,《关东学刊》2017年第1期。

域"上，而是指向了人性—理性自身，其理论模型之深刻诠释力正来自于此种普遍性的学理研究路径。这一点，我感觉很多人没有看到，他的东西确实不好懂，有些学者也只是把他作为"中国现代哲学"领域的研究专家视之，这是一种误解，其研究不是"中国哲学史"的思路，甚至不是"中国哲学"的思路，坦白说，就是"哲学"研究的路径；这是上面我反复提到不可以将他的研究冠以"中国知识论"的缘故，哲学家有自己的故国情怀，但是其研究的问题则是人类共有的普遍性问题。由此再来看"传统与现代之张力"问题，固然有其中国情境，但实际上也是个普遍性的问题，不同社群经历阶段不同、具体面貌不同，但是，蕴含其中的则有深层次的共性问题。只是，我们摸爬滚打了百余年，似乎只在"中西古今"表层争论"西化""中国本位""中体西用""心性之学"等问题，总感觉不着边际、南辕北辙。由此来看"现代社会—现代化—理性化—产业革命—古希腊知识溯源"这一解释模型，是独特的，而且回到了"人性—理性"自身上来，这是内在的。"古今中西"模式只是在外在逐末，却舍了本，态度是真诚的，但是路径有待反省。另外，上面论述我多有引用其他学者看法，并且回到了"传统与现代"这一共性问题上，也是希望大家能看到胡军教授的学问不是"闭门造车"更非"独门秘笈"，其探讨恰恰是开放的，对前辈学人的继承是自觉的，其推进是有参照的，因对比而明显。

（二）对注重学理—理性思路的反省与批评

上面更多是对胡军教授论著的忠实介绍，坦白讲大部分我是认同的。但是，也有一些值得商榷的地方。列举如下：

第一，注重学理研究的标准何在。胡老师对国学研究的批评，对文献梳理式研究的批评上面都已提到了。他反复提到要注重研究对象的明晰性，要回到问题和论证上来。这也很有道理。但是，具体如何做呢？首先，研究金岳霖、冯友兰、贺麟、胡适都可以这样做；研究中国古代的学者，比如朱熹、王阳明，为什么讲他们没有自己的问题意识？为何说他们就没有论证呢？这里一个区别还在于胡老师处理的人物恰恰有着他解释模式里的"西学"背景，因此可以批评、可以讨论、可以对话,比如"知识论""形而上学"那是与国际学界打通的;但是,朱子、王阳明,再比如孔孟老庄,如何打通呢?如何接续呢?其次,学理是纯粹的,学者则很世俗。我们不要忘了他们那一代人经历了"上山下乡"之后的"恶补",学术断层真的就那样容易接上?"逻辑是哲学的入门",但并非每个人都有逻辑的兴趣与训练,甚至现在的哲学系能把"知识论""形而上学""逻辑学""方法论"开全的有几个呢?上面我们提到胡老师对胡适"争取学术独立十年计划"的批评,对于学者个人也是一样。学者是人,其研究路径受制于自己的训练及知识背景,不是想突破就可以突破的,而且以传统方法做学问至少还是稳妥的做法。但是,胡老师看到问题之所在,有此种方向自觉,我仍是认同的,否则我们依然摸不着门径。这里我想提一下余纪元先生关于孔子与亚里士多德的比较①,他从"德性伦理学"予以展开,固然有些观点我不同意(比如亚里士多德理性前提下的论述与孔孟基于伦理角度展开完全不同),但是,他尝试从伦理学角度展开学理性研究,这是一种可贵的尝试。不过,我们不要忘了他亚里士多德研究专家的背景;所以,胡老师解释模型里"古希腊知识溯源"一环还是必要的,否则,真的不知道学问当如何做,这需要时间,而且要考虑当代学者的成长环境,我认同胡老师的批评,但是对于学界前辈,我还是表示敬重,并非他们不争气,实在是时代机缘让学术断层而他们则在奋力"接力",但是很难。我们需要反思"农场经验"对于中国学界的影响。

另外,关于知识论研究,我还想提一些困惑。就胡军老师的《知识论》而言,确实是与国际学界打通的,但是,处于何种位置呢?我学力有限不好多说。感觉尽管在那本介于"教材"与"专著"之间的著作中他有不少洞见与评论,但是,若放在知识论领域来看,更多还是接近"教材"。比如对于"证实"问题,他下很大工夫考察了"基础主义""外在主义""联贯论",但是,我感觉他介绍居多推进有限。再比如关于认识论领域"现象与实在"的关系问题,他确实下了很大功夫接续康德以来的认识论看法,但是对于"感觉内容与外物关系"问题,我感觉他只

---

① 参见〔美〕余纪元:《德性之镜:孔子与亚里士多德的伦理学》。

是停留在了罗素的水平上,推进有限。我没有查到知识论学界其他专家的评价,不好参考;或许自己的感觉不对,毕竟自己的知识论研究功力尚浅,对胡师的一些论著读起来还是吃力。就我手边陈嘉明主编的知识论丛书以及他们召开的"中国知识论学会年会"来看①,他们的研究路径似乎更细致、更专业且侧重认知科学。在我们做中国哲学的学者看来,他们完全是西方哲学研究者,与中国完全不搭界。胡老师常讲他的学问"不中不西",其实金岳霖、冯友兰的学问就有类似特点;但是,再进一步,知识论研究可能就步入非常细致的领域,专业而又专门,门槛很高。再退一步,比如研究"中国知识论"(最近读到宗超博士的论文《先秦儒家知识论研究》②和刘克兵博士的《朱熹知识论研究》③)又如何呢?记得前些年讨论"本体论问题",随后中国学界有种种"中国本体论"的说法,但是俞宣孟、邓晓芒赶紧出来澄清"ontology"本义,连汪子嵩、王太庆老先生都出来说话。④ 上面我反复提到"知识论"研究的非地域性,只是研究一般知识之理的学问,并且明确提出中国传统是"知识论意识缺乏"(金岳霖的说法)⑤,但是,现在别人写出了"先秦知识论""朱子知识论"又如何评价呢?当然你会说,界定不同吧,他们是从"思想文化史"角度研究的。另外,有趣的是成中英就写了《中国哲学中的知识论》⑥,主要也是先秦部分("《周易》本体知识论"与"孔子心性知识论"),另外崔宜明教授还出版了《先秦儒家知识论体系研究》,他们在

---

① 李峰峰:《"知识论与认知科学"国际学术研讨会暨中国知识论学会成立大会综述》,《哲学动态》2014 年第 11 期。

② 宗超:《先秦儒家知识论研究——以性道之学为中心》,山东大学哲学与社会发展学院博士论文,中国哲学专业,苗润田教授指导,2017 年 5 月 25 日。

③ 刘克兵:《朱熹知识论研究》,湖南大学岳麓书院博士论文,专门史专业(中国文化思想史方向),朱汉民教授指导,2010 年 10 月 15 日。

④ 类似讨论集中收录于宋继杰主编:《BEING 与西方哲学传统》。

⑤ 详见张永超:《中国知识论传统缺乏之原因》,《哲学研究》2012 年第 2 期;张永超:《中国知识论传统是"历史缺乏"而非"现实忽略"——对陆建猷教授批评之回应》,《学术月刊》2013 年第 5 期。

⑥ 成中英:《中国哲学中的知识论》(上、下),《安徽师范大学学报》2001 年第 1 期、2001 年第 2 期(据编辑注释:本文原文为英文未刊稿,由曹绮萍译为中文,潘德荣、彭启福校订,首发于本刊)。

华东师大还专门召开了研讨会。① 这又如何评价呢？一方面我感到学问门槛越来越高了，另一方面我又感到知识更新太快了，两者都让自己说不上话。不知道这些"中国知识论"研究是否合乎胡军老师提出的"学理"研究呢？

关于学理方面，他还反复提到蔡元培"研究高深学问"的说法，在世俗化时代他的强调与呐喊是必要的，但是，需要区别定位，现代社会大学教育变得普及，培养学者、研究高深学问只是其功能之一，而且，坦白讲，这只是极少数学生的选择。更多的学生则是通过大学教育进入各行各业，他们不用"研究高深学问"。但是，胡老师的此种自觉与坚守，是有必要的；而且他所提出的理性思维方式之培养无论是研究高深学问还是就业都是需要的。但是，如何操作、筛选、定位，真的需要研究。他在大学近四十年，他对大学的反省以及对蔡元培大学理念的坚守，坦白讲，我是认可的，并表示敬重，大学问题确实太多了。但是，如何做？很难回答。胡老师提出了很多操作性建议，但是，落实起来恐怕有待时日，可能很漫长。

第二，对现代性之复杂性关注不够。上面提到胡老师"现代社会—现代化—理性化—产业革命—古希腊知识溯源"解释模型的独特路径，他由此而提出"知识对未来社会的引领作用"等问题，是深刻的。但是，可能需要考虑到：首先，现代化确实有其外来因素，产业革命也并非本土产生，但是现代化之具体落实则有其"多元现代性"的问题。② 其次，"现代性"与"现代化"有其重叠层面，另外"现代性"还有对"现代化"过程中所出现问题的反思语境，胡军教授只是更多突显其"理性化"的正面含义，毋庸置疑这更符合中国情境。但是，这只是中国经验的一个方面，现代化以来的"主体性膨胀""技术异化""宰制""虚无主

---

① 张立恩：《知识、存在与担当——〈先秦儒家哲学知识论体系研究〉研讨会综述》，《哲学分析》2015年第4期。这本书我没读，不予置评。
② 沈清松：《探索与展望：从西方现代性到中华现代性》，《南国学术》2014年第1期，第105—107页。

义""意义迷失"等问题共同构成了中国情境①,固然"理性化"是我们急需的,但是对"现代性"反思与后现代问题同处于中国经验里的事实,不加考虑,是不妥当的。再次,胡老师的"现代社会—现代化—理性化—产业革命—古希腊知识溯源"解释模型有其合理性,但是,他忽略了一点,"理性与信仰"的关系问题,在研究贺麟时他敏锐地注意到了贺麟的说法,"基督教为西方文明的源头",并对贺麟儒家基督教化的努力有所认可;但是,在对现代社会的追根溯源上他只选择"理性"维度,这是不妥的;抛开贺麟的说法不提,若对现代社会溯源,抛开"信仰"维度,就好比对中国传统社会溯源抛开儒家,总感觉遗漏了重点;就西方哲学史来讲,"理性与信仰"之线索赫然在目;再比如对于胡老师钟情的大学理念研究,他很清楚地知道早期大学的宗教背景。这里本人想突显的是"理性—社会"的缺陷,固然"知识在未来社会具有引领作用",但是,只依靠理性、知识,人类是否可以得到生命的安顿?这里我们可以再次回溯一下目前学界的国学研究模式,那不仅仅是一种学问,也是一种寄托和信仰;再比如对冯友兰的敬重,无论是"新理学"还是"境界说",其他学者反复引用、注释而不加批评、反省,有些是限于功力,但还有一个维度:那是一种学问生命的安顿、人格的敬仰、知识分子骨气的缅怀与期待。所以,不考虑此种层面,若信仰没有安顿,胡老师批评的国学研究模式文献梳理路径恐怕将绵延不绝,那不仅仅是一种学问路径,更是一种安身立命的寄托。

(三)小结

考虑到这篇评传写得太长了,有点不好意思。本来想对小萌兄提出抱怨,这样的约稿让我很痛苦又不好拒绝,学生给老师写评传,无论多么慎重都不会客观的,总有一种压在纸背的心情与敬意。但是,何谓客观呢?按照金岳霖的说法主要是"类观"的呈现,若可以接受,上

---

① 赵汀阳:《从中国经验到中国理念》,赵汀阳主编:《现代性与中国》,广东教育出版社,2000年,前言,第2—3页;此种情况多位学者都提到过,不限于赵汀阳的说法,其老师李泽厚谈得更多,另外可参考沈清松对于"现代性"的四点界定:主体性、表象性、理性与宰制性,详见沈清松:《从利玛窦到海德格尔》,第23页。

述对胡军老师的介绍,无论是批判还是赞扬,或许都有客观的成分,不是一己情感之表达,尽管我并不掩饰对胡师的敬意与情谊。不过写完之后,我倒想对谢主编表示感谢,一来自己再次研读胡师论著确实受到很大启发,二来对于学者的学问做出阶段性总结是必要的,这样传承才具有反思性的自觉。借助上述问题,我也在反思自己的学术路向。

另外,我想对胡老师的夫人杨书澜女士表示敬意和谢意。一方面胡老师的学术历程及贡献里面一直有她的身影和心血;另一方面,我想说的是胡老师"曲高和寡"也"自得其乐",但是他的"曲高和寡"包括"异议之论"往往会给他身边的人带来很多不便,一个人站得太高了,对其他人可能就是一种不稳定因素,比如说担心,比如说误会……就此层面来讲我对师母的宽容、雅量尤其是处理不同情境问题的智慧以及对胡老师学术贡献的支持[①],表示敬意和谢意。师母的与人为善、才能智慧不用我多言,认识她的人深有体会。下面我想提一下"匿名母亲的贡献",这可能是很多人不曾留意的,请允许我向胡军老师的母亲表示敬意和谢意,这是一种对于"匿名付出者"的敬意,我们若读一下胡老师的《生死相依:未知死,焉知生》[②]便能体会到母亲对他的巨大影响以及他对母亲的深沉情感,这里举一个例子,胡老师讲"1977年'文革'结束,中国恢复高考,我认真研读母亲从上海寄来的一套'青年自学丛书',积极复习备考"。恢复高考确实影响了几代人,但是,背后母亲的影响与默默付出是我们不可忽略的,她们往往是匿名的,就如同其他一些不便提及名字的人士一样,但是,对一个学者的研究与贡献其影响则可能是决定性的。

最后,我之所以将"压在纸背的心情"说出,就在于我期待回到

[①] 这里我举一个例子。胡老师刚到北大之后忙于写作《分析哲学在中国》一书,师母"花费了大量时间校对书籍,纠正了不少错误",详见胡军:《分析哲学在中国》,第342页;另外也请大家留意胡老师十部著作中有六部都是在北大出版社出版的,而且《哲学是什么》直接渊源就是师母的约稿,参见胡军:《哲学是什么》,北京大学出版社,2002年,第241页。

[②] 胡军:《生死相依:未知死,焉知生》,《中国医学伦理学》2017年第3期。

"人",学者也是"人",注重理性纯粹的人恰恰更注重情感的纯净;我们不仅要看到他的"学问",更要看到他的"为人",胡老师在北大学生采访时提到"自认有'老上海'守规矩的特点,不喝酒,不打牌,不喝茶,不抽烟,对于功利更没有强烈的欲望"①,对这些,我有些感动,只是不同意他将这些习惯归于"老上海",我感觉这是对传统"君子之道"的继承,作为北大教授且有文艺特长,种种名利诱惑恐怕不少,但是,几十年来胡老师能做到这些,在我有种莫名的感动;他出身穷苦,也参与政界,似乎尝过"权力的滋味",但是,能洁身自好,我发自内心地敬重;另外,他对母亲的浓厚情感,不用说也是传统孝道的影响。上面我们更多谈他对"传统与现代张力"之化解,其实在"传统继承"方面,胡老师的"君子人格"②可能更好地把握了儒家的神髓,那些口唱"道德仁义"身穿"长袍大褂"的,我总感觉更多是现代化进程末端的商业走秀,包括那些动不动就讲"心性之学"的,总感觉离孔孟已经很远很远。总感觉,对传统的继承与坚守,还在"敏于行而讷于言"上,包括"游于艺"上。但是,现代学者无论是在操守、克己、审美趣味还是在修辞立其诚、责任担当方面,似乎都与传统有很深很深的"隔膜"。恰恰在这一方面,我们看到胡军教授无论是"志于道"还是"游于艺"都在"据于真"的基础上给出了开创性的回答。自然,或许不同的人可以唱不同的歌,但是,胡军教授的"曲高和寡"还是为沉寂的学界带来了另一种声音,开辟了另一种可能。不一定是最好的,但却是独特的,原创的,发人深省的……

最后请大家留意一点,本评传只是对胡军教授的阶段性总结,只是出于一种视角的梳理;所有引用我都详细注明了出处,若不想断章取义,还是请研读原著为宜,我只负责本评传思路的解释。胡老师本人的思想还是以他原著为准。另外,胡老师最近一直有新的想法发

---

① 《胡军:探究学理 立己达人》。
② "君子人格"只能期待自己不能苛责别人,人性是复杂的,这里只就自己作为学生有限的视角与印象提出;"曲高和寡"的人往往孤独而敏感,记得孔子讲"德不孤必有邻",难能而可贵……

表,这是本篇评传笼罩不住的。很明显年逾"耳顺"的他,写法不必再囿于"博士论文手法"(到处需要引经据典加注释);但是,他的想法、洞见恰恰通过行云流水的方式游刃有余地表述出来,自由而洒脱,其根底正依托于他四十年来深厚的知识论、方法论训练,因此便令人期待而欣慰……

附录二

胡军教授论著、译作编年目录索引

一、中文著作类

（一）专著

1. 《金岳霖》，台湾东大图书公司，1993 年；
2. 《知识论引论》，黑龙江教育出版社，1997 年；
3. 《分析哲学在中国》，首都师范大学出版社，2002 年；
4. 《道与真：金岳霖哲学思想研究》，人民出版社，2002 年；
5. 《哲学是什么》，北京大学出版社，2002 年（2015 年再版）；
6. 《哲学是什么》，台湾扬智文化事业股份有限公司，2002 年；
7. 《哲学是什么》，香港天地图书公司，2003 年；
8. 《知识论》，北京大学出版社，2006 年；
9. 《分析哲学在中国》，2007 年收入中国出版集团的"中国文库"；
10. 《燕园哲思录》，北京大学出版社，2010 年；
11. 《中国哲学的现代转型》，北京大学出版社，2013 年；
12. 《中国现代直觉论研究》，北京大学出版社，2014 年；
13. 《论知识创新》，四川人民出版社，2019 年。

（二）合著

1. 《哲学百年》，北京出版社，1999 年；
2. 《位极北辰》，《中国儒学文化大观》，北京大学出版社，2001 年；
3. 《中国现代哲学》，北京大学出版社，2001 年；
4. 《金岳霖思想研究》，中国社会科学出版社，2004 年；
5. 《中国儒学史（现代卷）》，北京大学出版社，2011 年。

（三）主编

1. 《诠释与建构》，北京大学出版社，2001 年；
2. 《传统与创新》，北京大学出版社，2002 年；
3. 《观澜集》，北京大学出版社，2004 年；
4. 《探寻真善美》，北京大学出版社，2007 年；
5. 《反思与境界——冯友兰先生诞辰 110 周年暨冯友兰学术思想研讨会论文集》，北京大学出版社，2008 年；

6.《名家论人生丛书》(共 13 种),江西高校出版社,2010 年。

(四)参编

1.《金岳霖选集》(选编),吉林人民出版社,2005 年;

2.《冯友兰论人生》(参编),江西高校出版社,2010 年。

二、中文论文类

(一)刊发

1.《中国传统思想的意义》,《中国文化与中国哲学》,生活·读书·新知三联书店,1988 年;

2.《金岳霖的中西文化观》,《文化冲突中的抉择》,湖南人民出版社,1989 年;

3.《试论中国传统哲学的直觉思维方式》,《北方论丛》,1990 年第 1 期;

4.《试析金岳霖〈论道〉中的能与式》,《文史哲》,1990 年第 1 期;

5.《金岳霖共相论剖析》,《哲学研究》,1990 年第 2 期;

6.《试析金岳霖的〈理有固然,势无必致〉》,《中国文化与哲学》,生活·读书·新知三联书店,1991 年;

7.《金岳霖真理标准说的启迪》,《改革开放与马克思主义》,黑龙江人民出版社,1991 年;

8.《金岳霖在知识论出发方式上的变革》,《北京大学学报》,1992 年第 2 期;

9.《金岳霖真理标准综合说》,《中国哲学史》,1992 年创刊号;

10.《金岳霖论事实》,《学术交流》,1992 年第 4 期;

11.《金岳霖论感觉内容和外物的关系》,《学人》,江苏文艺出版社,1992 年;

12.《从张载的易学哲学看中国气论哲学的特色》,《中西哲学与文化》,河北人民出版社,1992 年;

13.《中国哲学应重视对知识论的研究》,《光明日报》,1993 年 3 月 23 日;

14.《冯友兰重建形上学之方法》,《求是学刊》,1993 年第 4 期;

15.《罗素与张申府》,《学术月刊》,1994 年第 12 期;

16.《儒家的理想人格及其在传统社会中的示范作用》,《大庆高专学报》,1994 年第 1 期;

17.《金岳霖归纳理论述评》,《学术交流》,1994 年第 4 期;

18.《金岳霖的知识论与中国哲学的现代化》,《理论探讨》,1994 年第 4 期;

19.《从知识看人性》,《文化的回顾与展望》,北京大学出版社,1994 年;

20.《金岳霖与中国哲学》,《哲学研究》,1995 年增刊;

21.《金岳霖论道》,《道家文化研究》第十辑,上海古籍出版社,1996 年;

22.《冯友兰的〈新理学〉方法论批判》,《二十一世纪》,1996 年第 12 期;
23.《庄子人学的现代意义》,《哲学研究》,1998 年增刊;
24.《发扬五四新文化运动的文化批判精神》,《光明日报》,1999 年 5 月 7 日;
25.《重视二十世纪中国文化研究》,《中华读书报》,1999 年 8 月 4 日;
26.《冯友兰共相理论今探》,《中国传统哲学新论》,九州出版社,1999 年;
27.《什么是知识》,《求是学刊》,1999 年第 3 期;
28.《方东美哲学思想的道家精神》,《中国哲学史》,2000 年第 1 期;
29.《中国现代哲学中的方法论意识》,《中国哲学史》,2000 年第 3 期;
30.《中国现代哲学视野下的分析哲学》,《科学·经济·社会》,2000 年第 3 期;
31.《金岳霖的哲学思想》,《中国现代哲学史》,北京大学出版社,2001 年;
32.《贺麟的哲学思想》,《中国现代哲学史》,北京大学出版社,2001 年;
33.《熊十力的哲学思想》,《中国哲学史》,高等教育出版社,2006 年;
34.《汤一介与中国哲学研究》,《社会科学战线》,2001 年第 1 期;
35.《胡适与实验主义哲学》,《面向 21 世纪的中国哲学》,中国书籍出版社,2001 年;
36.《也论方东美哲学思想的儒家精神——兼答蒋国保先生》,《中国哲学史》,2001 年第 4 期;
37.《张岱年分析唯物论知识论管窥》,《现代中国》第一辑,湖北教育出版社,2001 年;
38.《中国现代科学史上的〈科学〉杂志》,《诠释与建构——汤一介先生 75 周岁纪念文集》,北京大学出版社,2001 年;
39.《新理学的道家精神》,《道家与道教·道家卷》,广东人民出版社,2001 年;
40.《罗素哲学思想在中国》,《分析哲学:回顾与反省》,四川教育出版社,2001 年;
41.《金岳霖——当代新道家》,《道家文化研究》第二十辑,生活·读书·新知三联书店,2002 年;
42.《方东美的儒释道通论及其庄学精神》,《道家文化研究》第二十辑,生活·读书·新知三联书店,2002 年;
43.《中国现代哲学中的形而上学建构理路》,《本体诠释学》,北京大学出版社,2002 年;
44.《罗素哲学在中国的热情宣传者:张申府》,《现代中国》第二辑,湖北教育

出版社,2002年;

45.《冯友兰与逻辑分析方法》,《传统与创新——第四届冯友兰学术思想研讨会论文集》,北京大学出版社,2002年;

46.《重建还是拒斥形而上学——从洪谦和冯友兰的论争谈起》,《东岳论丛》,2002年第1期;

47.《论知识及其在现代社会中的作用》,《新视野》,2002年第1期;

48.《反思·方法·境界——冯友兰哲学观探微》,《学术界》,2002年第1期;

49.《知识论与哲学》,《北京大学学报》,2002年第2期;

50.《熊十力的新唯识论》,《中国哲学教程》,高等教育出版社,2002年;

51.《金岳霖的实在论思想》,《中国哲学教程》,高等教育出版社,2002年;

52.《贺麟的新心学》,《中国哲学教程》,高等教育出版社,2002年;

53.《知识论研究在现代中国》,《东吴哲学》2002年卷,安徽人民出版社;

54.《哲学源于惊讶》,《中华读书报》,2002年9月4日;

55.《罗素〈哲学问题〉(1912年)及其在华演讲〈哲学问题〉(1921年)之异同考》,《现代中国》第2辑,湖北教育出版社,2003年;

56.《分析哲学在中国》,《中西会通与中国哲学的近现代转换》,商务印书馆,2003年;

57.《哲学智慧是人幸福的寓所》,《科学中国人》,2003年第7期;

58.《贺麟"新心学"的基督情怀》,《人文杂志》,2003年第4期;

59.《"以哲学代宗教"——冯友兰哲学观管窥》,《中州学刊》,2003年第4期;

60.《方东美的道释儒会通论及其庄学精神》,《道家文化研究》第二十辑,生活·读书·新知三联书店,2003年;

61.《金岳霖——当代新道家》,《道家文化研究》第二十辑,生活·读书·新知三联书店,2003年;

62.《哲学是生活的艺术》,《人民日报》,2003年11月28日;

63.《"中国哲学"和"Philosophy"》,《河北学刊》,2004年第1期;

64.《中国现代哲学中的知识论研究》,《哲学研究》,2004年第2期;

65.《从生存论哲学看人的在世方式——身心关系理论探微》,《新视野》,2004年第2期;

66.《"'中国哲学''合法性'"讨论的合法性问题》,《北京行政学院学报》,2004年第2期;

67.《贺麟的文化体用观》,《中国哲学与易学》,北京大学出版社,2004年;

68.《风云际会哲学门》,《光明日报》,2004 年 4 月 22 日;

69.《北京大学哲学系与中国现代哲学》,《观澜集》,北京大学出版社,2004 年;

70.《洪谦与维也纳学派》,《观澜集》,北京大学出版社,2004 年;

71.《哲学是美好生活的向导》,《中国教育报》,2004 年 5 月 13 日;

72.《贺麟:另一位西化论者》,《中国哲学史》,2004 年第 2 期;

73.《生活的艺术》,《中国教育报》,2004 年 5 月 18 日;

74.《从归纳法的向度审视中国为何无科学——任鸿隽科学观探微》,《北京行政学院学报》,2004 年第 3 期;

75.《也论方东美哲学思想的理论归趣——兼答余秉颐先生》,《学术月刊》,2004 年第 5 期;

76.《论张岱年哲学思想的理论特色》,《中国哲学史》,2004 年第 3 期;

77.《美好生活的向导》,《中国教育报》,2004 年 10 月 5 日;

78.《以现实态度看待现实问题》,《中华读书报》,2004 年 11 月 4 日;

79.《"天地本一气"——牧隐自然观管窥》,《哲学、宗教与人文》,商务印书馆,2004 年;

80.《张岱年哲学慧观中的逻辑分析方法》,《北京大学学报》,2004 年第 5 期;

81.《儒释道:纷争与融合》,《普门学报》,2004 年第 24 期;

82.《"和而不同"——人类走向永久和平的哲学途径》,《新视野》,2005 年,第 3 期;

83.《什么是北京大学的精神》,《大学人文》,广西师范大学出版社,2005 年;

84.《哲学何以源于惊讶》,《新哲学》,大象出版社,2005 年;

85.《金岳霖的生平与思想》,《金岳霖选集》,吉林人民出版社,2005 年;

86.《往事琐忆》,《不息集:回忆张岱年先生》,北京大学出版社,2005 年;

87.《"蒙冲巨舰"的真意》,《文汇读书周报》,2006 年 1 月 27 日;

88.《金岳霖哲学思想的现代意义》,《哲学研究》,2006 年增刊;

89.《金岳霖形而上学的现代意义》,《哲学研究》,2006 年增刊;

90.《哲学源于惊讶》,《中国教育报》,2006 年 1 月 17 日;

91.《独辟蹊径的文化三路向说》,《科学文化论》,2006 年第 3 期;

92.《张岱年与逻辑分析方法》,《中国哲学的转化与范式》,中洲古籍出版社,2006 年;

93.《知识漫谈》,《人民日报》,2006 年 8 月 11 日;

94.《"和而不同"理念的现代意义》,《和合文化传统与现代化》,人民教育出版社,2006年;

95.《大学理念与人文精神》,《问题与方法》,南京大学出版社,2006年;

96.《为中国现代哲学中的形而上学辩护》,《现代中国》第七辑,北京大学出版社,2006年;

97.《知识的证实及可能性》,《探寻真善美》,北京大学出版社,2006年;

98.《"太和"观念的现代解读》,《民主》,2006年第12期;

99.《知识论研究与中国哲学》,《唐君毅知识论思想研究》,中国文史出版社,2006年;

100.《形上学与心灵境界》,《唐君毅形上学研究》,中国文史出版社,2006年;

101.《北京大学精神的一种解读》,《北京大学学报》,2007年第4期;

102.《以直觉解读中国文化——梁漱溟早期的文化观》,《新视野》,2007年第4期;

103.《略谈文化与文化建国的理念》,《博览群书》,2008年第1期;

104.《自然、活泼、活水似流了去的生命观——梁漱溟生命观的解读》,《中外人文精神研究》,中国大百科全书出版社,2008年;

105.《中国走向自由之路的哲学思考——冯友兰文化观解读》,《西南民族大学学报》,2008年第2期;

106.《北京大学精神解读》,《北大讲座》第十七集,北京大学出版社,2008年;

107.《关于知识定义的分析》,《华中科技大学学报(社会科学版)》,第22卷第4期,2008年7月;

108.《梁漱溟的生命观》,《大连大学学报》,2008年第4期;

109.《冯友兰文化观解读》,《反思与境界》,北京大学出版社,2008年;

110.《北大精神与大学理念》,《文化学刊》,2008年第5期;

111.《蔡元培大学理念的现代意义》,《中外人文精神研究》第二辑,中国大百科全书出版社,2009年;

112.《从身心关系理论审视精神超越之可能》,《上海社会科学》,2009年第3期;

113.《新文化运动的反思》,《民主》,2009年第5期;

114.《试论陈独秀的儒家观》,《华中科技大学学报》,2009年第3期;

115.《文化:软实力、硬实力及其相互关系》,《南阳理工学院学报》,2009年第1期(创刊号);

116.《传统与现代之间的张力——论陈独秀对儒家思想的批判》,《北京大学学报》,2009年第4期;

117.《陈独秀与五四时期的儒家思想》,《科学时报》,2009年6月30日;

118.《蔡元培大学理念的现代意义》,《科学时报》,2009年7月21日;

119.《忆张岱年先生》,《科学时报》,2009年6月23日;

120.《忆张岱年先生二三事》,《人民政协报》,2009年7月16日;

121.《北京大学哲学系与中国现代哲学》,《科学时报》,2009年9月15日;

122.《贫贱忧戚,庸玉女于成矣》,《我心所依》,北京大学出版社,2009年8月;

123.《蔡元培与五四运动》,《科学时报》,2009年8月11日;

124.《中国现代哲学建构的理路》(上),《现代中国》第十二辑,北京大学出版社,2009年;

125.《新文化运动的现代意义》,《历史中的五四与五四的历史》,北京大学出版社,2009年;

126.《金岳霖,重视知识论及逻辑研究之第一人》,《北京日报》,2009年8月;

127.《中国现代哲学视野下的分析哲学》,《广东社会科学》,2009年第6期;

128.《中国现代哲学视野下的分析哲学》,《分析哲学与中西哲学》,华东师范大学出版社,2009年;

129.《觉解与人生境界》,《冯友兰论人生》,江西高校出版社,2010年;

130.《现代境遇下的人生归宿》,《名家论人生丛书》总序,江西高校出版社,2010年;

131.《逻辑分析方法的中国式解读》(上),《学术月刊》,2010年第2期;

132.《逻辑分析方法的中国式解读》(下),《学术月刊》,2010年第3期;

133.《新文化运动时期的儒学》,《中外人文精神研究》第三辑,中国大百科全书出版社,2010年;

134.《从反传统到国学热》,《在北大听讲座》第二十辑,新世纪出版社,2010年;

135.《揭示牟宗三哲学困境》,《光明日报》,2010年9月25日;

136.《知识主义引领未来》,《国家创新战略》,科学出版社,2010年;

137.《中国现代哲学建构的理路》(下),《现代中国》第十三辑,北京大学出版社,2010年;

138.《梁漱溟〈东西文化及其哲学〉解读》,《东西文化及其哲学》(中华现代学

术名著丛书),商务印书馆,2010 年;

139.《知识主义宣言》,《科学时报》,2010 年 12 月;

140.《关于知识定义的分析》,《多元现代性》,华东师范大学出版社,2011 年;

141.《儒学的人文本质》,《谈艺论文》,文化艺术出版社,2011 年;

142.《读书的境界》,《中国政协》,2011 年第 11 期;

143.《蔡元培大学理念的哲学基础》,《人文杂志》,2011 年第 5 期;

144.《儒家的理性至上主义——梁漱溟对儒家思想的又一种解读》,《中外人文精神研究》第四辑,中国大百科全书出版社,2011 年;

145.《中国现代化进程的理论反思》,《江海行大道 开明铸辉煌》,江苏美术出版社,2011 年;

146.《跨学科交流是实现知识创新的必要条件》,《科学时报》,2011 年 12 月 8 日;

147.《中国现代直觉论与生命哲学》,《北大中国文化研究》,社会科学文献出版社,2011 年;

148.《通过感觉我们能够知道什么?》,《思想家》第三辑,河南人民出版社,2011 年;

149.《学与术,孰轻孰重》,《北京日报》,2012 年 7 月 9 日;

150.《论金岳霖对罗素哲学的批判》,《哲学门》总第二十五辑,北京大学出版社,2012 年;

151.《论知识及其在未来社会中的作用》,《徐州师范大学学报》,2012 年第 5 期;

152.《儒学:唯有创新才有真正的传承》,《中国政协报》,2012 年 11 月 9 日;

153.《感觉内容与外物究竟具有什么样的关系》,《金岳霖所与理论研究》序,北京大学出版社,2012 年;

154.《实验主义视野中的国故整理》,《外国哲学》第二十四辑,商务印书馆,2012 年;

155.《知识创新的文化基础》,《宜宾学院学报》,2012 年第 7 期;

156.《架设儒学传统与现代的桥梁》,《中国社会科学报》,2012 年 11 月;

157.《"真的自己底觉悟——熊十力哲学观解读"》,《中外人文精神研究》第五辑,中国大百科全书出版社,2012 年;

158.《没有现代性的现代化》,《张东荪知识论研究》序,中央编译出版社,2012 年;

159.《儒学传统与现代社会的张力》,《孔子研究》,2013年第2期;

160.《人生境界与负的方法——冯友兰哲学观解读》,《跨文化对话》第三十辑,生活·读书·新知三联书店,2013年;

161.《通过感觉经验我们究竟能够知道什么》,《金岳霖所与理论研究》序,北京大学出版社,2013年;

162.《研究金岳霖所与理论的力作》,《天府新论》,2013年第6期;

163.《知识创新是理性进步的结晶》,《知识创新战略》,科学出版社,2014年;

164.《知识创新改变世界进程》,《知识创新战略》,科学出版社,2014年;

165.《如何解读人的行动结构》,《哲学分析》,2014年第2期;

166.《如何化解儒学传统与现代社会的对峙》,《现代中国》第十五辑,北京大学出版社,2014年;

167.《冯友兰对"中国到自由之路"的探索》,《旧邦新命》,河南大学出版社,2014年;

168.《金岳霖:积极投身学术救国强国》,《人民日报》,2015年8月;

169.《问题与方法——中国哲学现代转型的必由之路》,《探索与争鸣》,2015年第11期;

170.《"所与是客观的呈现"说评析》,《华东师范大学学报》,2016年第3期;

171.《知识创新引领未来社会的发展》,《科技导报》,2016年第4期;

172.《蔡元培的大学理念与陈独秀的新人生论》,《中外人文精神研究》第九辑,人民出版社,2016年;

173.《罗素:20世纪世界级的哲学大家》,《罗素与分析哲学》序,北京大学出版社,2017年;

174.《中国现代直觉论的思想渊源与得失》,《南国学术》,2017年第1期;

175.《生死相依:未知死,焉知生》,《中国医学伦理学》,2017年第3期;

176.《沉潜数年只为一探罗素哲学究竟》,《中国社会科学报》,2017年2月23日;

177.《哲学:成见+论证》,《知识与境界》序,北京大学出版社,2017年;

178.《汤师引领我走上学术之路》,《追维录》,北京大学出版社,2017年;

179.《试论中西思维方式之差异》,《广东社会科学》,2017年第5期;

180.《试论中西思维方式之差异》,《社会科学文摘》,2017年第10期;

181.《胡适"争取学术独立十年计划"之现代解读》,《关东学刊》,2017年第1期;

182.《儒学传统的现代境遇》,《儒学的当代理论与实践》,人民出版社,2017年;

183.《论知识与知识主义社会》,《论知识主义社会》序,世界图书出版公司,2018年;

184.《罗素:20世纪世界级的哲学大家》,《东西方研究学刊》,2017年第六辑;

185.《读〈知识主义社会〉》,《民主与科学》,2018年4月;

186.《试论现象与实在之间的关系》,《关东学刊》,2018年1月;

187.《生活中的逻辑分析与直觉思维》,《中国文化》,2018春季号;

188.《知识理论引领人类行为模式》,《社会科学报》,2018年12月27日。

(二)转摘

1.《什么是知识》,《高等学校文科学报文摘》1999年第4期摘引(原文刊发《求是学刊》,1999年第3期);

2.《贺麟"新心学"的基督情怀》,人民大学书报资料中心《中国哲学》2003年第10期全文转载(原文刊发《人文杂志》,2003年第4期);

3.《传统与现代之间的张力——论陈独秀对儒家思想的批判》,人民大学书报资料中心《中国哲学》2009年第46卷第4期全文转载(原文刊发《北京大学学报》,2009年第4期);

4.《传统与现代之间的张力——论陈独秀对儒家思想的批判》,《中国社会科学文摘》2009年第10期摘引(原文刊发《北京大学学报》,2009年第4期);

5.《逻辑分析方法的中国式解读》(上),人民大学书报资料中心《中国哲学》2010年第7期全文转载(原文刊发《学术月刊》,2010年第2期);

6.《逻辑分析方法的中国式解读》(下),人民大学书报资料中心《中国哲学》2010年第7期全文转载(原文刊发《学术月刊》,2010年第3期);

7.《论金岳霖对罗素哲学的批判》,人民大学书报资料中心《中国哲学》2013年第1期全文转载(原文刊发《哲学门》总第二十五辑,北京大学出版社,2012年);

8.《中国现代直觉论的思想渊源与得失》,人民大学书报资料中心《中国哲学》2017年第4期全文转载(原文刊发《南国学术》,2017年第1期)。

三、外文论著类

1. "Jin Yuelin's Philosophy of Dao", *Contemporary Chinese Philosophy* Blackwell Publishers Inc. 2002;

2. 『儒教 その可能性』(合著),早稲田大学出版部,2011年;

3. "On Jin Yuelin' Metaphysics", *Beida Journal of Philosophy*,北京大学出版社,2004年;

4.《「境地」に関する理論の伝統性と論理的分析方法の近代性との間で－馮友蘭「新理学」の方法論に関する考察》『中国－社会と文化』第19号,中国社会文化学会;

5. "The Legitimacy of the Discussion on the 'Legitimacy' of 'Chinese Philosophy'", *Contemporary Chinese Thought*, Vol. 37 No. 3,(2006) M. E. Sharpe, Inc.。

四、译著

1.《人性与自我修养》(合译),中国和平出版社,1988年;

2.《自由人的使命》(合译),《诗意的沉思》,百花文艺出版社,2000年;

3.《自然与人》,《新哲学》第一辑,大象出版社,2003年。

编辑:张永超
20180405 于郑州大学哲学系
20200426 于上海师大哲学系
20200623 于上海师大哲学系